AF156647

Edda Singrün-Zorn
Das Vermächtnis des Engels

Edda Singrün-Zorn

# Das Vermächtnis des Engels

Die Geschichte
einer ungewöhnlichen Frau

 Verlag Urachhaus

Meinem Mann und all denen gewidmet,
die den Mut haben, gegen den Strom zu schwimmen.

ISBN 978-3-8251-7614-3

5. Auflage 2023
Erschienen im Verlag Urachhaus
www.urachhaus.com

© 2008 Verlag Freies Geistesleben & Urachhaus GmbH, Stuttgart
Umschlaggestaltung: Uschi Weismann
Umschlagabbildung: Jan van Eyck, Genter Altar, 1432 (Ausschnitt)
Printed by GPS

Es führt ein schmaler Weg von einem hin zum andern.
Doch ist es uns geboten, ihn zu wandern,
und trotz der abgrundtiefen, steilen Felsenstufen
noch hören, wenn wir leis einander rufen,
uns tastend finden in der Dunkelheit –
der goldne Saum zu sein an Gottes Kleid.

Wer im dreizehnten und vierzehnten Jahrhundert durch den Südwesten Deutschlands wanderte, hätte zwar nicht so viele Dörfer oder gar Städte vorgefunden wie heutzutage, dafür umso mehr Burgen und Festen. Wo immer sich ein Hügel oder Berg erhob, krönte ihn sehr oft ein stattliches Gemäuer mit Bergfried, Graben und Zugbrücke – und wo heute Ruinen stehen oder einige klobige Steine, umwuchert von wildem Gesträuch, herrschte dazumal reges Leben von Mensch und Tier. Wie ein sichtbares Zeichen fürstlicher Macht durchzogen diese Burgen die Landschaft, denn die Zeiten waren unsicher, das Umherreisen langwierig und gefährlich, und jeder war froh, wenn er hinter schützenden Mauern eine Bleibe gefunden.
Entlang einem sonnigen, fruchtbaren Tal reihten sich Hügel an Hügel, umschlossen Ortschaften und Ackerland wie einen Schutzwall, denn auf einigen Hügeln ragten Türme und Zinnen in den Himmel, bewohnt von der Ritterschaft des Landes. Nahe einem Dörflein schob sich ein Hügelchen ins Tal vor, überwachsen mit Heckenrosengebüsch, weshalb die Bauern es den ›Rosenhügel‹ nannten und den Burgbewohner auf der Anhöhe den Rosenritter, obwohl er ganz anders hieß. Seit vielen Geschlechtern lebten sie dort, die Herren vom Berg, geliebt und geachtet, denn sie waren hilfsbereit und boten großzügige Herberge in Notzeiten. Benediktus vom Berg, der jetzige Besitzer, wohnte hier mit dem Gesinde und seiner jungen Frau, einem stillen, verträumten Wesen, voll eigener Gedanken. Benediktus liebte sie sehr, obwohl ihm vieles an ihr unbegreiflich und fremd war,

und gerade jetzt umsorgte er sie besonders, sollte ihnen doch in einigen Wochen ein Kind geboren werden.

»Aller guten Dinge sind drei«, meinte er launig, als er von seiner erneuten Vaterschaft erfuhr, denn durch die Räume sprangen bereits zwei gesunde Buben von vier und sechs Jahren. Franz hieß der Ältere nach dem Großvater, Friedrich der Jüngere, nach dem Landesherren.

Es war Ende September, hie und da begannen sich die Bäume bereits zu färben, Äpfel und Birnen leuchteten aus dem Laub und die Rebstöcke hingen voller Trauben; das ganze Tal war angefüllt mit Fröhlichkeit und Erntesegen.

Susanne vom Berg lag auf ihrem Bett. Schon den ganzen Tag fühlte sie eine eigenartige Schwere des Körpers, gepaart mit einer Leichtigkeit der Seele. Anna, ihre alte Amme, die seit Kindertagen um sie war, ging leise ab und zu, nahm dann und wann ihre Hand, strich ihr übers Haar und sagte:

»Wenn die Schmerzen einsetzen, musst du es mir sogleich sagen, dass ich die Wiege aus der Kammer hole, alles vorbereite und dem Herren Bescheid gebe, er bat darum. Ich denke, es wird nicht mehr lange gehen, deine Zeit ist da.«

Susanna lächelte. »Die Wiege magst du allemal holen, es tut gut sie zu sehen, wenn die Schmerzen kommen, aber den Herren lässt du besser beiseite, bis alles vorbei ist.«

»Ich werd's versuchen, und ich denke, es wird mir gelingen, habe ich doch noch keinen Mann erlebt, der sein Weib gerne leiden sieht, die meisten sind dankbar, wenn man sie aussperrt, da wird der Deine keine Ausnahme machen.«

Als der Nachmittag langsam in den Abend floss, bat die junge Frau: »Anna, bitte, öffne das Fenster, dass ich den Himmel sehe, er muss heute besonders schön sein, auch wird mir die frische Luft wohl tun. Schau mich nicht so ängstlich an, mir geht es gut, aber du weißt doch, dass ich ein Wolkengucker bin.«

Die Alte öffnete das Fenster, ein frisches Lüftchen wehte ins Gemach und mit ihm der herbsüße Geruch nach gekeltertem Saft.

6

»Ah, wie das duftet, sie pressen das Obst, ich höre das Quietschen der Presse. Sonst bin ich immer dabeigestanden und habe mir einen Becher voll geholt.«

»Soll ich gehen und dir einen Becher bringen? Obwohl, ich meine ...«

Susanne lachte: »Ich weiß, was du meinst, keine Angst, ich werde ganz brav hier liegen und nichts mehr zu mir nehmen, bis ich mein Kindlein im Arm habe.«

Behaglich kuschelte sie sich in die Kissen und blickte geradewegs in den Himmel, der von durchsichtiger Bläue war wie gesponnenes Glas. Kleine rosenfarbige Wolken schwammen in der klaren Luft – und da sah sie es: Zwei zarte Wölkchen segelten langsam aber stetig aufeinander zu, es war, als zöge sie eine geheimnisvolle Kraft, sich zu vereinen. Mit einer zärtlich innigen Gebärde flossen sie ineinander, und in eben dem Augenblick schickte die Sonne ihre letzten Strahlen und umschloss die beiden mit einem leuchtenden Saum. Susanna seufzte tief auf vor lauter Glück und zugleich durchfuhr sie ein stechender Schmerz.

»Anna«, rief sie, »es ist so weit – und ich glaube, es wird ein Mädchen! – Ein besonderes Mädchen«, flüsterte sie, für niemanden hörbar.

In diesen lichten Septemberabend hinein wurde Susanna und Benediktus eine Tochter geboren, und die Mutter gab ihr den Namen ›Libussa‹, was so viel heißt wie ›die Liebende‹.

Als Benediktus sein Töchterchen zum ersten Mal im Arm hielt, fragte er: »Sag mal, Anna, waren die beiden Knaben auch so schön? Ich kann mich nicht besinnen, je ein so schönes Kind gesehen zu haben.«

Anna schwieg.

»Warum antwortest du nicht?« Beunruhigt wandte er sich der Amme zu. »Oder ist etwas nicht in Ordnung?«

Anna nahm ihm das Kind ab, betrachtete es lange, ehe sie antwortete: »Es ist alles in Ordnung, und auch schön ist sie, noch ist sie schön, aber ich will Euch nicht belügen, sie wird keine Schönheit werden, welche alle Menschen als solche erkennen. Doch sie wird ein Gesicht haben, das man, einmal erblickt, nie wieder vergisst. Sie wird ein seltener, bedeutender Mensch werden.«

»Woher weißt du das?«, fragte Benediktus staunend.

»Das kann ich Euch nicht erklären, ich weiß es einfach, lasst Euch das genügen.«

Behutsam, wie etwas unendlich Kostbares, bettete sie das Neugeborene in die Wiege und verließ den Raum. Benediktus trat zu seiner Frau, setzte sich vorsichtig auf den Bettrand und frug: »Hast du das gehört? Verstehst du, was sie meint? Woher weiß sie, was für uns noch in der Zukunft verborgen ist?«

»So war sie immer schon, Benedikt, sie wusste immer schon Dinge, die keiner wusste – und das Merkwürdige daran, sie hat sich, so weit ich zurückdenken kann, nie geirrt.«

»Weißt du, ich finde unser kleines Mädchen wunderschön und es hat überhaupt nichts Absonderliches an sich.«

»Nein, das hat es nicht, trotzdem muss ich dir sagen, ich sah bei keinem unserer Knaben vor ihrer Geburt ein Zeichen am Himmel wie bei ihr.«

»Ein Himmelszeichen?«, rief Benediktus erschrocken. »Susanne, du ängstigst mich, ein Himmelszeichen bedeutet meist Unheil.«

Susanna lächelte. »Nicht, wenn es so wunderbar ist!«

Und sie erzählte ihm von den zwei Wölkchen und ihrem Goldsaum. »Und zudem«, schloss sie ihre Rede, »denk an den Stern von Bethlehem, auch er war ein Himmelszeichen und hat uns doch das große Glück gebracht. Aber jetzt, weißt du, was ich jetzt will? Schlafen, denn ich bin rechtschaffen müde. Sei so lieb und rück mir die Wiege her, damit ich sie ganz nah bei mir habe.«

Als Benediktus auf Zehenspitzen den Raum verließ, schlummerten Mutter und Tochter tief und fest.

Libussa wuchs in ihre Familie hinein, als wäre sie schon immer da gewesen, nichts deutete auf eine Besonderheit hin. Benediktus schien recht zu behalten, sie war schön und unauffällig. Nur ab und zu, wenn ihre Brüder, die sie sehr liebten, versuchten, sie von einer Gefahr fern zu halten, warf sie den Kopf störrisch in den Nacken und eine gefährliche Schwärze schoss in ihre hellen Augen. Als ihr Franz einmal helfen wollte, einen Stuhl zu erklettern, gab sie ihm mit ihren kleinen Fäusten einen Stoß vor die Brust, dass er taumelte, und fauchte: »Alleine!«

»Wildkatze!«, fauchte Franz zurück. »Sieh selber zu, wie du zurechtkommst.«

Und sie kam zurecht, nach einer Viertelstunde thronte sie stolz auf dem hohen Sitz.

»Wenn sie immer so bleibt, wäre sie besser ein Knabe geworden, ich wünsche mir ein Mädchen eher gefügig«, meinte der Vater, als ihm Franz empört berichtete.

Die, von der sie sprachen, hatte sich längst davongemacht. Sie saß im Burghof an der Mauer und schaute den Bienen zu, wie sie die Heckenrosen beflogen. Leicht beschwingt kamen sie an, und mit gelb gepuderten Beinchen flogen sie schwerfällig weg. Stundenlang hätte sie sitzen können, denn das war eine ihrer Eigenheiten, diese in sich ruhende Beschaulichkeit, die so sehr im Gegensatz stand zu ihrem eigenwilligen Wesen. Nichts an ihr war bestimmbar, und je älter sie wurde, zeigte sich das auch in ihrem Äußeren. Die Haare, obwohl seidenweich, waren widerspenstig und kaum zu bändigen, die Beine zwar kerzengerade, aber zu lang; der Mund wohlgeformt, jedoch viel zu groß, die Stirne hoch und kantig, kurzum, kein Gesicht, das an die Schönheit der ersten Jahre erinnerte. Wären da nicht die Augen gewesen – keine großen Augen, schmale Augen, Augen, die dieses ganze ungewöhnliche Gesichtchen auf geheimnisvolle Art beherrschten und deren Farbe, je nach Gemütsstimmung, von blau nach grün, grau oder gar schwarz wechselte.

»Die alte Anna hat sich leider nicht geirrt, denn schön ist es wirklich nicht mehr, unser Mädchen«, sagte Benediktus eines

Tages zu seinem Weib, als sie im Burggärtlein saßen und Libussa zusahen, die Hagebutten in ein Körbchen sammelte.

»Warum sagst du ›leider‹? Vergisst du, was Anna noch gesagt hat?«, entgegnete Susanna.

»Ja, ich weiß: ›Aber sie wird ein Gesicht haben, das man, einmal erblickt, nie wieder vergisst‹«.

»Sie wird ein seltener, bedeutender Mensch werden«, setzte Susanna leise hinzu. »Weißt du, mir genügte es, wenn sie glücklich würde, und ich weiß nicht, ob sich das verträgt, glücklich und bedeutend sein.«

»Meinst du wirklich, das schließt sich aus?«, frug Benediktus besorgt. »Schau doch unseren Burgkaplan, Ehrwürden Theophilius, an, der ist bedeutend, aber sehr glücklich scheint er mir nicht.«

Susanna lachte befreit: »Oh du lieber, schlichter Mann, unser Kaplan weiß vielleicht viel, aber bedeutend muss er darum noch lange nicht sein.«

»Susanne, lass ihn das bloß nicht hören«, wehrte Benediktus erschrocken, »wir müssen freundlich zu ihm sein, ist er doch der Lehrer unserer Buben.«

»Gut, dass du mich erinnerst. Libussa geht ins sechste Jahr, und ich wünsche mir, dass sie nach ihrem Geburtstag bei ihm lernen darf, wie ihre Brüder.«

»Und wofür soll das gut sein? Was sie später braucht als Frau und Mutter, kannst du ihr beibringen und Anna, und mehr tut nicht not. Wie kommst du nur auf solch einen abseitigen Gedanken?«

»Sie bat mich darum, als sie ihre Brüder in die Studierstube gehen sah.«

»Sie bat dich selber, dieses Kind? Ich werde mit ihr reden, das wird sie zur Vernunft bringen.«

»Versuche es«, antwortete Susanna mit einem leichten Lächeln, »vielleicht gelingt es dir«, doch es klang nicht sehr überzeugt. Danach schwiegen beide und sahen Libussa zu, wie sie langsam die Hecke entlangging und unermüdlich sammelte.

»Warum pflückst du nicht dort in der Ecke, dort hängen ganz dunkelrote«, rief ihr der Vater zu.

Libussa schüttelte den Kopf und entgegnete: »Das darf ich nicht, die hier wollen beisammenbleiben, sie sind doch von einem Strauch.«

Benediktus lachte: »Hörst du Susanne? Dieses Kind willst du zum Kaplan schicken, dieses Kind, das noch mit den Hagebutten redet wie mit seinesgleichen? Lasse sie lernen, die Laute schlagen, das passt besser zu ihr als das gelehrteste Latein. Trotzdem will ich mit ihr reden, damit du siehst, dass ich ihren Wunsch ernst nehme.«

Das Jahr neigte sich dem Ende entgegen, die ersten Flocken tanzten um Mauern und Turm, es ging auf Weihnachten zu und in der Küche wurde gebraten und gebacken in Vorbereitung auf das Fest. Wer immer konnte, scharte sich um die Herdstelle, denn lieber nahm man Qualm und Rauch in Kauf, als die beißende Kälte. Auch Libussa trieb sich unter dem Gesinde herum, denn zum einen roch es hier in diesen Wochen so unbeschreiblich gut, und zum andern gab es Dinge zu hören, die einem sonst keiner erzählte; dass nicht alles für ihre Ohren taugte, machte die Sache noch spannender.

Am schönsten aber waren die Abende. Sobald die Tagesarbeit getan, holten die Mägde ihre Spindeln, drehten sie und sangen all die Marienlieder, die sie kannten. Die Knechte saßen stumm, die Hände zwischen den Knien, oder besserten an einem Gerät, das im Frühjahr wieder gebraucht wurde. Irgendwann ging die Türe auf, die alte Anna erschien, setzte sich an den Herdrand und begann zu erzählen. Und das war das Schönste von allem, denn Anna war angefüllt mit Geschichten und Mären – und sie konnte erzählen, ja, das konnte sie wirklich. Unter ihren Worten öffneten sich die rußigen Wände und gaben den Blick frei in andere fremde, ferne Welten. Da sah man glitzernde Eishöhlen, in denen Zwerge hausten, verschneite Wälder, durch die ein einsamer Reiter zog, einen Sack voll Wunderdinge auf dem Rücken, über ihm kreisten die Sternbilder des Winters, der Stier und der prächtige Orion mit seinen gewaltigen Armen; und dann stieg am Weltenrand jenes Gestirn auf, strahlend mit seinem leuchtenden Schweif, der Stern von Bethlehem. In seinem Schein wanderten Maria und Joseph durch den Wüstensand des Heiligen Landes, auf der Suche nach einer Herberge. Unter seinem Schein wurde das Gotteskind geboren, umschwebt von Engeln. Unter seinem Schein wachten die Hirten bei ihren Schafen, als der Himmel sich erhellte von einer Schar von Engeln, weiß gekleidet, mit Flügeln, die so groß waren, dass sie die Sterne streiften, während ihre Enden die Erde berührten. Und unter seinem Schein saß der düstere Hirte, der Einzige, der sich dem Wunder verschloss, und der, als Josef ihn um etwas Glut bat, schadenfroh sagte: »Nimm so viel du willst«, denn er sah, dass Joseph nichts bei sich hatte als seine bloßen Hände und einen löchrigen Hut ...

An dieser Stelle wurde es mäuschenstill, nur die dunkle Stimme der Alten klang durch den Raum: »Und Josef nahm mit den bloßen Händen die rote Glut, legte sie in seinen Hut und trug sie hinweg, ohne dass er den geringsten Schaden erlitt, denn dies geschah in der Nacht, da der Friedensfürst geboren, da das Feuer wärmt aber nicht brennt, da der Löwe bei dem Lamm schläft aber nicht beißt. Sogar der düstere Hirte folgte Joseph voller Staunen und beugte sein Knie vor dem Kind in der Krippe. Seitdem ist es uns geboten, Frieden zu halten untereinander und uns helfend zu lieben.«

Als Anna geendet, erhoben sich alle schweigend, auch Libussa, den Kopf voller Gedanken. Am nächsten Morgen beim Frühmahl stocherte sie in ihrer Grütze, ohne einen Bissen zu nehmen.

»Libussa, was ist, bist du nicht hungrig? Oder wirst du gar krank?«, frug Susanna.

»So kurz vor dem Fest darf man doch nicht krank werden«, meinte der Vater.

Da richtete Libussa ihre Augen nachdenklich auf ihn, und langsam, als müsse sie jedes Wort suchen, kam es: »Ist dein Christuskind am selben Tag geboren wie der Friedensfürst, Vater?«

Alle hörten auf zu essen, starrten sie an und die Mutter tadelte sanft: »Aber Libussa, was denkst du, der Vater hat kein anderes Gotteskind als wir alle.«

»Doch!«, entgegnete Libussa.

»Es gibt ein Christuskind, und das ist auch meines«, erwiderte der Vater unwillig.

»Nein«, antwortete sie.

»Willst du uns jetzt bitte erklären, wie du zu einer solch unsinnigen Behauptung kommst!«, forderte Benediktus gereizt.

»Sie sagen, dass du, bevor ich geboren wurde, oft über lange Zeit fort warst, um Krieg zu führen, und Krieg, sagen sie, ist Menschen und Tiere totmachen. Und sie sagen, dass es in unserem Tal eine Burg gibt, die du am liebsten wegbrennen würdest. Ist das wahr?«

»Ja, das ist wahr«, antwortete er zögernd.

»Siehst du, dann musst du ein anderes Christuskind haben, denn das, von dem Anna erzählt, will nicht, dass wir töten und hassen, und«, sie blickte ihn trotzig an, »ich habe selbst gehört, wie du in der Kapelle bei der Messe Gehorsam gelobt hast. Und du lügst doch nie, Vater. Also, wann hat dein Gotteskind Geburtstag?«

Es war still in der Stube, man hörte nur das Knacken der Buchenscheite im Kamin. Susanna senkte den Kopf, und ihre Gedanken gingen zurück in die Kindheit. Sie vernahm die Stimme ihrer Mutter, wenn diese sich mit dem Abt des nahen Klosters um Glaubensfragen stritt, zum Entsetzen des friedfertigen Vaters. Konnte es sein, dass dieses, ihr Kind, das Wesen der freigeistigen Frau in sich trug?

Sie stand auf und sagte bestimmt: »Franz und Friedrich, ihr geht in die Studierstube, es ist Zeit, der Kaplan wartet, und du, Libussa, gehst zu Anna und lässt dich im Spinnen unterweisen. Der Vater und ich haben zu reden.«

Als die Stube leer war, trat sie zu ihrem Mann, der aus dem Fenster starrte. Als er die warme Hand auf seiner Schulter fühlte, wandte er sich um, sein ratloser Blick tat ihr weh.

»Benedikt, nimm es nicht so schwer.«

»Ich nehme es, wie es ist, Susanne, denn sieh, sie hat ja recht, ich habe wider das Gebot gehandelt. Aber, es musste doch sein, ich musste euch doch schützen. Richtig handeln und doch Unrecht tun … dieses Kind macht mich irre an mir selbst. Woher nimmt es nur seine Gedanken.«

»Erinnere dich an meine Mutter.«

»Du glaubst doch nicht, dass sie nach ihr schlägt?«

»Und wenn, wäre das so schlimm? Hast du sie nicht sehr verehrt, meine Mutter?«

»Natürlich, Susanne, habe ich sie verehrt, aber ich will, dass unser Mägdlein glücklich wird.«

»Benedikt, meine Mutter war glücklich, und sie konnte andere beglücken. Bei all ihrem streitbaren Wesen hatte sie die Gabe, Streit zu schlichten, Streitende, ja Feinde zu versöhnen und manchmal sogar in Freundschaft zu vereinen. Sie hat viel Böses, sogar Blutvergießen verhindert, und das nur durch ihre große Liebe zu allem Lebenden. Eines aber konnte sie überhaupt nicht vertragen, das war Ungerechtigkeit. Sie war eine sehr mutige Frau – und sie blickte auf ein ausgefülltes, reiches Leben zurück, als sie hochbetagt starb. Diese Begabung, Benedikt, Getrenntes zu verbinden, Feindliches zu einen, und immer die Kraft und den Mut für beides aufzubringen, wünsche ich unserem Kinde. Weißt du, ich muss in solchen Stunden wie heute an die beiden lichtgesäumten Wölkchen denken, die an jenem Septemberabend, als Libussa geboren wurde, über den Himmel zogen.«

Mit beiden Armen umfasste Benediktus sein Weib, drückte ihren Kopf an seine Brust und sagte leise: »Du Gute!« Und nach einer Weile, noch leiser: »Was soll ich ihr denn sagen, Susanne, sie wartet doch auf eine Antwort?«

»Die Wahrheit sollst du ihr sagen, Benedikt, nichts als die Wahrheit. Deine, unsere Unfähigkeit, immer nach den Geboten zu leben, sollst du ihr erklären, und sie wird dich verstehen und dich um deiner Ehrlichkeit willen lieben und achten, glaube mir.«

Susanna kannte ihre Jüngste gut, das zeigte sich, als Vater und

Tochter in ernsthaftem Gespräch vor dem Kamin saßen. Aufmerksam hörte Libussa zu, und Benediktus beherzigte den Rat seines Weibes, er beschönigte nichts, ließ aber auch keinen Zweifel an der Notwendigkeit seines Tuns.

Als er geendet, frug er freundlich: »So, Kind, jetzt weißt du alles, kannst du mich nun besser verstehen – und glaubst du jetzt, dass ich dasselbe Christuskind habe wie du und alle Menschen?«

Mit tiefem Ernst blickte ihn Libussa an und antwortete still: »Ja ,Vater, das glaube ich, und für dich ist das Gotteskind besonders geboren, denn wenn wir etwas tun müssen, was unrecht ist, aber wir müssen es trotzdem tun, dann haben wir den Christ am allernötigsten.«

Wortlos hob Benediktus sein Kind auf den Schoß, und wie vor Stunden bei seinem Weib, legte er das Köpfchen innig an seine Brust und blickte in die Flammen. So saßen sie lange – und nach einiger Zeit verriet ihr ruhiger Atem, dass Libussa eingeschlafen war.

Seit jener Stunde begegnete Benediktus seiner kleinen Tochter mit besonderer Achtung. Seine Söhne waren ihm ähnlich, in ihnen fand er sich selbst wieder in jungen Jahren. In Libussas Inneres hatte er einen Blick tun dürfen, der ihn zwar beglückte und erwärmte, und doch ahnte er, dass es ihm wohl nie möglich sei, in ihrem Wesen ganz heimisch zu werden. So oft er an jene seltsame Stunde zurückdachte, befiel ihn eine eigenartige Scheu vor diesem Menschenwesen, das ihm der Herrgott in die Wiege gelegt.

Am Tag der Christgeburt schneite es, dass man die Hügel und Waldungen nicht sah. Jetzt am Abend wölbte sich der Himmel hoch und klar, und eine klirrende Kälte fiel übers Land. Die ganze Burggemeinschaft hatte die weihnachtliche Messe in der Kapelle gehört, danach schritt man in die große Halle zum Festmahl, an dem alle teilnahmen, ohne Ansehen des Standes.

Nun, zu vorgerückter Stunde, saß Benediktus mit den Seinen im Kaminraum, der Kaplan war zugegen und Anna ging ab und zu, schenkte Würzwein aus und verteilte süßes Brot. Libussa hatte sich abgesondert – sie stand an einem der Fenster, sah hinaus und wartete auf den Mond. Sie liebte den Mond, der mit seinem sanften Licht alles verzauberte, der in den warmen Sommernächten den Gesang der Nachtigall und das Geigen der Grillen hervorlockte und der mit seinem Silberglanz die weißen Schleier der Nebelfrauen zum Leuchten brachte. Hinter dem Wald wurde es heller und heller, jetzt schob sich die Scheibe des vollen Mondes über die Wipfel und zündete auf dem Schnee Tausende und Abertausende blauer Lichter an. Die Erde hatte sich einen Kristallmantel umgelegt zu Ehren der Christgeburt.

Libussa wagte kaum zu atmen und faltete die Hände. So innig wie hier hatte sie nicht einmal in der weihrauchgeschwängerten Kapelle gebetet. Sie hörte hinter sich das Raunen und Gemurmel vertrauter Stimmen, und trotzdem schien ihr, als dringe die Stille der Heiligen Nacht durch das geschlossene Fenster zu ihr herein. Sicher wanderte jetzt der Christusknabe mit bloßen Füßen durch die Winterkälte und segnete das Land. Woher sonst käme dieser überirdische Schimmer. Ihre Augen hoben sich hoch zum Himmel, ob vielleicht von dort noch ein Wunder herabflösse – da entdeckte sie auf einem der Hügel des vorderen Tales ein Feuer.

»Seht Vater, Mutter, ein Feuerberg, oh wie ist das schön!«

Alle eilten herbei, da hörte Libussa den Vater sagen: »Natürlich, der Waldecker, er kann es nicht lassen.«

Und schon tönte die Stimme des Kaplans hart und schneidend durch den Raum:

»Das ist ein Ungehorsam gegen Gott, austreten sollte man es, das Heidenfeuer!«

Libussa starrte den Mann an, dann frug sie: »Fürchtet Ihr das Feuer, ehrwürdiger Vater? Das müsst Ihr nicht, das Feuer ist doch gut und wärmt uns.«

Dabei deutete sie auf die Flammen im Kamin.

»Ich fürchte das Feuer nicht, ich fürchte überhaupt nichts, denn ich bin ein Gottesmann und stehe unter dem Schutz des

Höchsten. Aber dieses Feuer auf dem Berg haben Menschen entzündet, die Sonne zu grüßen, die wiederkehrt in dieser Nacht. Dieses Feuer stammt aus der Heidenzeit, als man die Sonne verehrte, und darum ist es eine Sünde wider den Herrn und man muss es zertreten.«

In Libussa wirbelten so viele Fragen umher, dass sie nach der griff, die ihr am wichtigsten war. »Das verstehe ich nicht, Ehrwürden, die Sonne hat doch Gott gemacht, warum ist es dann sündhaft, sie zu verehren? Denn wenn die Menschen die Sonne verehren, verehren sie doch Gott. Gott hat doch alles geschaffen, wie kann es da schlecht sein?«

»So«, entgegnete der Priester höhnisch, »und wie ist das mit dem Satan, ist der etwa auch gut?«

Libussa schwieg betroffen und nach einer Weile antwortete sie: »Das weiß ich noch nicht, ich muss erst nachdenken, gebt mir Zeit bis morgen.«

Still blakten die Öllampen und drüben auf dem Berg leckten die Flammen in den dunklen Himmel, als gäben sie den kleinen Lichtern Antwort. »Feuer spricht mit dem Feuer«, dachte Libussa, aber sie sagte es nicht.

»Wollt Ihr nun den Abendsegen sprechen, ehrwürdiger Vater«, bat Susanna, »auf dass wir alle eine friedliche Nacht haben.«

Lange fand Libussa keinen Schlaf, zu viel ging ihr durch den Kopf, und als sie keinen Ausweg fand, betete sie: »Lieber Schutzengel, gib mir Antwort. Du wohnst im Himmel, da musst du doch die Antwort kennen, Amen!« Und getröstet schlief sie ein. Als sie am nächsten Morgen erwachte, hockte die Dämmerung noch vor dem Fenster. Es war so kalt im Raum, dass ihr der Atem in Wölkchen vor dem Mund stand. Langsam versuchte sie ihre Gedanken zu ordnen. Sie konnte sich nicht erinnern, dass der Engel während des Schlafes zu ihr gesprochen hätte. Da fiel ihr Blick auf eine Holzschale, angefüllt mit Gebäck, zuoberst lag eine große Nuss. Das war die Antwort!

»Oh du lieber Engel!«, flüsterte sie glücklich, während sie in ihr Gewand schlüpfte. Da erschien auch schon Anna, ihr die Haare zu strählen. Als sie an der Hand der Amme das Gemach verließ, um zur Kirche zu gehen, schob sie rasch und heimlich die Nuss in die Tasche.

Nach der Messe, der Kaplan war gerade dabei, den Feiertagsüberwurf abzulegen, stand Libussa unter der Türe.

»Nun mein Kind, hast du die Antwort gefunden?«

Die Augen des Geistlichen blickten kalt und spöttisch. Libussa schüttelte den Kopf: »Nein, ich nicht, aber der Engel. Der Engel hat mir die Nuss gezeigt, und die Nuss ist die Antwort.«

»Welche Nuss?«

»Hier, diese«, und sie kramte die Nuss aus der Tasche ihres Gewandes und hielt sie ihm auf der flachen Hand hin.

»Libussa bleibe, ich will deinen Eltern Bescheid geben, dass ich dich selber zum Frühmahl geleite. Aber«, fügte er streng hinzu, »wähle deine Worte gut, für Kindereien habe ich keine Zeit.«

Als er nach Kurzem zurückkam, verharrte Libussa noch immer auf demselben Fleck.

»Wir wollen uns setzen«, sprach der Kaplan gemessen und bot ihr den Platz zu seinen Füßen. »So, nun erkläre!«

Sie zeigte auf die Nuss in ihrer hohlen Hand und begann zu reden: »Dies hier, die Schale, das ist der Satan, hart, beinahe wie ein Stein, aber innen drinnen weiß ich einen süßen Kern, das ist das, was Gott in den Satan hinein getan hat, denn der Satan war doch einmal ein Engel, wenn das auch schon sehr, sehr lange her ist. Dann wollte er Gott nicht dienen, er wollte wie Gott sein, aber das darf man nicht. Und darum wuchs das Harte, Böse um ihn her. Doch einmal war er ein Engel, und davon muss noch etwas in ihm sein, und wenn es nur ein winziges Bisschen ist.« Sie presste zwei Finger zusammen, dass kaum ein Sandkorn dazwischen Platz gehabt hätte. »So ein Winziges muss doch noch da sein, denn was Gott geschaffen hat, kann nicht verloren gehen, weil es ewig ist, das habt Ihr selbst gesagt, ehrwürdiger Vater.«

Ihre Augen waren beschwörend auf ihn geheftet, und nach einer Pause kam es leise, fast flüsternd: »Darum werde ich jetzt jeden Abend vor dem Schlafengehen beten für den Satan, dass irgendwann all das Harte von ihm abfällt und er wieder ein Engel werden darf.«

Theophilius saß stumm, die Hände vor das Gesicht geschlagen. Alles Kalte, aller Spott war von ihm gewichen, ein linder, wärmender Hauch wehte von dem Kinde zu ihm und drang durch seine zitternden Finger bis in sein Innerstes. Was ihm hier entgegenströmte, waren nicht die Worte einer Sechsjährigen, das war die Liebe einer ungewöhnlichen Seele. Er, das wusste er, würde einen weiten Weg zurücklegen müssen, um dorthin zu gelangen.

Libussa wurde es ungemütlich auf ihrem Betschemelchen. Hatte sie etwas Ungehöriges gesagt, weil der geistliche Herr so lange schwieg?

»Habe ich etwas Ungehöriges gesagt?«, flüsterte sie.

Langsam löste Theophilius die Hände, sah Libussa an, und dieser Blick war voller Wärme, dass alle Angst und Unsicherheit von ihr abfiel. »Nein, du hast nichts Ungehöriges gesagt, gewiss nicht; etwas Ungewöhnliches schon, ich habe solches noch nie gehört und werde viel darüber nachzudenken haben. Aber«, er stockte, denn was er jetzt tat, hatte er seit langem nicht mehr getan; er hatte seit vielen Jahren keinen Menschen mehr um etwas gebeten. »Libussa, bitte schenke mir deine Nuss!«

Es war so still, als hielten selbst die steinernen Wände des Gemachs den Atem an – dann erhob sich Libussa, und feierlich, wie man eine Hostie reicht, bot sie Theophilius auf ihrer geöffneten Hand die Nuss, und er nahm sie wie eine große Kostbarkeit und sagte in tiefstem Ernst: »Libussa vom Berg, wenn einen jemand in sein Inneres blicken lässt, so wie wir beide uns heute gegenseitig ins Herz sahen, muss man darüber schweigen zu jedermann.«

Da nickte das Kind und ging still davon. Als Anna nach einigen Tagen die Kammer des Geistlichen betrat, um für Ordnung zu sorgen – sie war die Einzige, der er dies gestattete –, gewahrte sie auf dem Betpult zu Füßen des Kruzifixes … eine Nuss.

Es mochte wohl eine Woche vergangen sein, da meldete ein Diener dem Ritter Benediktus:
»Herr, der ehrwürdige Vater Theophilius möchte Euch sprechen.« Verwundert und etwas beunruhigt blickte Benediktus dem Eintretenden entgegen: »Ich will doch nicht hoffen, dass Ihr mich wegen meiner Söhne aufzusuchen genötigt seid?«
»Nein Herr, die beiden Knaben sind zwar mitunter unaufmerksam und nicht übertrieben fleißig, aber ich habe keinen Grund, mich über sie zu beschweren. Nein, ich komme mit einer Bitte zu Euch, mit einer ungewöhnlichen Bitte«, setzte er hinzu. »Ich bitte darum, Eure Tochter Libussa unterrichten zu dürfen.«
»Ihr, Vater Theophilius, wollt meine Tochter unterrichten, habe ich das richtig verstanden?«
»Ihr habt völlig richtig verstanden, ich sagte Euch ja, es ist eine ungewöhnliche Bitte.«
»Hört Vater, seit Wochen quäle ich mich mit dem Gedanken, Euch um dasselbe zu bitten, nur, ich hatte den Mut nicht dazu, fürchtete, Ihr könntet mich belächeln – und nun kommt Ihr selbst, hat Libussa Euch geschickt?«
Der Priester schüttelte den Kopf. »Libussa weiß nicht, dass ich hier bin. Ihr erinnert Euch des Heidenfeuers am Weihnachtsabend und dass ich tags darauf ein Gespräch hatte mit Libussa. Dieses Gespräch war das Ungewöhnlichste, das ich in meinem Priesterleben je führte. Nicht ich war der Lehrer, Libussa lehrte mich. Ihr müsst nicht erschrecken, sie tat es in aller Bescheidenheit, aber sehr bestimmt. Trotzdem verletzte sie nie den Respekt. Den Inhalt des Gespräches muss ich Euch leider verschweigen, Ihr wisst, eine Rede unter vier Augen gehört nicht vor die Ohren eines Dritten. Nur so viel: Libussa hat Gedanken geäußert, die mir zeigten, sie wird einmal ein seltener, bedeutender Mensch werden.«

»Diese Worte habe ich schon einmal gehört, damals, nach Libussas Geburt, von der alten Anna«, sagte Benediktus nachdenklich.

»Die alte Anna ist eine Frau, welche die seltene Gabe besitzt, Vergangenes mit ihrem Christenglauben in Weisheit zu vereinen, wir brauchten mehr von dieser Art. Ich wünschte dem Waldecker eine alte Anna!«

»Ihr wagt es, den Namen meines Erzfeindes in diesem Haus zu nennen?«, brauste Benediktus auf. Offen und frei blickte Theophilius den Ritter an:

»Ja, Herr, ich wage es. Eure Tochter hat mich gelehrt, solches zu wagen. Sie hat die Fähigkeit und den starken Willen, Hartes zu mildern, Feindliches zu einen und Unrecht zu hindern. Sie wird einen schweren aber gesegneten Weg gehen, und deshalb muss sie mehr wissen denn andere Frauen. Spindel und Stickrahmen sind kein Rüstzeug für solch einen Weg. Darum will ich sie unterrichten. Sie könnte irre werden oder straucheln, wenn sie nicht genügend Kenntnis hat. Die Menschen werden sie achten, nicht nur um ihre Taten, sondern auch wegen ihres Wissens. Glaubt mir, Ritter Benediktus, wenn Ihr Euer Kind liebt, gebt ihm, was es für sein späteres Leben braucht.«

Lange war Stille zwischen den beiden Männern, dann brach Benediktus das Schweigen:

»Ich will weder Libussa schaden noch Eurem Wunsche widerstehen, nur sagt mir eines: Warum schenkte mir Gott so ein Kind? Warum kann sie nicht sein wie andere Mädchen, fügsam, hübsch und fröhlich? Wisst Ihr, was es heißt, ein Kind zu haben, das man nicht versteht, das voll rätselhafter Gedanken ist, die man nicht begreift? Warum ist das so, warum, warum, warum?«

Benediktus schwieg erschöpft, er knotete seine Hände in Verzweiflung ineinander, dass es den Priester erbarmte: »Ritter Benediktus, darauf weiß selbst ich keine Antwort. Dieses Warum haben schon Tausende vor Euch geschrien und es werden wohl noch Tausende nach Euch schreien. Die Antwort ruht allein in

Gott. Vielleicht wird einmal eine Zeit kommen, wo wir all das Unbekannte ausloten und ergründen können, doch jetzt sind wir noch unwissend wie Kinder. Wir sind alle armselige Stümper, auch ich, Herr.«

Nach einer kleinen Weile fügte er leise hinzu: »Wir sind unwissend wie Kinder, aber wir sollten auch ihren Glauben haben, und Eure Tochter, Herr, hat einen starken und festen Glauben.«

»Was, Priester, wird aus ihr werden, eine Klosterfrau? Eine Äbtissin?«

Man hörte seinen Worten an, dass keines von beiden seinen Wünschen entsprach. Theophilius blickte aus dem Fenster, sah auf die bewaldeten Höhen, er sah Vögel über die bewegten Wipfel streichen, graue Schneewolken durch den Himmel ziehen, er sah überall trotz Winterkälte Leben, tätiges Leben – und dann antwortete er:

»Ich bin Priester, ich habe Keuschheit gelobt, ich weiß zwar um die Liebe zwischen Mann und Frau, aber ich kenne sie nicht. Trotzdem habe ich den Blick für die Menschen nicht verloren, im Gegenteil, seit dem Gespräch mit Libussa ist er besonders geschärft, sie hat eine Tür in mir aufgestoßen, die lange verschlossen war. Ich kann jetzt Dinge denken und sagen, wozu ich vorher nicht den Mut aufbrachte. Und so frage ich Euch, könntet Ihr keusch leben?«

Benediktus schaute ihn verblüfft an und brach dann in schallendes Gelächter aus:

»Verzeiht mein Lachen, Vater Theophilius, es überkam mich, denn die Vorstellung ist zu befremdlich – natürlich könnte ich es nie, Ihr wisst das wohl, warum also fragt Ihr?«

»Libussa ist ein sehr eigenständiges Geschöpf, aber sie ist auch Eure Tochter. Ich denke, auch sie könnte es nicht. Sie ist trotz ihres Ernstes viel zu blut- und lebensvoll für ein Dasein hinter Klostermauern. – Es gab einmal eine Frau, sie war Benediktinerin und gründete ein Kloster nahe der Stadt Bingen am Rhein, es muss wohl so um die hundert Jahre vor unserer Zeit gewesen sein. Diese Hildegard, so hieß sie, äußerte den ungewöhnlichen Gedanken, dass vor Gott alle Menschen gleich seien ohne Ansehen des Geschlechtes, dass demnach auch Frauen das Recht hätten, die Heilige Schrift nicht nur zu lesen sondern auch auszulegen. Sie war des Lesens und Schreibens kundig, sowohl in deutscher wie in lateinischer Sprache. Aber sie benutzte ihr Wissen nicht zu eigener Macht und Ruhm, sondern zum Wohle der Menschen. Sie legte einen großen Kräutergarten bei ihrem Kloster an, forschte über die Heilkraft der Pflanzen, braute Elixiere, mischte Salben und sammelte Blätter und Blüten für lindernde und heilende Getränke. Auch erwarb sie sich Kenntnis über die wundersame Heilkraft der Steine, des Chalzedons, des Bergkristalls und wie sie alle heißen. Ihre Fürsorge galt den Leidenden und sie wurde zum Segen für viele. Ihre Seele und Geist aber gehörten dem Himmel. Eure Tochter, Herr, soll solch ein Segen werden für die Ihren, doch ihre Seele und Geist gehören dieser Erde und allem Lebenden. Ich habe das große Glück, einige Abschriften aus den Aufzeichnungen dieser Hildegard von Bingen, wie man sie nannte, zu besitzen, und daraus will ich Libussa lehren und noch manches andere, damit sie Rüstzeug hat für ihr späteres Leben und eine Stammmutter werden kann für ein starkes und freies Geschlecht.«

Staunend hatte Benediktus dieser langen Rede gelauscht, und vor seinem inneren Auge änderte sich das Bild seiner kleinen Tochter. Aus jenem etwas absonderlichen Kinde wurde ein Wesen seltener Gaben und Kräfte. Ihr Taufspruch kam ihm in den Sinn, den er damals nicht so recht begriffen hatte. Als hätte er in den Gedanken des Ritters gelesen, klang die Stimme des Priesters warm und voll durch den Raum:

»Denkt an den Taufspruch dieses Kindes, Herr: Faciamque te in gentem magnam et benedicam tibi et magnificabo nomen tuum erisque benedictus – Ich will dich segnen und du sollst ein Segen sein. – Er steht im Buch Genesis im zwölften Kapitel. Wir wollen ihr helfen, ihn wahr zu machen.«

Danach verneigte sich Theophilius und wandte sich zur Türe, als ihn Benediktus zurückhielt:

»Zum Ersten des Lenzmondes schicke ich Euch Libussa zum Unterricht und – ich danke Euch für diese Stunde, sie war mir sehr wertvoll.«

Lange stand Benediktus sinnend und schaute vor sich hin, dann begab er sich zu seinem Weib, denn er wusste, dass sie unruhig wartete.

Und so war es auch. Ängstlich blickte ihn Susanna an, als er eintrat.

»Ich habe dich lange in Ungewissheit gelassen, Liebe, aber keine Angst, es ist nichts Ungebührliches geschehen, im Gegenteil. Denke nur, Vater Theophilius bat darum, Libussa unterrichten zu dürfen.«

»Er bat dich selber? Benedikt, was soll das bedeuten, hat er dir erklärt, warum er so etwas Ungewöhnliches tun will?«

»Er hat mir viel erklärt in dieser Stunde, manches kann ich dir sagen, manches nicht. Es hat wohl ein inhaltsschweres Gespräch gegeben zwischen ihm und Libussa am Tag nach dem Christfest. Was gesprochen wurde, weiß ich nicht, denn, so seine Worte, ›eine Rede unter vier Augen gehört nicht vor die Ohren eines Dritten‹. So viel aber ist sicher, unser Kind wird einmal ein seltener, bedeutender Mensch werden. Entsinnst du dich, dass Anna dasselbe bei Libussas Geburt sagte?«

Susanna nickte stumm.

»Genau dies sagte heute auch der Priester. Und darum will er sie unterrichten, damit sie gerüstet sei für ein segensreiches Leben. Ein irdisches Leben«, setzte er hinzu, als er die erschrockenen Augen der Frau sah.

Am ersten Tage des Lenzmondes brachte Benediktus wie versprochen seine Tochter in die Studierstube. Die Nacht zuvor hatte Libussa sehr unruhig geschlafen, einerseits vor Freude auf das Kommende, andererseits aus Angst, das erste Frühlicht zu versäumen und damit zu allem zu spät zu sein. Als sie an der Hand des Vaters den Raum betrat, war niemand zugegen außer Vater Theophilius. Als dieser den erstaunten Blick des Kindes sah, meinte er erklärend:

»Deine Brüder sind noch in den Ställen bei den Pferden. Die ersten Morgenstunden, Libussa, sollen dir gehören, denn zum einen sind deine Brüder weiter als du in ihren Studien, zum andern werde ich dich Dinge lehren, die für die Knaben nicht von Wichtigkeit sind. So, setz dich mir gegenüber, wir wollen beginnen.«

Hatte Libussa gehofft, in dieser Stunde bereits tiefe Weisheiten zu erfahren, so hatte sie sich getäuscht. Nichts dergleichen geschah, ihr Lehrer führte sie in die Welt der Buchstaben ein. Als er die Unmutsfalte auf ihrer Stirne bemerkte, hielt er inne:

»Libussa, ich sah dich gestern die Spindel drehen, du machst das sehr geschickt, wirklich, aber warum nimmst du das Garn nicht gleich von der Haspel, das ginge doch viel schneller, warum das langweilige Spinnen?«

»Aber Vater Theophilius, mit dem Garn von der Haspel kann man gar nichts tun, es würde reißen und sich verwirren, es muss erst zubereitet werden, sagt Anna.«

Theophilius lächelte. »Siehst du, so wie beim Garn ist es auch beim Studieren und Lernen, du musst erst zubereiten – wie sonst könntest du einmal lesen, was ich an Kostbarem dort in jener kleinen Truhe habe? Oder gar aufschreiben, was ich dich lehren werde?«

Nachdenklich betrachtete Libussa ihre unbeholfenen Schreibversuche, dann nickte sie und meinte: »Schreiben lernen ist genau wie spinnen, es gibt also gar keinen Unterschied zwischen der Arbeit des Mannes und der Arbeit der Frau, denn ich glaube nicht, dass meine Brüder an der Spindel geschickter wären als ich jetzt beim Schreiben.«

Theophilius betrachtete seine Schülerin belustigt und gleichzeitig beruhigt, denn hätte es noch eines Beweises bedurft, dass er mit diesem Unterricht das Richtige getan, so hatte Libussa gerade diesen Beweis erbracht. Sie, das war sicher, brauchte Führung und Lenkung ihres klaren Verstandes.

Die nächsten Wochen gingen dahin in stetem Gleichmaß. Libussa quälte sich durch die mühsame Schreibarbeit, aber je länger sie übte, umso froher wurde sie. Es war gut zu sehen, wie die Buchstaben immer ebenmäßiger gelangen.

Eines Morgens unterbrach sie ihre Übungen und sah Theophilius an.

»Nun, was ist, hast du eine Frage?«

Libussa schüttelte den Kopf und antwortete: »Nein, ich wollte Euch nur sagen, die Buchstaben sind sehr klug.«

»Libussa, Buchstaben sind weder klug noch dumm, es sind einfach Buchstaben, von Menschen erfunden.«

»Sie sind klug«, entgegnete das Kind eigensinnig, »und ich kann es beweisen!«

Theophilius wusste, dass es sinnlos war, jetzt mit Libussa zu streiten, und so sagte er ruhig:

»Gut, dann beweise es!«

»Die Buchstaben sagen mir immer, wie ich sie sprechen muss.«

Als sie die fragenden Augen ihres Lehrers sah, fügte sie hinzu: »Man muss ihnen nur ins Gesicht sehen, und schon weiß man, wie sie klingen. Hier seht Euch dieses $\mathfrak{K}$ an, man kann es gar nicht anders lesen und sprechen als hart und beinahe krächzend, hat es nicht ein Gesicht, wie ein Rabe, der den Schnabel aufreißt? Dagegen das $\mathfrak{G}$, an ihm ist alles weich und rund, das $\mathfrak{O}$ tönt wie ein geöffneter Mund, das $\mathfrak{U}$ aber klingt wie tief unter der Erde, und so sieht es auch aus. Alle Buchstaben sprechen zu mir durch ihre Gestalt.«

Theophilius schwieg eine Weile, dann sagte er: »Du hast gut beobachtet, Libussa, doch hast du auch darüber nachgedacht, was zuerst entstand, die Buchstaben oder ihr Klang?«

»Wie meint Ihr das?«

»Nun, es könnte doch sein, dass die Menschen die Buchstaben

ansahen und danach den Klang formten, so, wie du es gesagt hast – es könnte aber auch sein, dass zuerst der Klang da war, und die Menschen formten danach die Buchstaben. Denke gut darüber nach, ehe du antwortest.«

Die Falte auf der Kinderstirn vertiefte sich, Libussa dachte, mit dem Blick durch das geöffnete Fenster. Sie brauchte die ziehenden Wolken und die Wälder auf den Hügeln, um zu einer lebendigen Antwort zu kommen. Langsam wandte sie den Kopf und begann zu reden.

»Zuerst dachte ich, dass wir Menschen den Laut von den Buchstaben nehmen, aber dann fiel mir ein, dass Ihr gesagt habt, es seien einfach Buchstaben, von Menschen erfunden, und, wenn das wahr ist, und ich glaube, dass es wahr ist, dann muss der Klang zuerst gewesen sein; denn den Klang, den Laut, bringen wir doch mit, wenn wir von dort kommen«, sie deutete in den Himmel, »und was von dort kommt, ist immer das Allererste, nichts war vorher«, setzte sie bestimmt hinzu.

Theophilius nickte. »Du warst sehr aufmerksam. Aber es ist noch viel geheimnisvoller, mein Kind. Nicht nur den Klang, den Laut haben wir von oben, auch die Fähigkeit, diesem Laut eine Form zu geben und daraus einen Buchstaben werden zu lassen, wie du ihn niederschreibst, ist eine Gabe, die uns geschenkt wurde. Gott hat seine Engel angewiesen, uns zu lehren, und das tun sie seit Anbeginn, aber sie tun es so behutsam, dass wir es gar nicht merken. Und daher geschieht es immer häufiger, dass wir hochmütig werden und uns einbilden, wir selbst wären es, die all diese großartigen Dinge erfinden. Deshalb sind solche Gedanken, wie du sie über die Buchstaben geäußert hast, sehr wichtig. Und nun wollen wir es für heute genug sein lassen. Nimm deine klugen Buchstaben«, meinte er lächelnd, »und schau sie dir genau an, dann wirst du bald nicht nur schreiben sondern auch lesen können.«

So verstrich Monat um Monat, ohne dass etwas Besonderes geschah. Gehörte der Morgen den Studien bei Pater Theophilius und den Unterweisungen bei der Mutter und Anna, so gehörte der Nachmittag Libussa alleine. Dann durchstreifte sie die Burg bis in den letzten Winkel, und wenn es keiner sah, schlich sie sich heimlich durch das große Tor und wanderte auf einem der schmalen Pfade, die jenseits der Mauern ins Tal führten. Dort unten fließe ein Bach, hatte ihr die kleine Gänsehirtin erzählt. Sie war kaum älter als Libussa und trieb ihre Herde oft zu dem klaren Wasser.

So weit hatte sich Libussa noch nie gewagt, aber heute drängte es sie hinab. Es wehte ein warmer Wind, und sie verspürte große Lust, ihre Füße in den Bach zu hängen. Vielleicht traf sie Mariechen mit ihrer Herde, sie hätten ein paar lustige Stunden und auch der Heimweg wäre kurzweiliger. Als sie die letzten Büsche hinter sich gelassen, fand sie sich allein am Bachrand, da war keine Marie, aber etwas anderes entdeckte sie – auf der Wiese gegenüber stand ein Knabe. Er hatte Pfeil und Bogen bei sich und schien auch bereit, sie zu gebrauchen, denn er pirschte sich vorsichtig durchs Gras. So vertieft war er in sein Tun, dass er Libussa gar nicht wahrnahm, obwohl sie nahe ans Ufer getreten, um zu sehen, wohin sein Blick zielte. Und sie sah es – mitten in der Wiese kobolzten zwei Hasen. In Windeseile raffte sie ihr Kleid, flog am Rand des Baches entlang, stieß einen gellenden Schrei aus und war voll Freude, als die beiden Tiere in wilder Flucht auseinander stoben.

In diesem Augenblick surrte der Pfeil ins Leere, begleitet vom lauten Fluch des Jungen. Er stand breitbeinig am anderen Ufer, blickte finster herüber und rief: »Bist du verrückt, mir die Jagd zu verderben, der eine wäre mir sicher gewesen!«

»Ich weiß«, antwortete Libussa vergnügt, »was glaubst du, warum ich sie gewarnt habe!«

Sprachlos starrte er sie an, soviel Frechheit war ihm lange nicht begegnet, und das von einem Mädchen. Geringschätzig betrachtete er sie, eigentlich war sie nicht einmal ein Mädchen, ein Kind war sie.

Sein Groll stieg und so schrie er: »Was gehen dich meine Hasen an, du Winzling!«

Libussa blieb gelassen: »Deine Hasen? Wieso deine Hasen?«

»Bist du dumm? Sie sitzen auf meiner Wiese, also gehören sie mir.«

Libussa lachte: »Die Sonne sitzt auch auf deiner Wiese, gehört sie auch dir?«

»Du fühlst dich sehr sicher, weil der Bach zwischen uns ist, aber täusche dich nicht, für das Vergnügen, dich zu züchtigen, wate ich auch durchs Wasser.«

Statt einer Antwort zog Libussa Schuhe und Strümpfe aus, hob ihr Kleid an, und, von Stein zu Stein hüpfend, erreichte sie das jenseitige Ufer und ging unerschrocken auf den Knaben zu.

»Hier bin ich, nun züchtige mich, du musstest dir nicht einmal nasse Füße holen. Aber«, setzte sie trotzig hinzu, »wenn du mich züchtigst, bist du nicht mehr als ein Stallknecht, denn ein Ritter züchtigt keine Frau, und eines Ritters Sohn kein Mädchen und schon gar keinen Winzling, und du bist doch eines Ritters Sohn!« Sie deutete auf seine Waffen und Kleidung.

»Ich bin Otto von Waldeck, und ich kann dich gefangen nehmen, denn du stehst auf Waldecker Grund.«

Stolz klang das, doch wenn er geglaubt, er könne sein Gegenüber damit in Angst und Schrecken jagen, so hatte er sich geirrt. Libussa war einer anderen Sache auf der Spur. Sie hatte nur den Namen ›Waldeck‹ gehört. Hinter ihrer Stirn fing es an zu arbeiten. Ein Waldecker war in ihrer Vorstellung dunkel, düster, schwarzhaarig, gewaltig an Wuchs, kurz, einfach zum Fürchten. Dieser hier aber war zwar größer als sie, jedoch schlank, geschmeidig in seinen Bewegungen, mit einem blonden Lockenwisch über den hellen Augen. Und anstatt angstvoll zurückzuweichen, wie er es erwartet hatte, trat sie einen Schritt näher, beschaute ihn aufmerksam und frug:

»Du bist ein Waldecker? Ist das wahr?«

»Meinst du vielleicht, ich lüge – sag einmal, fällt dir irgendwann etwas ein, was andere Menschen nicht in Wut bringt?«, fragte er beinahe erstaunt. »Wer bist du überhaupt? Du solltest wenigstens so viel Anstand haben, deinen Namen zu nennen, wenn du schon auf unserer Wiese stehst.«

»Ich bin Libussa vom Berg, die Tochter des Rosenritters, wie mein Vater genannt wird.«

Er lachte aus vollem Halse: »Libussa! Libussa! Was ist denn das für ein Name!«

»Das ist ein ehrwürdiger Name«, fauchte sie, »und du könntest wenigstens fragen, woher er kommt, ehe du dich totlachst. Was kann ich dafür, wenn du unwissend bist. Bei uns auf der Burg weiß das selbst das Gänsemariechen.«

»Und woher weiß es das Gänsemariechen, kann es lesen?« Er grinste spöttisch.

»Du brauchst gar nicht zu grinsen«, entgegnete Libussa, »von mir weiß es die Marie, und ich kann lesen!«

»Du kannst was?»

»Lesen, bist du harthörig? Und schreiben kann ich auch!«, setzte sie triumphierend hinzu.

Jetzt war erst einmal Ruhe, denn was er eben gehört, musste Otto bedenken. Dieses kleine Geschöpf nötigte ihm langsam Achtung ab und darum beschloss er einzulenken.

»Würdest du mir auch sagen, woher dieser seltsame Name kommt, oder ist es ein Geheimnis?«

»Gar kein Geheimnis, eine Fürstentochter hieß so, die eine große, herrliche Stadt gründete in einem Land im Osten, Prag heißt die Stadt. Meine Mutter ist in jenem Land geboren, und die alte Anna, die ihre Amme war. Eine Sprache spricht man dort, die keiner von uns versteht – die Mutter und Anna können sie noch. Nur ein Wort haben sie mich gelehrt: ›Anděl‹«.

»Und was heißt ›Anděl‹?« Mühsam versuchte es Otto nachzusprechen.

»Es heißt Engel.«

»Dann ist deine Mutter Christin?«

»Natürlich, Mutter ist fromm und Anna auch, deine Mutter nicht?«

Das Gesicht des Knaben verschattete sich:

»Meine Mutter ist tot.«

Libussa blickte ihn fassungslos an. Tot – ihre Seele zitterte vor Mitleid, und ohne zu zögern, reichte sie dem Jungen die Hand und sagte still: »Ich werde für sie beten! Aber jetzt muss ich gehen, bevor sie mich suchen.«

Und ehe er noch recht begriffen, was ihm eben geschehen, war Libussa über den Bach gehüpft und zwischen den Büschen verschwunden.

Rasch stieg sie den Berg hinauf und versteckte sich nahe des großen Tores hinter einem Stein, denn jetzt galt es, unbemerkt in den Burghof zu gelangen. Sie hatte Glück, der Wächter verschwand kurz in seinem Stübchen, rasch schlüpfte Libussa hinein und ging ins Burggärtchen. Dort wusste sie einen Winkel, überwachsen von Heckenrosen. Niemand sah einen hier und man konnte ungestört nachdenken. Da hockte sie, den Kopf in die Hände gestützt und blickte durch die Zweige in den Himmel. Blau war er und voller Sonne – dort oben, in diesem leuchtenden Blau, lebte jetzt die Mutter jenes Knaben, so weit fort von ihrem Kind – Libussa wurden die Augen feucht bei dieser Vorstellung. Von dort schaute sie vielleicht herunter, hatte wohl auch auf die Wiese geschaut und gesehen und gehört, wie frech sie, der Winzling, zu ihrem Jungen gewesen. Libussa rutschte unruhig hin und her, der Gedanke, dass jemand das Gespräch belauscht, war ihr sehr unangenehm.

Doch da fiel ihr wieder ein, wie dieser Otto sie behandelt hatte, ›Winzling‹ hatte er sie geheißen, sie, die bald ins neunte Jahr ging, lesen und schreiben konnte und die lateinische Sprache verstand. Ob er auch lesen und schreiben konnte? Sicher konnte er nur unschuldige Hasen totschießen. Außerdem, warum hieß er sie einen Winzling, nur weil er einen Kopf größer war? War seine Größe etwa sein Verdienst? Über ihren Namen hatte er gelacht, über diesen seltenen Namen, und er selbst hieß gerade mal Otto, und das war doch wirklich nichts Besonderes. Nein, sie brauchte sich nicht zu schämen!

Als sie ihr Gewissen auf diese Weise beruhigt hatte, kroch sie aus ihrem Versteck – und lief geradewegs Anna in die Arme.

»Libussa, wo warst du denn, die Mutter hat dich gesucht, sie wollte mit dir Blumen pflücken, aber keiner konnte dich finden.«

»Ich war im Burggärtchen.« Anna heftete ihren Blick auf Libussas Kleid, nahm mit spitzen Fingern etwas ab und reichte es ihr auf der flachen Hand:

»So, im Burggärtchen warst du – und was ist das hier?«

Libussa betrachtete die grüne, stachelige Kugel und antwortete:

»Es sieht aus wie eine Pflanze.«

»Es ist eine Pflanze, es ist eine Klette, ich weiß genau, wo sie wächst, jedenfalls nicht im Burggärtchen, sondern auf der Wiese am Bach. Ich denke, du kannst mir erklären, wie sie an dein Kleid kommt.«

Libussa versuchte, so unschuldig wie möglich auszusehen und sagte, betont gleichgültig:

»Sie wird da hängen geblieben sein.«

»Libussa Susanna, wo warst du heute Nachmittag?«

Libussa zuckte zusammen. Wenn Anna sie bei ihrem vollen Namen nannte, wurde die Sache sehr ernst, herausreden konnte und durfte man sich dann nicht mehr.

»Ja, Anna, ich war am Bach, ich wollte einmal meine Füße in das Wasser hängen, Mariechen hat mir erzählt, wie schön das ist – und es ist wirklich herrlich, Anna, ganz herrlich. Du musst es einmal versuchen, komm doch einfach das nächste Mal mit.«

»Erstens bin ich über das Alter hinaus, in dem man im Bachwasser plätschert, und zweitens weißt du ganz genau, dass es dir verboten ist, so weit weg zu laufen, noch dazu alleine.«

»Anna, das Mariechen ist oft unten am Bach, sie ist kaum älter als ich und hat nur ihre Gänse bei sich. Warum darf sie und ich darf nicht?«

»Das Mariechen ist Gänsehirtin und du bist die Tochter des Burgherren.«

»Das verstehe ich nicht, das Mariechen ist ein Mensch und ich bin ein Mensch, wo ist der Unterschied?«

»Libussa, der Unterschied ist, dass niemand auf der Welt eine Gänsehirtin gefangen nimmt und Lösegeld für sie fordert, aber dass dies sehr wohl einem Ritterkind geschehen kann. Der Bach ist die Grenze zum Waldecker Grund, und du bist, denke ich, klug genug zu wissen, was das bedeutet! Hast du jetzt verstanden?«

Libussa wurde es ganz heiß. Wenn Anna wüsste, dass sie sogar auf Waldecker Grund gestanden – mit einem Waldecker, der sie einfach hätte mitnehmen können. Er hatte sie aber nicht mitgenommen, warum wohl? Vielleicht waren die Waldecker gar nicht so böse, wie man ihnen nachsagte? Eine tiefe Falte grub sich in Libussas Stirn und ihre Gedanken waren weit fort von Anna.

Darum schrak sie auch zusammen, als diese streng forderte: »Nun was ist, bekomme ich bald eine Antwort?«

Libussa hob den Kopf, und statt einer Antwort frug sie: »Warum denken eigentlich alle so schlecht vom Waldecker? Alle warnen mich vor ihm, aber keiner sagt mir warum. Wie soll ich eure Verbote verstehen, wenn ihr mir nicht sagt, warum ihr sie aussprecht.«

Anna war eine strenge Frau aber, sie war auch eine kluge und gerechte Frau, und darum sagte sie versöhnlich: »Deine Widerrede ist berechtigt, Libussa, aber das musst du deinen Vater fragen, ich kann dir darauf nicht antworten.«

»Anna, weißt du es nicht, oder willst du es nicht wissen?«

Anna zögerte. Dieses Kind konnte einem schon zusetzen mit seinen hartnäckigen Fragen.

»Libussa, hör zu, ich weiß es, aber ich habe in dieser Sache eine andere Meinung als dein Vater, und darum will ich dir nicht antworten, das begreifst du doch.«

»Ja, das begreife ich, und ich finde es sehr anständig von dir.«

Die Alte lächelte und strich ihr über die Haare: »Vergiss nicht den Respekt, wenn du mit deinem Vater sprichst, du weißt, darin ist er sehr eigen.«

Libussa nickte stumm und man sah ihr an, dass sie dieses Gespräch lieber umgangen hätte. Doch wenn man sich so weit vorgewagt, musste man seinen Weg zu Ende gehen, das wusste sie. Still schlich sie sich auf ihr Zimmer, sie musste jetzt allein sein. Dort lehnte sie sich in das geöffnete Fenster und schaute auf den jenseitigen Hügel. Wie oft hatte sie dies alles gesehen, ohne es richtig wahrzunehmen. Heute war das anders, seit heute verband sie ein Erlebnis mit dieser Burg, ein Erlebnis, das sie in Verwirrung gebracht, passte es doch gar nicht zu dem, was sie bisher von der Waldeck und ihren Bewohnern gehört. Wie oft war die Sonne hinter der düsteren Burg versunken und hatte Mauern und Zinnen in warmes Gold getaucht. Warum hatte sie nie bemerkt, wie schön dieses Bild war, das leuchtende Abendrot, in dem ein paar lichtgesäumte Wölkchen segelten? Die Sonne kannte keinen Unterschied zwischen den beiden Burgen, sie beschien beide. Warum konnten die Menschen nicht sein wie die Sonne, groß, hell und liebend? Warum hassten die Menschen so sehr, dass sogar ein kleines Mädchen wie sie sich diesem Hass beugen musste? Wer sagte eigentlich, dass sie sich beugen musste? Wer konnte sie zwingen, zu hassen? Erst wollte sie wissen, was zwischen den Waldeckern und denen vom Berg geschehen war, und dann würde sie entscheiden, ganz allein sie, ob sie hassen müsse oder nicht! Wie befreit streckte sich ihre Gestalt, und als Anna zur Abendmahlzeit rief, folgte sie beinahe fröhlich.

Was Libussa nicht wusste, war, dass Otto von Waldeck noch immer auf einem Stein in der Bachwiese saß, Pfeil und Bogen achtlos zu seinen Füßen. Längst war die Sonne verschwunden, die Wiese lag im Schatten und feine Nebel stiegen aus dem Bach. Otto zog fröstelnd die Schultern hoch und erhob sich steifbeinig. Es war wohl Zeit, nach Hause zu gehen, zwar würde ihn dort niemand vermissen, aber ihn hungerte langsam. Ehe er in den düsteren Burgwald eintauchte, warf er noch einen Blick zurück. Die Burg des Rosenritters zeichnete sich dunkel gegen den dämmrigen Himmel, der Hügel aber gab einen lichten Schein durch die unzähligen Heckenrosen, die in Blüte standen. In tiefem Nachdenken tappte Otto aufwärts. Der Wald war um diese Stunde voller Geräusche, das Wild trat aus, und der Burgwald war wildreich wie kein anderer im Tal.
Otto kümmerte das nicht, er ließ die letzten Stunden nochmals an sich vorbei ziehen. Was war das nur für ein seltsames Wesen, dem er heute begegnet – frech wie ein Rossbube, unerschrocken und mutig wie ein Knappe – sie konnte lesen und schreiben, was nicht einmal mancher Fürst konnte, und ihm zum Schluss die Hand geben und leise sagen: »Ich werde für sie beten«, das konnte sie auch. Dabei war sie klein und mager wie ein Heupferdchen, lässig hätte er sie über die Schulter nehmen und auf die Waldeck schleppen können als seine Gefangene – warum eigentlich hatte er es nicht getan? Das eben wusste er nicht, und darüber war er am meisten verwirrt. Er, eines Waldeckers Sohn, ließ so eine Beute ungeschoren davonhüpfen, genau wie die beiden Hasen, war das noch zu begreifen? Unwillig schüttelte er den Kopf.

Aber da war noch etwas: Schon lange nicht mehr hatte er so eindringlich seiner Mutter gedacht wie seit jener Stunde am Bach. Und tief in sich spürte er ein Band zwischen dem Bild seiner Mutter und dem Bild dieses kleinen Mädchens. Er ahnte, dass beides etwas mit ihm zu tun hatte, doch er ahnte es nur, und diese Unsicherheit machte ihn beinahe wütend. Bisher war sein Leben in ruhigen, gleichmäßigen Bahnen verlaufen, und nun hatte dieser Winzling alles ins Wanken gebracht – unglaublich. So betrat er mit finsterem Gesicht die Stube, in welcher der Tisch zum Nachtmahl gedeckt war, warf Pfeil und Bogen in die Ecke und setzte sich dem Vater gegenüber.

Der Waldecker war ein herber, verschlossener Mann. Nicht, dass er seinen Sohn nicht geliebt hätte, er liebte ihn sogar sehr, war es doch sein Einziger und noch dazu eine lebende Erinnerung an die geliebte Frau, der er so ähnlich sah. Nur, große Worte waren nicht nach des Waldeckers Art.

Nachdenklich blickte er den vor ihm Sitzenden an und fragte beiläufig: »Ärger gehabt?« Und indem er auf Pfeil und Bogen deutete: »Oder vorbeigeschossen?«

»Beides«, gab Otto zur Antwort.

»Wer hat dich denn geärgert?«

Otto zögerte und dann kam es kleinlaut: »Ein Kind, es hat mir den Hasen verscheucht, der mir schon sicher war, und dann wurde es noch keck.«

»Eines vom Gesinde?«

Otto entgegnete vorsichtig: »Das weiß ich nicht, es spielte am jenseitigen Ufer.«

»Also von der Rosenburg, wie kann es auch anders sein«, meinte der Vater wegwerfend. Damit war die Sache für ihn abgetan, nicht aber für Otto.

Wie nebenbei frug er: »Vater, kennst du eigentlich den Ritter vom Berg und sein Weib?«

»Natürlich kenne ich die beiden, wenn der Fürst ein Fest gibt, sind sie geladen, genau wie ich. Warum fragst du?«

»Weil du so gering von ihnen sprichst und ihr euch so spinnefeind seid, das am liebsten einer den andern wegbrennen möchte.«

»Nun mal langsam, mein Sohn, ich spreche von ihnen so gering, weil sie eingebildet, hochmütig und hochfahrend sind – spinnefeind sind wir, weil sie den Streit vom Zaun gebrochen haben wegen einem Furz, wenn du mich fragst – und wegbrennen will ich sie nicht, von mir aus können sie in ihrem Nest hocken bleiben bis in alle Ewigkeit, solange sie mich in Frieden lassen. Nur, zu tun haben will ich nichts mit ihnen, und du halte dich fern von ihnen, wenn ich dir raten darf.«

Der letzte Satz hatte beinahe liebevoll geklungen. Otto erhob sich und reichte dem Vater die Hand, was selten vorkam.

»Schon gut, Otto, geh schlafen, damit du morgen blanke Augen hast, es ist spät geworden.«

Libussa saß am selben Tag recht einsilbig beim Abendtisch, sie nahm ihre Mahlzeit ein, aber sie wusste nicht, was sie aß, sie grübelte über das, was mit jeder Minute unaufhaltsam auf sie zukam. Sie legte sich die Worte säuberlich in ihrem Kopf zurecht und ahnte doch jetzt schon, dass sie vielleicht keines würde gebrauchen können. Ihre kleine, überschaubare Welt war aus den Fugen geraten seit heute Nachmittag. Wenn der Vater den Teller zurückschob, hatten die Kinder aufzustehen und in ihre Kammer zu verschwinden. Libussa stand zwar auf, aber sie ging nicht.

»Nun Libussa, willst du uns nicht eine gute Nacht wünschen und tun wie deine Brüder?«, frug Benediktus.

»Wenn ich jetzt gehe, darf ich dann nachher zu euch an den Kamin kommen, ich muss dich etwas fragen, Vater?«

»Jetzt noch? Ist es wichtig? Hat es nicht Zeit bis morgen?«

»Bitte Vater, es ist sehr wichtig.«

»Gut, aber morgen wirst du nicht ausgeschlafen zu Pater Theophilius kommen!«

»Wenn mich eine Frage quält, dass ich keine Ruhe finde, bin ich auch nicht ausgeschlafen«, entgegnete Libussa.

Benediktus wollte ihr gerade ihre vorlaute Rede verweisen, als sich die Türe bereits hinter seiner Tochter schloss.

Seufzend setzte er sich. »Susanne, so geht das nicht, so darf sie doch nicht mit mir reden. Meinst du wirklich, dass es gut ist sie von Pater Theophilius unterrichten zu lassen?«

Susanna ließ ihre Stickarbeit sinken. »Benedikt, du bist als gerechter Mann bekannt, also sei auch deinem Kind gegenüber gerecht, sie hat doch etwas Richtiges gesagt – wenn eine Frage ihr den Nachtschlaf raubt, ist es wirklich besser, sie bekommt heute die Antwort denn morgen. Und was das andere betrifft, Pater Theophilius ist sehr mit ihr zufrieden, er lobt sie mehr als ihre Brüder.« Kaum hatte sie geendet, öffnete sich die Türe und Libussa fragte leise: »Darf ich kommen?«

»Komm schon her und sage uns, was dich so sehr umtreibt, damit wir heute noch eine Antwort finden.«

Benediktus nickte ihr zu. Libussa setzte sich zu seinen Füßen, schaute ihn eine Weile ernsthaft an und begann: »Vater, bitte erkläre mir, warum wir den Waldecker hassen müssen. Wenn ich jemanden hassen soll, muss ich doch wissen, warum. Was ist denn geschehen zwischen den Rittern von Waldeck und den Rittern vom Berg, was haben sie uns angetan?«

Es war still im Gemach, man hörte nur das Knacken der glühenden Holzscheite und den Abendwind, der um die Mauern ging. Mit allem hatte Benediktus gerechnet, nur nicht mit dieser Frage, und er konnte nicht behaupten, dass sie ihm angenehm war. Minuten gingen dahin, er hatte noch immer kein Wort gesagt und das Schweigen wurde drückend – da vernahm er die Stimme Libussas, und sie klang zart und behutsam:

»Ist es eine sehr schwierige Frage, Vater, soll ich lieber gehen?«

Benediktus straffte sich. »Nein, mein Kind, du musst nicht gehen, obwohl es eine sehr schwierige Frage ist, weil ich nicht weiß, was ich dir sagen soll, damit du es auch verstehst.«

»Sag' mir einfach die Wahrheit, und die Wahrheit kann ich sicher verstehen.«

»Gut, wollen wir beginnen. Es ist lange her, es geschah zu der Zeit deines Urgroßvaters und des Großvaters des jetzigen Waldeckers.«

Also des Urgroßvaters von Otto, dachte Libussa für sich.

»Damals lebte auf einer Burg, draußen in der Ebene, eines Ritters Tochter, edel und von erlesener Schönheit. Dein Urgroßvater und des Waldeckers Großvater« – also der Urgroßvater von Otto, setzte Libussa wieder im Stillen hinzu – »sahen sie auf einem Fest des Fürsten, waren von ihr wie verzaubert und begehrten sie beide zum Weibe. Jeder der beiden warb um sie – sie aber gab dem Waldecker ihr Wort und dein Urgroßvater musste abziehen. Seitdem ist Fehde zwischen unseren Burgen, und das zu Recht«, setzte er entschieden hinzu.

Libussa starrte ihren Vater in ungläubigem Staunen an, und als sie begriff, dass die Geschichte zu Ende war, fragte sie kopfschüttelnd: »Und das war alles?«

»Ich glaube, Libussa, du bist wirklich noch zu klein, um zu begreifen, was deinem Urahn dazumal widerfahren ist.«

Libussa dachte so angestrengt nach, dass sich kleine Schweißtröpfchen auf ihrer Stirn bildeten.

Benediktus wurde ungeduldig: »Nun, was ist, willst du noch mehr wissen? So rede doch!«

»Ich habe soeben ausgerechnet, dass es über hundert Jahre her sein muss, dass wir Feindschaft haben mit den Waldeckern, über hundert Jahre, Vater, wegen nichts. Das verstehe ich nicht.«

»Dein Urahn wurde beleidigt, und das nennst du ein Nichts? Hast du denn keinen Stolz?«

Anstatt zu antworten, entgegnete Libussa: »Wieso war der Urahn beleidigt worden? Nur weil das Fräulein den Waldecker lieber hatte als ihn? Der Waldecker kann doch nichts dafür, wenn sie ihn liebt. Wenn jemand Schuld hat, dann das Fräulein!«

Und nach einer Weile setzte sie hinzu: »Aber eigentlich auch sie nicht, denn man kann doch niemandem befehlen, wen er lieben soll. Ich jedenfall werde nie einen ehelichen, den ich nicht mag. Warum also fühlte sich der Urahn beleidigt?«

Benediktus öffnete sein Wams, ihm wurde warm, dieses kleine Geschöpf hatte eine schweißtreibende Art zu fragen.

»Höre gut zu, Libussa. Wenn ein Ritter eine Niederlage hinnehmen muss, geht das sehr an seine Ehre.«

Um Libussas Mundwinkel zuckte es und sie fing an zu kichern.

»Was ist daran lächerlich«, tadelte Benediktus streng.

»Daran ist nichts lächerlich, Vater, ich dachte nur eben an meine armen Brüder, wie oft es denen an die Ehre geht, wenn sie im Ballspiel eine Niederlage erleiden, weil ich viel schneller bin als sie.«

»Nun ist es aber genug! Du kannst doch euer kindisches Ballspiel nicht mit dem vergleichen, was damals geschah. Ich denke, es ist an der Zeit dieses Gespräch zu beenden, denn ich sehe, dass du einfach nicht verstehst.«

Gehorsam erhob sich Libussa, aber anstatt zu gehen, antwortete sie: »Nein, ich verstehe nicht, und ich glaube, ich will so etwas Unsinniges auch gar nicht verstehen, denn der Urahn ist doch nicht allein geblieben, er hat doch eine andere Frau genommen.«

»So, hat er? Woher weißt du das denn so genau?«

Libussa schaute ihren Vater nachdenklich an. War er dumm? Ihr verehrter Vater so dumm, dass er ihr solch eine törichte Frage stellte?

Und darum antwortete sie auch in ruhigem, beinahe mitleidigen Ton: »Wenn der Urahn keine andere Frau genommen hätte, dann gäbe es den Großvater nicht, es gäbe dich nicht und es gäbe die Brüder und mich nicht. Und nun wünsche ich Mutter und dir eine gute Nacht!«

Dabei neigte sie artig den Kopf und ging. Als sie die Treppe zu ihrer Kammer hinaufstieg, war ihr, als vernähme sie das helle, klingende Lachen ihrer Mutter.

Susanna wartete, bis sie Libussas Schritte durch die Decke hörte, dann stand sie auf, trat zu dem mürrisch dasitzenden Mann, legte ihm die Hand auf die Schulter und sagte: »Verzeih mein

Lachen, Benedikt, aber heute hat uns unser kleines Mädchen ganz schön in die Enge getrieben.«

»Du meinst wohl, sie hat mich in die Enge getrieben«, entgegnete er bitter.

»Ach, Liebster, was dir geschieht, geschieht auch mir, das weißt du doch.«

Sie setzte sich auf die Seitenlehne seines Sessels und legte ihm liebevoll den Arm um den Hals.

»Trotzdem, Susanne, hast du gehört, was sie gesagt hat? ›Ich jedenfalls werde nie einen ehelichen, den ich nicht mag.‹ Manchmal denke ich, wenn sie, mit all ihren Gaben, Äbtissin würde, ersparten wir uns eine ganze Menge Ärger.«

»Nie, Benedikt, würdest du das zulassen. Dazu liebst du sie viel zu sehr, denke immer daran, wie du meine Mutter verehrt hast, Libussa ist ihr sehr ähnlich.«

Benediktus zog sein Weib auf den Schoß, und still meinte er: »Um ehrlich zu sein, ich hätte nichts dagegen, wenn sie ihr etwas weniger ähnelte, dafür aber mehr dir.«

Susanna lachte glücklich. »Jetzt siehst du einmal, was für ein sanftes, friedvolles Weib du geehelicht hast.«

Indem er aufstand, hob er die leichte Gestalt hoch, nahm sie in die Arme und flüsterte:

»Auch du weißt sehr wohl deinen Willen zu wahren und kennst Mittel und Wege, die nicht minder rasch zum Ziele führen!«

Und eng umschlungen verließen sie den Raum.

Der volle Mond stieg über den Rosenhügel und übergoss die beiden Burgen mit seinem silbrigen Licht. Libussa glitt leise aus dem Bett, schlich zum Fenster und öffnete es. Wie wunderschön war die Welt im Mondschein, sie konnte nicht verstehen, dass es Menschen gab, welche die Nacht fürchteten. Die Nacht war sanft und mild wie eine gute Fee, man konnte sich vertrauensvoll in ihre Arme legen. Und dann die Sterne, die vielen unzähligen Sterne mit ihren Bildern. Vater Theophilius hatte sie ihr alle erklärt auf einer Sternenkarte. Einen ganzen Tierpark gab es dort oben. Einen Hund gab es, einen Hasen, einen großen und kleinen Bären, Krebs, Widder, Stier, Schlange, ja sogar ein Drache streckte seinen glitzernden Leib über den Himmel. Ruhig, zuverlässig war der Mond und der Sternenreigen, genau so wie die Sonne. Sie kamen und gingen in ihrer vorgeschriebenen Bahn, auf sie konnte man sich verlassen. Pünktlich zeigten sie einem an, wann Christgeburt war und Auferstehungsfest, nie erschienen sie zu früh, nie zu spät, denn Gott gebot ihnen Aufgang und Untergang. Selbst die Seefahrer richteten sich nach den Gestirnen, hatte ihr Vater Theophilius erzählt. Nach all den Erlebnissen der letzten Stunden, nach all den Fragen, die, je länger sie darüber nachdachte, um so verwirrender wurden, gab dieser Blick in das nächtliche All Libussa eine große Geborgenheit.

Plötzlich erhellte sich der Himmel über ihr, und in einem gleißenden Bogen fiel ein Stern hinter die Waldeck. Libussa wagte vor Staunen kaum zu atmen, so etwas hatte sie noch nie gesehen. »Jetzt hat die Waldeckmutter dem Otto einen Gruß geschickt«, murmelte sie, faltete andächtig die Hände, schloss das Fenster und legte sich getröstet schlafen. Im Traume flog sie durch den bestirnten Himmel, umschwirrt von Sternschnuppen, sah dem Vollmond ins freundlich lächelnde Gesicht und schwebte schwerelos zwischen den Tatzen des großen Bären wieder erdwärts.

Noch einen mied der Schlaf in dieser Vollmondnacht, den Knaben Otto. Hellwach wie am frühen Morgen lag er, und sonst fielen ihm doch schon nach dem Nachtmahl die Augen zu. Seine Gedanken kreisten immer wieder um einen Punkt: um das Gespräch mit dem Vater. Weniger wegen des Inhaltes als vielmehr, wie der Vater mit ihm gesprochen. Nicht wie mit einem Kind, was er doch beinahe noch war, sondern wie mit einem ernsthaften Menschen. Der warme Klang war ihm im Ohr: »Schon gut, Otto ...« Der Vater hatte also gespürt, was er mit seinem Händedruck sagen wollte. Der Vater beachtete ihn demnach mehr und kannte ihn besser, als er es bislang geglaubt.

Was wusste er eigentlich von seinem Vater? Dass er ein herber, verschlossener Mann war, dass er die Mutter sehr geliebt haben musste, denn er hatte nicht wieder geheiratet. Mehr aber wusste er nicht, gestand er sich – und diese Erkenntnis machte ihn unruhig und raubte ihm den Schlaf. Vielleicht fühlte sich der Vater genau so allein wie er? Hatte ihn das je gekümmert? Er hatte nur sich gekannt, sich und seine einsamen Pirschgänge. Warum ging er nicht mit dem Vater pirschen? Ob er ihn einmal darum bitten sollte? Man könnte ein wenig miteinander reden auf solch einem Waldgang und vielleicht auch ein bisschen mehr erfahren über den »Furz«, wie es der Vater genannt hatte, denn im Grunde wusste er ja immer noch nicht, worüber sich die beiden Geschlechter bis heute stritten. Und dann war da die Begegnung am Bach, die wohl alles ausgelöst, all das Neue, das ihn nun so stark umtrieb. Auch seine Welt war durcheinander geraten und nichts schien mehr am gewohnten Ort zu sein. Ganz fern in seiner Erinnerung hörte er die Stimme der Mutter: »Wenn wir etwas nicht begreifen können, mein Kleiner, sollten wir beten.« Gehorsam faltete er die Hände, doch zu mehr kam er nicht, der Stern, der hinter die Waldeck fiel, fand ihn schon schlafend.

Aufmerksam und eifrig saß Libussa jeden Morgen bei Vater Theophilius, nichts deutete darauf hin, mit wie viel Ungelöstem sie umging. Im Gegenteil, ihr Denken schien noch klarer, ihr Betrachten der Dinge noch schärfer geworden. Heute hatte Theophilius begonnen, aus der Bibel das Kapitel über den Turmbau von Babel zu lesen. Still hörte Libussa zu. Die Stimme des Vorlesenden hob sich leicht, als er an die Stelle kam: »Wohlauf, lasset uns hterniederfahren und ihre Sprache daselbst verwirren, dass keiner des andern Sprache vernehme!«

Libussa beugte sich vor und sah ihren Lehrer eindringlich an.

»Nun, was ist, hast du eine Frage?«

»Warum, Vater Theophilius, wollte Gott nicht, dass die Menschen diesen Turm bauen? Hatte er Angst, dass sie ihm zu nahe kommen? Aber Gott braucht doch vor nichts Angst zu haben, er ist doch über allem. Warum also hat er die Menschen dann bestraft?«

»Sieh, Libussa, er wollte nicht, dass die Menschen hochmütig werden, dass sie sich anmaßen, groß zu sein wie er. Er wollte die Menschen in ihre Schranken weisen, das verstehst du doch.«

»Das verstehe ich, aber hätte er das nicht auch anders tun können? Musste er gleich die Sprache verwirren, dass keiner mehr mit dem andern reden konnte? Es steht doch geschrieben, dass wir uns lieben sollen, aber wie sollen wir uns lieben, wenn wir nicht mehr miteinander reden können?«

Theophilius lächelte. »Viele Fragen auf einmal, Libussa, warum Gott dies oder jenes tut, wissen wir nicht, auch ich weiß es nicht.

Auf deine letzte Frage wüsste ich eine Antwort, aber ich denke, du versuchst sie selbst zu finden. Es war deine Frage, darum sollte es auch deine Antwort sein.«

Theophilius erhob sich und wollte seiner Schülerin die Hand reichen. Libussa jedoch machte keine Anstalten zu gehen.

»Was ist, mein Kind, noch eine Frage?«

Libussa schüttelte den Kopf. »Keine Frage, eher eine Bitte.«

»So lasse hören.«

»Vater Theophilius, ich sage Vater zu Euch, ich sage auch Vater zu Gott, dann habe ich noch meinen echten Vater, zu ihm sage ich ebenfalls Vater, und in Rom sitzt der Papst, der Heilige Vater.«

Bei jedem ›Vater‹ hob Libussa einen Finger hoch: »Ich habe mitgezählt, das sind vier Väter – ist das nicht ein bisschen viel für ein Kind?«

Theophilius musste lachen: »So, meinst du, und welchen Vater möchtest du gerne abschaffen?«

»Also, Gott, das geht nicht, er ist der Vater von allem, darum auch von mir, mein Vater Benediktus geht auch nicht, er gehört zu mir und ich zu ihm, den heiligen Vater in Rom kenne ich nicht, den würde ich lieber Papst nennen, und Euch möchte ich am liebsten Meister Theophilius nennen, denn Ihr seid doch ein Meister!«

Eine feine Röte stieg in das Gesicht des Priesters und er antwortete: »Das ist ein ehrwürdiger Name, Libussa, einige berühmte Männer haben ihn getragen. Ich kann mich nur bedanken, wenn du mich so zu nennen wünschst, aber eigentlich verdiene ich ihn nicht.«

Libussa gab ihm die Hand und sagte schlicht: »Für mich verdient Ihr ihn, Meister Theophilius«, und leise zog sie die Türe hinter sich zu.

Beim Mittagstisch verkündete sie stolz: »Ab heute werde ich ›Meister Theophilius‹ zum Pater sagen, denn er ist doch mein Meister.«

»Hat er es gestattet?«, frug die Mutter.

Libussa nickte: »Ja, er hat sich sogar bedankt, weil es ein ehrwürdiger Name ist.«

»Willst du heute mit mir fechten? Mal sehen, ob du darin genau so gut bist, wie im Erfinden ehrwürdiger Namen«, grinste ihr Bruder.

Ruhig blickte ihn Libussa an und erwiderte: »Du weißt genau, dass ich nicht fechten kann, und ich will es auch gar nicht lernen, denn fechten heißt, jemandem wehtun. Ich will lieber lernen, Wunden zu heilen, als welche zu schlagen.«

Franz schwieg beleidigt, Benediktus aber betrachtete seine kleine Tochter voller Staunen. Immer wieder überraschte ihn dieses Kind ob seiner treffenden und über sein Alter weit hinausgehenden Antworten.

»Und was wirst du dann tun, Libussa?«, fragte der Vater.

»Ich werde zum Gänsemariechen gehen, die ist lieb und ärgert einen nie …«

»… und macht brav, was du willst«, stichelte der Bruder.

»Gar nicht, die Marie ist lustig und weiß immer was Neues«, lachte Libussa vergnügt, erinnerte sie sich doch, dass die Freundin ihr ein Geheimnis verraten hatte, ein Geheimnis, das ungeahnte Freiheiten eröffnete.

Kaum war die Mahlzeit beendet, da sprang Libussa hinaus und rannte mit flatternden Haaren zu der schnatternden Gänseschar und ihrer Hirtin.

»Ist es so weit, Marie, können wir gehen?«, rief sie ungeduldig.

»Bist du nicht gescheit, so zu schreien! Wie kann es denn ein Geheimnis bleiben, wenn du es vorher ausschreist? Wir gehen jetzt ganz ruhig zur Burgwiese.«

»Was wollen wir denn da?«

»Libussa, das gehört zum Geheimnis, nun sei doch geduldiger.«

Langsam schlenderte Marie zur Burgwiese. Die Wiese war umstanden von hohem Gebüsch, sie lag auf der Rückseite der Burg und selten kam ein Mensch hierher. Immer näher trieb Marie ihre Schar den Büschen zu, jetzt winkte sie Libussa mit den Augen und beide verschwanden im Unterholz. Ein schmaler Pfad wurde sichtbar, der steil bergab führte und an der Burgmauer endete. Marie deutete auf eine Stelle und jetzt sah es auch Libussa: Niedrig und schmal, kaum zu sehen im Dämmerdunkel des Gestrüppes, war ein verrostetes Eisentürchen in die Mauer eingelassen. Mariechen schob vorsichtig den Riegel zurück, er quietschte – und offen war die Türe. Sie führte hinaus aus der Enge der Burg.

»Kann man von hier aus auch zum Bach gehen, Marie?«

»Von hier aus kann man überall hingehen, aber zum Bach können wir heute nicht, denn ich habe vorhin vom Ausguck aus einen Buben auf der Waldecker Seite gesehen, da bleiben wir lieber weg.«

Otto war also wiedergekommen, obwohl sie ihn so geärgert. Betont beiläufig frug Libussa: »Was hat er denn gemacht, der Bube, hatte er Pfeil und Bogen bei sich? Hat er gejagt?«

»So genau konnte ich das nicht sehen, aber ich glaube nicht. Erst stand er nur so herum und dann setzte er sich an den Bachrand.«

Libussa schwieg nachdenklich und meinte dann: »Das nächste Mal, Marie, gehen wir an den Bach. Wir brauchen doch vor einem Buben keine Angst zu haben, der wird uns sicher nichts tun.«

»Hast du eine Ahnung, vor einem Waldecker muss man immer Angst haben, der tut einem immer etwas an. Frage mal Ehrwürden Theophilius, der kann die Waldecker auch nicht leiden.«

Libussa erschrak. Meister Theophilius! Sie hatte ihre Aufgabe vergessen, sie sollte doch über diese vermaledeite Frage der Sprachverwirrung nachdenken und eine Antwort finden.

»Was hast du denn, warum bist du auf einmal so still?«

»Ach Marie, ich habe meine Aufgabe für Meister Theophilius vergessen, kannst du mir nicht helfen?«

»Mariechen lachte: »Ich? Ich kann doch weder lesen noch schreiben und Latein verstehe ich schon gar nicht.«

Libussa klatschte in die Hände: »Ich hab's! Wir machen ein Spiel, und wenn alles gut geht, dann finde ich die Antwort.«

»Ich verstehe überhaupt nichts.«

»Das macht nichts, Marie, je weniger du verstehst, umso besser ist es. Pass gut auf. Ich sage zu dir etwas in Latein, das kannst du zwar nicht verstehen, aber du musst auf mein Gesicht und meine Hände achten, vielleicht wirst du dann erraten, was ich sagte. Willst du?«

Marie nickte und Libussa begann. Sie wählte einen einfachen Satz: »Die Sonne scheint auf die Wiese.«

Sie sprach langsam, deutlich und ihre Hände formten, was sie sagte – aber Mariechen verstand nichts. »Jetzt versuche du es und ich muss raten, Marie.«

Die Freundin lachte: »Aber ich kann doch nur unsere Sprache, Libussa.«

»So erfinde eine!«

Mariechen brabbelte etwas Unverständliches, aber ihr Gesicht nahm einen innigen Ausdruck an und ihre Hände schlossen sich um etwas, wie es schien, sehr Kostbares.

Libussa überlegte, dann sagte sie: »Du hast mir eben erzählt, dass es etwas sehr Wertvolles gibt, was du lieb hast.«

Marie strahlte: »Genau das. Ich habe dir gesagt, dass ich dich lieb habe. Und jetzt noch einmal deinen ersten Satz, bitte, ich will ihn doch auch erraten.«

Diesmal gab sich Libussa mehr Mühe, hatte sie doch erkannt, dass Marie viel ernsthafter bei der Sache gewesen und ihr dadurch das Raten erleichtert hatte. Aufmerksam beobachtete Marie jede Bewegung Libussas, verfolgte genau, wohin deren Blick wanderte und antwortete nach einer kleinen Weile: »Die Sonne scheint auf unsere Wiese.«

So spielten sie lange, und am Ende konnten sie sich verstehen, obwohl keiner die Sprache des andern kannte.

»Libussa, rasch, wir müssen zurück, die Sonne geht schon hinter die Waldeck.«

Libussa sprang auf, fasste Marie an den Händen, tanzte und sang dabei: »Ich hab die Antwort, ich hab die Antwort!«

Sie wirbelte so toll, dass die Gänse laut schnatternd auseinanderstoben.

»Wie soll ich sie nur wieder zusammenbringen?«, jammerte Marie.

»Warte, ich helfe dir!«

Und gemeinsam sammelten sie das Federvieh ein, trieben es eilig den Berg hoch, schoben es durchs Törchen und erreichten die Burgwiese just in dem Augenblick, als das Glöckchen den Abend einläutete.

»Bis morgen!«, rief Libussa der Freundin noch zu und hastete über die Treppe in ihre Kammer.

Hier wartete bereits Anna und schaute sie missbilligend an: »Wie siehst du denn aus! Wasch dich erst einmal und dann lasse dich strählen. So darfst du nicht zum Mahl gehen. Wo warst du nur wieder?«

»Auf der Burgwiese, und wir haben ein wunderbares Spiel erfunden.«

Sie waren ja wirklich auf der Burgwiese gewesen, beruhigte Libussa ihr Gewissen. Beim Nachtmahl glühte ihr Gesicht vor lauter Mitteilungsbedürfnis, aber sie wusste, sprechen war erst erlaubt, wenn man seinen Teller geleert, oder wenn man etwas gefragt wurde und das geschah eben jetzt.

Die Mutter frug: »Nun Libussa, wie hast du deinen Nachmittag verbracht? Hast du deine Aufgaben gemacht?«

»Das auch Mutter, aber dann haben wir ein wunderbares Spiel erfunden.«

»Wer ist wir?«, erkundigte sich der Vater.

»Das Mariechen und ich.«

Benediktus beugte sich vor, und nach einer Pause meinte er: »Höre Libussa, du bist nun schon ein großes Mädchen, meinst du nicht, dass es an der Zeit wäre, du suchtest dir eine andere Spielgenossin als die Gänsehirtin?«

50

Libussa blickte ihren Vater verständnislos an: »Warum soll ich das? Mariechen ist lieb und anständig. Sie sagt ›bitte‹ und ›danke‹, ist sauber, denn sie muss sich jeden Tag am kalten Brunnen waschen – und sie weiß viel. Obwohl sie nicht lesen und schreiben kann, kennt sie alle heilsamen Kräuter, sogar mit Namen. Das ist wichtig für mich, denn ich soll all diese Pflanzen bald bei Meister Theophilius lernen. Außerdem«, setzte sie nach kurzem Nachdenken hinzu, »so viele Mädchen in meinem Alter gibt es nicht auf der Burg.«

»Da wäre zum Beispiel die Tochter des Burgvogtes«, entgegnete der Vater.

»Die Agnes? Die ist langweilig und kein bisschen lustig und zudem noch zimperlich. Mariechen und ich wollten sie einmal mitnehmen, aber als der Ganter nur ein wenig fauchte, ist sie schreiend davon gelaufen – wegen einem Ganter!«, schnaubte Libussa verächtlich. »Und die Tochter vom Waffenmeister, die Babette, die ist noch schlimmer, die sitzt den lieben Tag in der Stube und stichelt an einer Decke herum, unnützes Zeug. Darum ist sie auch so weiß wie ein Käse, und dann sagt sie immer: ›Ja, liebe Mutter, wie du meinst, liebe Mutter.‹ Schrecklich!«

Benediktus hatte alle Mühe, sich das Lachen zu verbeißen. Er kannte die Tochter des Waffenmeisters und musste zugeben, Libussa hatte sie trefflich nachgeahmt.

Libussa wartete eine Weile und dann fragte sie: »Warum, Vater, soll ich nicht mehr mit Marie zusammensein?«

»Libussa, du bist die Tochter des Burgherren und Marie ist Gänsemagd.«

Libussa schwieg. Ihr Blick ging am Vater vorbei zum geöffneten Fenster. Am Himmel schwammen ein paar rosenfarbige Wolken, die dunklen Wipfel des Waldecker Forstes wiegten sich leicht im Wind und die Schwalben zeichneten ihren Zickzackflug in die klare Luft. Dieses Bild, das wie ein Gemälde im Rahmen des Fensters hing, gab Libussa den Gedanken, nach dem sie gesucht.

Sehr ernst aber auch sehr sicher kamen ihre Worte: »Das hier«, sie deutete aus dem Fenster, »das hier hat Gott gemacht, so wie er mich gemacht hat und dich – er hat auch das Gänsemariechen gemacht, und darum sind wir vor ihm alle gleich wertvoll. Für ihn ist es nicht wichtig, was wir tun, ob wir Gänse hüten oder Latein lernen, nur, dass wir unsere Arbeit richtig machen – und Marie macht ihre Arbeit richtig. Die Gänse sind gesund und sie hat noch nie eine eingebüßt.«

Es war still im Raum, keiner wagte eine Entgegnung, da sagte Libussa leise: »Ich möchte jetzt bitte gehen, ich bin sehr müde.« Und der Ton, in dem sie sprach, klang einsam und traurig.

Auch die beiden Knaben waren in ihre Kammer verschwunden, und noch immer schwiegen die Eltern. Benediktus saß, das Gesicht in die Hände vergraben.

Susanna aber sah aus dem Fenster, sah dasselbe Bild, das Libussa zuvor gesehen, und sie begann zu begreifen, was in dem Kinde vorgegangen. Da hörte sie die Stimme ihres Mannes, und diese Stimme hatte sie so zaghaft und unsicher noch nie vernommen.

»Susanne, ich glaube, ich tauge nicht für dieses Kind. Ich mache alles falsch. Hast du gespürt, wie einsam und traurig unsere Kleine war? Ich habe es gespürt – und es tut mir weh, denn ich bin schuld an ihrer Trauer.«

»Ich weiß nicht, Benedikt, ob man von Schuld sprechen sollte. Unserem Kind ist heute etwas geschehen, was jedem irgendwann geschieht, dem einen früher, dem anderen später, nämlich dass wir erkennen müssen, dass Menschen, die wir hoch achten, auch unsere Eltern, Menschen sind, die Fehler machen. Dies ist ein schmerzliches Erkennen, aber es bleibt keinem erspart. Ist es dir erspart geblieben?«

Benediktus ließ die Hände sinken und antwortete dumpf: »Nein, Susanne, nur ich war älter, so ums vierzehnte Jahr, da sah ich meinen Vater, meinen sehr verehrten Vater, mit einer hübschen Magd tändeln. Das war schlimm, wohl schlimmer, als was Libussa geschah, denn ich konnte mit niemandem darüber reden. Meinst du, Libussa wird mit mir reden?«

»Und sollte sie es nicht tun, was hindert dich, auf sie zu zugehen? Sie wird es dir nicht als Schwäche auslegen, sondern dich umso mehr achten, glaube mir.«

»Du bist sanft und mild, liebste Frau, wie der Südwind, der eben durchs Fenster weht – und du kannst trösten und aufrichten, ja, das kannst du ganz gewiss.«

Benediktus beugte sich zu der Sitzenden hinab und legte seine Stirn gegen die ihre. So verhielten sie eine kleine Weile.

Schweigsam richtete Libussa sich zum Schlafen, schweigsam ließ sie sich von Anna ihr Haar für die Nacht einflechten und dieses Schweigen war ungewöhnlich, sodass Anna ihr unters Kinn fasste, leicht den Kopf anhob und frug: »Na, was ist, Libussa, hat es Ärger gegeben?«

Die schmalen Augen des Kindes füllten sich mit Tränen und sie antwortete schluchzend: »Keinen Ärger, viel Schlimmeres.«

»Komm auf meinem Schoß, du Nachthemdengelchen, und wein dich erst einmal aus.«

Mit diesen Worten nahm sie Libussa in die Arme und umhüllte sie fürsorglich mit ihrem Umschlagtuch. Nach einer Weile ließ das Weinen nach. Anna wiegte ihren Schützling sachte hin und her und sagte: »Eigentlich bist du ein wenig groß für ein Schoßkind, aber es muss auch Ausnahmen geben, und nun erzähle.«

Leise und stockend begann Libussa zu berichten. Nachdem sie geendet, wendete sie Anna ihr Gesicht zu. »Anna, habe ich etwas schrecklich Falsches gesagt und gedacht, weil der Vater nicht verstand? Der Vater ist doch sonst so gescheit, also muss ich doch lauter Dummheit geredet haben.«

Ihre Stimme war ganz klein und zitterte vor verhaltenem Weinen.

»Es ist viele Jahre her, Libussa, da habe ich meine Herrin, die Burgfrau Olga, Ähnliches sagen hören, und wenn sie ähnlich gedacht und gesprochen hat, kann das Deinige nicht falsch oder gar dumm sein.«

»Deine Herrin Olga war meine Großmutter, stimmt das?«

»Ja, das stimmt. Die Herrin Olga war eine ungewöhnliche Frau. Ich habe erlebt, wie sie gelehrte Männer in Grund und Boden stritt, denn sie war mutig, klug und sprachgewandt.«

»War sie schön?«

»Du gleichst ihr sehr.«

»Also war sie nicht schön.«

Libussa sagte das so gleichmütig, als spräche sie vom Wetter.

Anna lächelte: »Jetzt höre mir einmal gut zu, mein Herzchen, die Schönheit, von der die Leute so viel Aufhebens machen, ist eine sehr eigene Sache. Ich habe Menschen getroffen in meinem Leben, die waren so schön, dass alle Welt sie anstaunte, doch sobald sie zu reden begannen, erschienen sie einem fade, farblos, langweilig. Nach einiger Zeit betrachtete man sie nur mehr wie ein Gemälde – oder kehrte sich von ihnen ab. Und dann gab es andere, die nicht gerade hässlich waren, aber auch nicht bildschön, sobald sie aber zu sprechen anhoben, veränderte sich ihr Gesicht auf wunderbare Weise: Ihre Wangen röteten sich, ihre Augen glänzten, wenn sie nicht gar im Feuer aufblitzten. Was sie sagten, nahm von ihrem ganzen Körper Besitz – sie leuchteten von innen. Sie waren schön, Libussa, und diese Schönheit hat sie ein Leben lang begleitet. Selbst als sie alt waren und Runzeln im Gesicht hatten, blieb sie ihnen erhalten. Und diese Art von Schönheit besaß deine Großmutter.«

Ganz still saß Libussa, kuschelte sich in Annas Arm und murmelte glücklich: »Und ich gleiche ihr sehr.«

Am nächsten Morgen, kaum, dass Libussa sauber gewaschen und gekämmt sich anschickte, zum Frühmahl zu gehen, klopfte es an die Türe, und als Anna verwundert öffnete, stand Benediktus vom Berg auf der Schwelle.

Libussa konnte vor Staunen kaum einen Gruß stottern, als Benediktus sagte: »Ich habe mit dir zu reden Libussa«, und da Anna sich entfernen wollte, setzte er hinzu: »Du magst ruhig bleiben, Anna, denn ich nehme an, dass Libussa gestern ihren ganzen Kummer zu dir getragen hat, so sollst du auch meine Antwort hören. Lange dachte ich nochmals über alles nach, besprach es auch mit der Mutter – und ich wollte dir sagen, Libussa, dass nicht ich recht hatte, sondern du. Das Mariechen kann weiter deine Freundin bleiben, nur deine Studien darfst du wegen dieser Freundschaft nicht vernachlässigen.«

Libussa strahlte ihn an und antwortete: »Vielen Dank, Vater, du bist der mutigste und gerechteste Ritter, den ich kenne.«

»Wenn das kein Lob ist, nicht wahr, Anna, und noch dazu von solch einer gelehrten Dame!«, rief der Vater fröhlich. »Und nun wollen wir die Mutter und die Brüder nicht länger warten lassen.«

So froh und glücklich hatte Libussa die Studierstube lange nicht betreten. »Na, mein Kind, was freut dich denn so?«, begrüßte sie Theophilius.

»Vieles freut mich heute«, entgegnete Libussa, »aber vor allem freut mich, dass ich eine Antwort habe.«

»Weißt du, Libussa, jetzt bin ich wirklich neugierig, also beginne.«

»Als alle Menschen eine und dieselbe Sprache hatten, redeten sie zwar leichter miteinander, aber sie mussten nicht sehr aufeinander achten, sie mussten sich nicht ansehen beim Sprechen. Selbst bei ernsthaften, wichtigen Dingen brauchten sie sich keine große Mühe zu geben, vielleicht war es ihnen am Ende nicht einmal mehr möglich, sich in Worten zu verständigen, wie wir das heute doch können. Wenn man jedoch verschiedene Sprachen spricht, ist es nötig, sich gegenseitig zu beobachten. Mariechen und ich haben gestern ein Spiel erfunden, und im Spiel steckte die Antwort auf Eure Frage, Meister Theophilius.«

Und nun berichtete Libussa alles, was sie gesprochen, wie sie es gesprochen und dass Marie noch viel besser und schneller war.

»Aber«, erklärte sie, »das kann gar nicht anders sein, denn Mariechen muss doch die Gänsesprache verstehen und die Gänse müssen das Mariechen verstehen, und deshalb kann sie etwas, was ich erst lernen musste. All das hätten wir vielleicht längst verlernt, wenn uns nicht hin und wieder der Klang und die Worte einer unbekannten Sprache zwängen, sehr genau zu hören und zu sehen, so wie Marie und ich es gestern Nachmittag geübt haben. Außerdem, Meister, glaube ich, dass Gott überhaupt nicht anders strafen kann, als dass irgendwann Gutes dabei herauskommt.«

Aufmerksam hatte Theophilius seiner Schülerin zugehört, ohne sie zu unterbrechen. Nun sie geendet, erhob er sich, trat ans Fenster, sah hinaus über die Weite des Tales, sah einen Raubvogel seine Kreise ziehen, sah den Frühwolken nach, die der Morgenwind über die Hügel trieb – und fühlte sich glücklich und eins mit aller Schöpfung wie seit langem nicht.

Langsam wandte er sich zu Libussa um, legte ihr die Hand aufs Haupt und sprach: »Heute, Libussa vom Berg, hast du mich so sehr erfreut, dass ich es nicht aussprechen kann.«

Groß und staunend waren die Augen des Kindes auf ihn gerichtet und, sich an die Worte Annas erinnernd, sagte sie: »Jetzt seid Ihr schön, Meister Theophilius, denn Ihr leuchtet von innen.«

An diesem Morgen öffnete Theophilius das erste Mal die geheimnisvolle, kleine Truhe, entnahm ihr die Abschriften der Hildegard von Bingen, breitete sie vor Libussa aus und sagte: »An diesem Tag wollen wir etwas Besonderes lernen. Wer selber eine Freude erfahren durfte, soll auch eine Freude weitergeben. Diese Blätter sind Abschriften der Äbtissin Hildegard von Bingen.«

Und nun erklärte Theophilius Libussa, warum er sie den Inhalt dieser Blätter lehren wolle, nämlich damit sie, die kleine Libussa, dereinst ebenso segensreich wirke wie jene berühmte Frau vor nahe hundert Jahren.

»Muss ich dann auch ein Kloster gründen und Äbtissin werden?«, frug Libussa, und es klang nicht sehr begeistert.

Theophilius lachte: »Nein, das musst du nicht. Ich denke, du wirst einmal die Stammmutter eines starken, guten Geschlechtes werden, und auch dafür wirst du das Wissen dieser klugen Frau gebrauchen können, denn Krankheiten und Blessuren gibt es immer.«

Die nächsten Wochen waren für Libussa die schönsten ihrer bisherigen Lehrzeit. Nicht nur, dass sie eine Fülle von Kräutern kennenlernte, viel mehr, als sie je von Mariechen erfahren; sie musste diese auch sorgfältig nachzeichnen bis hinab zu den Wurzeln und Knollen, denn so erklärte ihr Meister:

»Nur was wir mit unseren Augen gesehen und mit unseren Händen gestaltet haben, bleibt uns lebendig erinnerlich.«

So kam es, dass Libussa nicht nur die frühen Stunden in der Studierstube zubrachte, sondern auch sehr oft des Nachmittags mit Meister Theophilius über die Wiesen und Hänge wanderte, um Pflanzen auszugraben oder Blüten und Blätter zu sammeln. In einer sonnigen Ecke des Burggärtchens legte sie sich einen Kräutergarten an, und so oft es möglich war, half ihr Marie, und dabei lernte die Eine von der Andern. Außerdem erbat sich Libussa vom Vater eine kleine, trockene, luftige Kammer, befreite sie von altem Gerümpel und säuberte sie. Hier hingen an Schnüren, ordentlich aufgereiht, die kräftig duftenden Sträuße zum Trocknen. Sobald jemand über ein Leiden klagte, sei es Halsweh, Husten oder Leibschmerz, las Libussa in ihren Abschriften, erschien mit irgend einem Kräuterbündel und kochte in der großen, rußigen Küche einen Tee, der meist scheußlich schmeckte, aber fast immer half.

Je weiter sie in ihren Studien vorankam, umso größer wurde ihr Bedarf an Gefäßen und Zutaten. Darum bat sie Theophilius auf einer ihrer Kräuterwanderungen: »Meister, wenn ich gute Arzneien herstellen will, brauche ich Wein und Kornschnaps, nur, woher bekomme ich solches?«

Theophilius antwortete ohne viel Nachdenken: »Du musst zum Kellermeister gehen, der hat viele Fässer davon.«

Und so geschah es, dass ungefähr zwei Wochen später der Kellermeister sich bei Benediktus melden ließ und verwirrt berichtete: »Herr, verzeiht, aber ich bin in Sorge um das kleine Fräulein. Eure Tochter war nun schon zweimal bei mir, Wein und Kornschnaps zu holen. Es war nahezu ein Seidel von beidem. Meint Ihr nicht, Herr, sie ist noch etwas zu jung für Alkoholika?«

»Wir wollen meine Tochter rufen lassen, ich denke, dann wird sich alles aufklären.«

Und Libussa erschien, eine riesige, derbe Schürze über ihr Kleid gebunden und weithin nach Wein und Schnaps duftend.

»Libussa, der Kellermeister berichtet mir soeben, du habest in den letzten zwei Wochen Wein und Kornschnaps von ihm erbeten, nahezu ein Seidel von jedem. Kannst du uns erklären, zu welchem Zwecke du das alles nötig hast?«

»Aber sicher kann ich das, wenn die Herren mir bitte folgen wollen!«

Und hoch erhobenen Hauptes, würdevoll wie eine Fürstin, schritt sie in ihrer seltsamen Kleidung die Treppe hinauf, öffnete die Türe zu ihrer Kräuterkammer und wies auf eine Anzahl von Tiegeln und Flaschen.

»Hier riecht es ja wie in einer Bauernschenke«, entfuhr es dem Burgherrn. »Libussa, was bedeutet das?«

»Aber Vater, mit dieser Tinktur habe ich deinem Hund die schwärende Wunde geheilt, die er sich bei der Jagd zugezogen. Um solch eine Tinktur herzustellen, braucht man Kornschnaps.« Und indem sie auf ein anderes Gefäß deutete, erklärte sie wichtig: »Dies hier ist mit Wein angesetzte Engelwurz, die nimmt man mit Honig gesüßt gegen Husten.« Und zum Kellermeister gewandt, fuhr sie fort: »Das müsst Ihr Eurer Frau mitbringen, sie hustet nämlich bös. Ich werde Euch gleich etwas abfüllen.«

»Ich denke, Kellermeister, nach dieser Unterweisung können wir beruhigt gehen, meint Ihr nicht?«

Der Angesprochene drehte die Flasche, welche Libussa ihm gereicht, in den Händen und vergaß vor Verlegenheit sogar, sich zu bedanken.

Als Benediktus und Susanna am Abend vor dem Kamin saßen, erzählte er voller Stolz diese Begebenheit und meinte zum Schluss: »Weißt du, Susanne, wir müssen eigentlich dankbar sein, drei so prächtige Kinder zu haben.«

Susanna sah ihn an und entgegnete: »Das denke ich auch, und was Libussa betrifft, werde ich dich, wenn es nötig wird, an deine Worte erinnern.«

»Aber sie ist doch so verständig und friedlich geworden seit sie mit den Pflanzen umgeht, du glaubst doch nicht …«

Susanna unterbrach ihn lächelnd: »Ich glaube, lieber Mann, dass unsere Tochter noch manche Überraschung für uns bereit hält.«

Während dieser Wochen fand Libussa keine Zeit, durch das geheime Pförtchen zur Bachwiese zu gehen, und so konnte sie auch nicht wissen, dass Otto immer wieder auf seinem Stein am Bachrand saß, nur rein zufällig, genau wie er ohne besonderen Grund den Rosenhügel betrachtete. Schön war er, der Rosenhügel, besonders schön in dieser Jahreszeit, denn man schrieb Anfang Oktober, und die Heckenrosenbüsche trugen buntes Laub und waren übersät mit Hagebutten.

Warum er nicht mehr kam, der Winzling? Hatte er ihn zu stark geärgert? Aber dieses kleine, aufsässige Geschöpf war ja auch nicht eben zimperlich gewesen, ganz gewiss nicht. Und trotzdem, es geschah ihm immer wieder, dass er plötzlich die Stimme hörte, leise und still: »Ich werde für sie beten.« Und wenn ihm das widerfuhr, musste er innehalten in seinem Tun, und tief in sich spürte er einen feinen, ziehenden Schmerz, eine unbegreifliche Sehnsucht nach Wärme und Geborgenheit.

An solch einem Tag, nachdem er wieder einmal vergebens auf der Wiese gesessen, bis die Abendnebel über den Bach waberten, trat er in das Gemach des Vaters, hockte sich wortlos zu dessen Füßen und starrte in das glimmende Feuer des Kamins.

So saßen sie eine Weile, da beugte sich Berthold von Waldeck vor und frug: »Nun, was ist, Otto, hast du einen Wunsch?«

»Ja Vater, den habe ich, eigentlich sind es zwei Wünsche.«

»Gleich zwei Wünsche, du wirst mich arm machen«, lachte Berthold.

»Es sind keine Dinge, die man kaufen kann, Vater. Ich wünsche mir, dass wir beide hin und wieder gemeinsam pirschen gehen. Und dann wünsche ich mir, besser lesen und schreiben zu lernen und wenn es möglich ist, die lateinische Sprache zu verstehen, denn lesen und schreiben kann ich nur sehr schlecht, und Latein kenne ich gar nicht.«

»Deine Wünsche erstaunen mich und darum möchte ich gerne etwas mehr darüber hören.«

»Ich weiß, dass du mein Vater bist, dass du Berthold von Waldeck heißt – aber viel mehr weiß ich nicht von dir. Meinst du nicht, dass das ein bisschen wenig ist? Ich fühle mich manchmal sehr allein, fühlst du dich auch allein, Vater? Wir gehören doch zueinander, wir sind doch eine Familie.«

Berthold von Waldeck saß zusammengesunken, das Gesicht von den Händen bedeckt, und langsam und leise antwortete er: »Du vergisst, Otto, dass uns zu einer Familie die Frau fehlt, die Mutter.«

»Fehlt sie uns wirklich, Vater, glaubst du, sie könnte uns jemals ganz verlassen? Sie ist doch um uns – und meinst du, es macht sie glücklich, wie wir hier leben?«

Es war eine tiefe Stille im Raum – hatte er sich zu weit vorgewagt, war er dem Vater zu nahe getreten? Hatte er ihn noch trauriger, noch einsamer gemacht, als er ohnehin schon war? Da traf ein Laut sein Ohr, ein Laut, wie er ihn noch nie gehört – und sich umwendend, sah er, dass die Schultern des Vaters wie im Krampfe zuckten und wie stetig Tropfen um Tropfen zwischen seinen Händen niederfiel – der Vater weinte.

Zuerst wollte Otto aufspringen und fliehen, doch dann vernahm er diesen Satz, der ihn seit Wochen verfolgte: »Ich werde für sie beten.« Da konnte er nicht mehr gehen, da zwang ihn etwas, zu dem Verzweifelten hinzukriechen, sich zwischen seine Beine zu schieben und den Kopf auf sein Knie zu legen.

So verweilten sie lange. Irgendwann fühlte er die Hand des Vaters und hörte seine Stimme, dunkel und warm: »Otto, willst du bitte in die Küche gehen und versuchen, trotz der späten

Stunde noch eine Kanne Wein zu bekommen? Ich denke, wir sollten heute zusammen einen Schluck nehmen, du bist ja kein Kind mehr.«

Das Feuer warf sein flackerndes Licht in den Raum. Stumm tranken sich die beiden zu, dann begann Berthold zu sprechen: »Was heute Abend geschehen, Otto, sollte dieses Gemach nicht verlassen, das verstehst du doch, denn ein weinender Burgherr ist den Menschen unverständlich.«

Otto nickte.

»Nun zu deinen Bitten – pirschen gehen, nur du und ich in unserem schönen Wald, das ist ein guter Gedanke, und wir wollen es tun, so oft wir Zeit dazu finden. Und was deinen zweiten Wunsch betrifft, ich dachte bisher immer, dass dich mehr nach dem Waidwerk lüstet, nach Feld und Wald, nach Reiten und Fechten, die Wissenschaften haben dich wenig begeistert. Was also hat deinen Sinn geändert?«

»Es hat mich immer verdrossen, dass die Schreiberseele klüger ist als der Fürst, dass der Fürst oft nicht einmal lesen kann, was er seinem Schreiber angeheißen. Es hat mich beinahe noch mehr verdrossen, dass der Klerus wissender ist denn der Burgherr. Das muss doch nicht so sein.«

»Damit magst du recht haben. Ist dies der einzige Grund, warum du dir so etwas Schwieriges wie das Lernen aufbürden willst?«

Otto stieg eine feine Röte ins Gesicht, wie gut, dass es dämmrig war im Gemach und der Vater die Röte nicht sehen konnte. Aber vielleicht spürte er sie? Zudem, heute war ein besonderer Tag, den durfte man nicht mit einer Lüge beschließen – und, wenn er jetzt schwieg oder gar Ausflüchte gebrauchte, war das wie eine Lüge.

Leise, zögernd antwortete er: »Nein, es ist nicht der einzige Grund. Mir ist vor Wochen etwas geschehen, was ich noch nicht richtig begreife, ich weiß nicht, was es für mich bedeutet.«

Bei diesen Worten nahm er den Feuerhaken und stocherte in die Glut, dass sie in unzähligen Funken aufsprühte.

»So wie dem Feuer, so ging es mir. Vorher gluste ich vor mich hin und dann kam etwas und hat mich aufgestört. Seitdem muss ich über vieles nachdenken und erst, wenn ich damit zu Ende gekommen bin, kann ich darüber sprechen.«

Ein feines Lächeln lag um den Mund Bertholds: »Wenn ich nicht irre, wirst du diesen Christmond vierzehn Jahre, stimmt das?«

»Ja, das stimmt, am dreizehnten Christmond ist das.«

»Siehst du, Otto, wenn du vierzehn Jahre bist, hast du noch viel Zeit, um zu einer Klärung zu kommen. Und jetzt bedecke das Feuer und lass uns schlafen gehen, es ist nahe Mitternacht. Noch etwas, Otto, ich danke dir für diesen Abend.«

Als Otto seine Kammer betrat, ging sein Blick hinüber zum Rosenhügel und ihm war dabei so wohl wie schon lange nicht mehr.

Das Jahr ging zur Neige. Frost und Eiseskälte fielen über das Tal und die Burgen, und kurz vor dem Christfest gab es den ersten Schnee. Libussa verbrachte viel Zeit in ihrer ›Hexenküche‹, wie die Brüder die kleine Kammer geringschätzig nannten. Sie hatte den Sommer und Herbst über eifrig gesammelt und war nun dabei, alles zu ordnen, zu bündeln, zu beschriften, denn, so sagte sie zu Meister Theophilius, »wenn die Pflanzen getrocknet sind, kann man sie sehr schwer unterscheiden.« Daneben rührte sie Salben an, verwahrte sie in kleinen Tiegeln und braute Tinkturen und Essenzen auf einem eisernen Dreibein, das der Schmied nach der Anweisung von Anna gefertigt. Zum Schluss schnitt sie aus alten Tüchern Leinenbinden und rollte sie sorgfältig auf.

»So Meister, nun habe ich alles vorbereitet, wenn nicht die ganze Burg in den nächsten Wochen krank wird, müsste es hinreichen bis zum Frühjahr. Nur, was tun wir den ganzen Winter?«, frug Libussa eines Morgens.

»Jetzt, Libussa, werde ich dich in die Welt der Edelsteine einführen, denn auch sie haben Heilkraft wie die Pflanzen. Auf meinen Wanderungen habe ich Steine gesucht und mir eine Sammlung angelegt. Die werde ich dir zeigen, damit du siehst, wie viele Geheimnisse unsere Erde birgt.«

War schon die Arbeit mit den Pflanzen eine geruhsame, beschauliche gewesen, die Arbeit mit den Steinen war es nicht minder.

»Steine sind stumme Boten des Himmels. Sie sprechen zu uns nicht durch Duft oder Windhauch, auch nicht durch Geschmack, wie die Kräuter, sie sprechen zu uns durch ihre Farbe, durch ihr Strahlen, durch die Kraft, die ihnen innewohnt«, sagte Meister Theophilius in einer der ersten Stunden.

»Wie können sie Boten des Himmels sein, wenn sie tief in der Erde liegen, wo kein Lichtstrahl hindringt?«

»Ja, Libussa, das ist eben das Geheimnisvolle, das sie umgibt. Sieh diesen hier«, er griff nach einem wasserhellen Kristall, »das ist ein Bergkristall, und von ihm sagen die Alten, er sei kosmisches Licht aus dem Innern der Erde. Das heißt doch wohl, dass er seine Kraft, sein Strahlen aus dem Weltenall hat, von den Sternen, von den Planeten.«

»Aber wie, Meister, können die Sternen- und Planetenstrahlen den Stein treffen, wo er doch so tief in der Erde wächst, wie Ihr gesagt habt? Haben sie so viel Kraft, dass sie alles durchdringen können?«

»Ja, Libussa, diese Kraft haben sie. Sie schießen auf unsere Erde ein und durchschneiden sie. Aber sie bringen keine Vernichtung, sie bringen Segen. Alles Leben auf Erden bedarf ihrer.«

Bewundernd schaute das Kind zu ihm auf. »Was Ihr alles wisst.«

Theophilius schüttelte den Kopf. »Nicht *ich* weiß, diese große Äbtissin wusste das. Sie hat geforscht in alten Schriften, wohl auch manches selbst gefunden. Sie hatte die Begabung, im Innern zu lesen, hinter die Dinge zu schauen, sie heilte nicht nur mit Pflanzen, sie heilte auch mit Steinen. Und das werde ich dich lehren, jetzt im Winter.«

Eine neue Welt tat sich vor Libussa auf. War sie bisher gewohnt, mit erdigen Händen nach Wurzeln und Knollen zu graben oder zartweiche Blüten und Blätter zu sammeln, so tauchte sie nun ein in das geheimnisvolle Glitzern und Leuchten der Edelsteine. Wenn sie solch ein Steinchen, manche waren nicht größer als ein Getreidekorn, auf der flachen Hand besah oder zwischen zwei Fingern gegen das Licht hielt, dass sich die Sonnenstrahlen darin brachen, dann überkam sie eine Ehrfurcht, die ihr fast den Atem nahm. Sie fühlte sich eingeschlossen in den gewaltigen

Kreislauf der Schöpfung, noch tiefer und seltsamer, als ihr das bei den Pflanzen geschehen war.

Betrachtete sie solch ein Kleinod, so konnte es geschehen, dass sie vor ihrem inneren Auge die Planetenstrahlen gleißend zur Erde stürzen sah, ihr magisches Licht umhüllte sie und es ertönte ein gewaltiger Gesang. Solch ein Erleben aber konnte sie mit niemandem besprechen, nicht einmal mit Anna, es lag verschlossen in ihr, wie die Kristalle im Erdenschoß. Dass aber meist nach solch einem Geschehen ihr Blick aus dem Fenster auf die Waldeck fiel, ärgerte sie und sie schob es von sich.

»Das hat gar nichts zu bedeuten, wo soll ich denn sonst hinschauen«, murmelte sie unwillig. Es erging ihr überhaupt eigen mit ihrem Waldeckerlebnis. Auf der einen Seite wünschte sie sich, diesen Otto wieder zu treffen, um sich mit ihm so richtig von Herzen zu streiten und ihm sein hochfahrendes Benehmen heimzuzahlen. Auf der anderen Seite konnte sie seinen Blick nicht vergessen, als er von seiner Mutter sprach, und jedes Mal, wenn ihre Mutter sie liebkoste oder ihr gute Worte gab, zog sich etwas in ihr schmerzhaft zusammen, und sie empfand die Einsamkeit des anderen, als wäre es die ihre.

Es war ein Tag im frühen Ostermonat, die Sonne schien warm und trocknete die feuchten Wiesen und Halden. Libussa trat mit einem Korb am Arm durch das große Burgtor ins Freie. Inzwischen durfte sie das, denn wie sonst sollte sie ihre Pflanzen sammeln, und immer hatte Anna nicht Zeit, sie zu begleiten, zudem sie langsam in die Jahre kam, wo ihr das Umherwandern Mühe machte.

Heute wollte Libussa nach Langem wieder einmal zur Bachwiese, Schlüsselblumen sammeln für ihren Teevorrat. Sie hatte Marie mit ihrer Herde zum Bach gehen sehen, so würden sie zusammen einen schönen Nachmittag erleben nach der langen Winterzeit. Als der Ganter zischend mit ausgebreiteten Flügeln auf sie zuschoss, versetzte sie ihm mit dem Korb einen Schlag auf den Schnabel und meinte:

»Gib Ruhe, du meinst wohl, weil du ein Mann bist, kannst du dir alles erlauben.«

Da erklang ein fröhliches Lachen und eine Stimme rief über den Bach: »Du fürchtest wohl gar nichts, Winzling, weder einen Ganter noch einen Waldecker!«

»Libussa, der Waldecker, lass uns rasch verschwinden, um alles, komm mit.«

Mariechen war's die sie voller Angst mitziehen wollte. Aber Libussa blieb wie angewurzelt stehen und starrte auf die Gestalt am anderen Bachrand. Sie hörte nicht die flehentliche Bitte Mariechens, sie hörte nicht die spöttische Rede Ottos, alle Streitlust, alle Wut war ausgelöscht, sie starrte nur auf das rechte Handgelenk des Jünglings und ihr Gesicht wurde kalkweiß. Dann fasste sie sich und sagte:

»Otto von Waldeck, komm auf meine Wiese, dort hinter die Büsche, damit uns keiner sieht und stört!«

Und ohne auf das fassungslose Mariechen zu achten, eilte sie hinter die Büsche. Ihre Stimme hatte so beschwörend geklungen, dass Otto ohne Zögern gehorchte, auch Marie folgte, obwohl sie vor Angst zitterte.

Als sie zusammentrafen, deutete Libussa auf das Handgelenk Ottos und frug: »Was ist dir geschehen?«

Jetzt sah es auch Marie, eine Kratzwunde, blaurot angeschwollen, und als Libussa den Ärmel des Gewandes vorsichtig hochschob, zeichnete sich eine feine Röte auf der Haut ab.

»Ein Kratzer von einem Hasen, nicht der Rede wert«, beschwichtigte Otto.

»Dieser Kratzer kann dich die Hand kosten, schlimmstenfalls das Leben, wenn wir nicht sofort handeln«, antwortete Libussa, und zu Marie gewandt: »Bleibe bei ihm, achte, dass er ruhig sitzt und den Arm so hält.«

Damit löste sie den Gürtel von ihrem Kleid, schlang ihn um Ottos Hals und legte den verletzten Arm in die Schlinge, danach rannte sie den Berg hinauf.

Es verging eine gute Weile, Marie schien es eine Ewigkeit, da tauchte Libussa zwischen dem Gebüsch auf, sie hatte kaum mehr Atem vom schnellen Laufen, trotzdem gönnte sie sich keine Ruhe. Einem Leinensäckchen entnahm sie eine Phiole und ein winziges Messer, tauchte es in die Flüssigkeit der Phiole, nahm Ottos Arm aus der Schlinge, breitete ein Stück Leinen über sein Knie und legte den Arm darauf.

»Ich denke, es ist besser, wenn du jetzt wegschaust, es wird kurz wehtun und du musst ganz still halten.«

»Ich brauche nicht wegzuschauen, ich bin keine Memme«, brummte Otto trotzig.

Libussa sah ihm in die Augen mit solch tiefem Ernst und ohne ein Wort zu sagen, da wandte er den Kopf und blickte gegen die Berge hin.

»Und was kann ich tun?«, fragte Mariechen.

»Wenn ich dir zunicke, dann laufe so schnell du kannst zum Bach, rupfe zwei Hände voll Flöhkraut, wässere es gründlich und bringe es her.«

Libussa atmete tief ein, presste die Lippen zusammen und machte einen Kreuzschnitt in die Mitte der Wunde. Kaum hatte sie das Messer angesetzt, quollen schwarzes Blut und Eiter hervor.

»Jetzt kannst du herschauen, damit du siehst, was für einen Dreck du in deiner Wunde hattest.«

Otto beugte sich über seinen Arm: »Das sieht ja widerlich aus und stinkt ekelhaft, wie kann das geschehen bei solch einem kleinen Kratzer?«

»Ich glaube nicht, dass sich der Hase die Pfoten gewaschen hat, bevor er dich kratzte, und darum ist der ganze Pfotenschmutz in diesen Kratzer geraten. Ein, zwei Stunden später, und ich hätte dir nicht mehr helfen können.«

Eben kam Mariechen angesaust, einen Bündel triefenden Flöhkrautes im Arm.

»So, jetzt achte gut, was ich tue, denn das musst du nun selbst tun, die ganze Nacht hindurch.«

Und zu Marie: »Bitte, nimm diesen stinkenden Lappen, grabe ein Loch, weit ab vom Bach, wirf ihn hinein und bedecke ihn gut. Danach wasche dir gründlich die Hände.«

Darauf legte sie das nasse Kräuterbündel über die Wunde, umwickelte es lose mit sauberen Leinenbinden und gab den Arm wieder in die Schlinge.

»Kann ich jetzt aufstehen?«, frug Otto.

»Unterstehe dich, du bleibst ganz ruhig sitzen, und wenn das Kraut warm wird und übel zu riechen beginnt, rufst du mich.«

»Und was wirst du tun?«

»Das, weswegen ich eigentlich gekommen bin, Schlüsselblumen sammeln.«

»Was willst du denn damit?«

»Getrocknete Schlüsselblumen geben einen heilsamen Tee gegen Husten. Sag mal, du weißt wirklich nicht sehr viel.«

Mit diesen Worten hob Libussa ihren Korb auf und begann, die goldgelben Blütchen zu pflücken. Es mochte eine knappe Stunde vergangen sein, da hörte sie Otto rufen: »Ich glaube, es ist so weit!«

»Mariechen, hole frisches Kraut, aber diesmal mehrere Arme voll.«

Als sie die Wunde erneut verbunden hatte, wickelte sie das restliche Flöhkraut in einen feuchten Lappen, reichte es Otto und sagte: »So, wie du es gesehen hast, verfährst du die ganze Nacht. Es wäre nötig, dass dir jemand dabei hülfe – und habt ihr einen fließenden Brunnen auf der Waldeck?«

»Ja, etwas unterhalb vom Tor.«

»Dort lässt du das Kraut wässern, ehe dass du es auflegst. Wenn das Kraut verbraucht ist, verbrenn oder vergrabt es, ebenso das Linnen. Wenn du frisches Kraut brauchst, lasse es von hier holen, hier wächst das Beste. Den Arm halte, wie ich ihn gelegt habe, bewege dich so wenig wie möglich, und wenn du jetzt aufsteigst, gehe langsam Schritt für Schritt, dass dein Blut nicht in Wallung gerät. Und noch etwas – «, sie öffnete ihr Leinensäckchen und reichte ihm einen Beutel, »davon lässt du dir Tee aufbrühen, mindestens zwei Kannen voll, die trinkst du heute Nacht.«

Misstrauisch betrachtete Otto den Beutel: »Was ist das? Sieht aus wie Heu.«

Libussa blickte ihn mitleidig an: »Das ist kein Heu, das ist Zinnkraut und Steinbrech, das soll das Gift aussschwemmen.«

Und kichernd setzte sie hinzu: »Stelle dir am besten einen Kübel neben dein Bett, denn du wirst heute Nacht auslaufen wie ein altes Regenfass.«

Sie wollte sich zum Gehen wenden, als Otto ihr die gesunde Hand hinstreckte: »Danke, Winzling!«

Libussa ergriff die Dargebotene und antwortete: »Bilde dir nur nichts ein, das hätte ich für jeden anderen auch getan. Übrigens, morgen zur selben Stunde bist du hier, dass ich mir die Wunde besehen kann. Komm, Mariechen, wir müssen nach Hause!«

Und hoch erhobenen Hauptes schritt sie dem Rosenhügel zu.

»Distelwinzling, kratziger«, murmelte Otto grinsend und dann stieg er zur Waldeck hoch, Schritt für Schritt, wie es ihm befohlen war.

Als Otto nach einer Stunde, er hatte die doppelte Zeit für den Aufstieg gebraucht, das Gemach betrat, fuhr sein Vater aus dem Sessel hoch: »Um alles, Otto, was ist geschehen?«

»Ich bekam einen Kratzer von einem Hasen, und der hat sich bös entzündet. Das hat jemand gesehen, die Wunde geöffnet und mich mit diesem Kraut behandelt.« Er legte das feuchte Bündel auf den Tisch. »Ich muss es gleich neu verbinden, denn das alte Kraut beginnt übel zu riechen.«

»Und wer war der geheimnisvolle Jemand?«

»Ein Kind.«

»Ein Kind?«, fragte der Vater erstaunt.

»Ja, ein Kind, es ist doch nichts Besonderes, eine Wunde zu behandeln!«, entgegnete Otto betont gleichgültig.

Berthold sah, wie sich sein Sohn mit dem verletzten Arm ab-

70

mühte, da trat er zu ihm und sagte: »Lass mich das machen, ich habe zwei gesunde Hände. Jetzt versorgen wir erst deinen Arm, danach können wir reden.«

»Aber sei vorsichtig, wir müssen das alte Kraut und Linnen gleich verbrennen oder vergraben und du musst dir sofort gründlich die Hände waschen.«

Und dann erklärte er dem Vater beredt genau, wie es ihm Libussa aufgetragen.

»Ich denke, Otto, wir lassen einen Knecht im Nebenraum schlafen, dass wir zusätzliche Hilfe haben, denn es scheint, als hätten wir eine lebhafte Nacht vor uns.«

»Dabei fällt mir ein, das gab sie mir auch noch, es ist Tee zum Giftausschwemmen, zwei Kannen muss ich trinken heute Nacht, hat sie befohlen.«

Berthold schmunzelte. »Es war also ein Mädchen.«

»Ja, ich glaube.«

»Otto, du wirst diesen Christmond 17 Jahre alt, da sollte man den Unterschied zwischen Knaben und Mädchen kennen – und nun lass mich die Wunde beschauen.«

Erstaunt sah Otto auf seinen Arm, die blaurote Schwellung war zurückgegangen, die Rötung verschwunden, lediglich aus dem kleinen Kreuzschnitt sickerte noch etwas übelriechende Flüssigkeit.

»Gute Arbeit hat sie geleistet, deine unbekannte Retterin«, meinte der Vater anerkennend. »Wo bleibt nur der Knecht mit dem frischen Kraut?«

Der polterte eben durch die Türe, den Arm voll triefenden Krautes, den anderen voll frischem Linnen. Berthold reichte ihm den kleinen Beutel und sagte: »Davon lässest du uns zwei Kannen Tee aufbrühen, dann magst du dich niederlegen, ich wecke dich zur Zeit.«

»Danke, Herr, und alles Gute für den Junker.«

Der Knecht war gegangen, die Wunde frisch verbunden, Otto und sein Vater saßen vor dem flackernden Kaminfeuer, und auf einem Hocker dampften zwei Kannen Tee.

Es war still im Raum, denn jeder hing seinen Gedanken nach, da sagte der Vater: »Den Gürtel, Otto, musst du ihr aber zurückgeben, es ist eine sehr feine Stickerei, und es ist nicht der Gürtel einer Magd oder eines Gesindekindes.«

»Nein, das ist er wohl nicht.«

»Und du kennst sie wirklich nicht?«

Otto zögerte, dann stotterte er: »Nein, nein, ich, ich kenne sie nicht.«

Berthold von Waldeck beugte sich vor, und indem er seinen Sohn von der Seite ansah, frug er ernst: »Erinnerst du dich noch des Abends, da wir die Kanne Wein zusammen tranken?«

»Natürlich, Vater, so etwas vergisst man doch nicht.«

»Damals, Otto, hast du den Ritter von Waldeck weinen sehen. So viel Vertrauen habe ich nur deiner Mutter gegenüber gehabt. Warum kannst du es mir nicht gleichtun, warum kannst du mir nicht ebenso vertrauen?«

»Ich verstehe dich nicht, Vater.«

»O doch, Otto, du verstehst mich sehr gut – wer ist sie?«

Otto starrte in die Glut und dann antwortete er leise: »Es ist Libussa, Libussa vom Berg.«

Berthold blickte auf, als habe er eine Erscheinung, und dann lachte er, lachte, dass es von den Wänden hallte.

Otto wandte sich entsetzt nach ihm um.

»Wie kannst du nur lachen, sie ist die Tochter deines Feindes und hat mir die Hand, vielleicht sogar das Leben gerettet – das ist so ... so ... ungewöhnlich, dass ich es gar nicht begreifen kann, immer darüber sinnieren muss, und du lachst.«

»Verzeih. Otto, es war kein leichtfertiges Lachen, auch kein schadenfrohes, wiewohl ich es dem Rosenritter schon ein wenig gönne, dass ihm so ein besonderes Reislein am Stamm wächst. Sieh, Otto, ich freue mich einfach, dass es noch Menschen gibt, gleich deiner Mutter. Sie hatte ähnliche Gedanken wie die kleine Libussa, sie konnte zum Beispiel die Fehde zwischen unseren beiden Burgen nie begreifen oder gar gutheißen, aber sie war zu still und zu sanftmütig, um zu tun, was sie sich zurechtdachte, um zu tun, was dieses Kind tat.«

Otto hörte aufmerksam zu, es war das erste Mal, dass der Vater von der Mutter in einer Weise sprach, dass man sich diese Frau vorstellen konnte, dass sie, obwohl so viele Jahre tot, wieder lebendig vor einem stand. Und wieder war ihm, wie nach jenem ersten Nachmittag am Bach, als schlinge sich ein unsichtbares, geheimnisvolles Band um seine Mutter, um Libussa und um ihn.

Diesen Abend war Libussa so still und in sich gekehrt, dass es sogar den Brüdern auffiel.

»Was ist denn mit dir geschehen, hast du deine Sprache am Bach verloren?«, stichelte Franz.

»Man kann nicht immer reden, man muss auch manchmal denken«, entgegnete Libussa.

»Hast du gehört, Friedrich: Unsere Schwester denkt. Tut es weh, das Denken, weil du solch ein trübsinniges Gesicht dabei machst?«

»Es ist mir lieber, eine schweigsame Tochter bei Tisch zu haben, als zwei streitsüchtige Söhne. Zudem möchte ich gerne meine Abendmahlzeit in Ruhe zu mir nehmen!«

Die Mutter war's, die das sagte, und Libussa war ihr dafür dankbar.

Nachdem Anna sie zu Bett gebracht und das Licht gelöscht, erhob sich Libussa leise, setzte sich ans Fenster und blickte hinüber zur Waldeck. Sie fühlte sich einsam und kreuzelend. Zum einen wusste sie, dass sie nie anders handeln könnte, als sie heute gehandelt, dass sie alles genau so jederzeit wieder täte – zum andern kam sie sich schlecht, beinahe verlogen vor, dass sie an ihres Vaters Tisch saß, als wäre nichts geschehen, und hatte doch dem Sohn seines Feindes die Hand, vielleicht sogar das Leben gerettet, und dies auch noch auf dem Grund und Boden der Ritter vom Berg. Das Schlimmste war, sie konnte mit niemandem darüber reden, niemanden um Rat fragen. Mariechen hatte zwar Stillschweigen gelobt und würde ihr Versprechen auch halten, dessen war sie sicher, aber verstanden hatte sie ihr Tun nicht, das konnte man in ihren Augen ablesen. Meister Theophilius? Er war zwar ihr Beichtvater, aber er lehnte den Waldecker ab wegen seines Heidenfeuers, nein, auch er begriffe es nicht. Er hielte ihr vor: ›Du sollst Vater und Mutter ehren und ihnen gehorchen‹, und das war ein Rat, den sie jetzt am wenigsten gebrauchen konnte. Zu allem Überfluss wusste sie nicht einmal, ob sie Heilung oder Verderben gebracht. Vielleicht hatte sie einen Fehler gemacht und alles verdorben, sie, ein kleines Mädchen, ein Winzling. Sie fror bis ins Innerste, so schlich sie sich ins Bett und weinte sich in den Schlaf.

Im Traum trieb sie im eiskalten Bach, riesige Wedel des Flöhkrautes schlangen sich wie Fangarme um ihre Glieder und versuchten sie unter Wasser zu ziehen. Sie wehrte sich verzweifelt, konnte ihrer aber nicht Herr werden – schweißgebadet wachte sie auf und tastete sich langsam zurück ins Leben. Ob Otto tat, wie sie ihn geheißen? Ob er jemanden gefunden, der ihm half? Ob das Flöhkraut noch frisch genug, das Brunnenwasser kalt genug war? Fragen über Fragen und auf keine gab es eine Antwort.

Da kniete sie vor ihr Bett, legte die Hände zusammen und betete: »Lieber Gott, mach wenigstens dem Otto seine Hand gesund, alles andere will ich schon selber tragen.«

Danach schlüpfte sie unter die Decke und schlief traumlos, bis das Frühlicht ins Fenster fiel. Kurz danach erschien Anna, sie zu wecken und ihr beim Ankleiden zu helfen. Sie streifte ihr das Gewand über, und schon kam die Frage:

»Libussa, ich kann den Gürtel zu deinem Kleid nicht finden, wo hast du ihn gelassen?«

»Ich suchte ihn auch schon, vielleicht habe ich ihn am Bach verloren beim Schlüsselblumenpflücken.«

»So wirst du ihn am Nachmittag suchen gehen!«, sagte Anna in strengem Ton. »Es ist nicht irgendein Band, es ist ein Gürtel, den die Mutter für dich gestickt hat. Wann endlich wirst du auf deine Sachen besser achten. Du wirst diesen Scheidmond zwölf Jahre alt, da ist es langsam an der Zeit, vernünftig zu werden.«

Libussa senkte den Kopf, aber nicht, weil sie sich schämte, des verschwundenen Gürtels wegen, sondern weil sie schon wieder gelogen hatte, lügen musste. Und sie würde erneut lügen müssen, brachte Otto den Gürtel nicht zurück. Es stimmte also, was Meister Theophilius sie eindringlich ermahnt: »Merke dir, Libussa, eine Lüge bleibt nie alleine, eine Lüge zieht die nächste hinter sich her, immer weiter, immer weiter, bis wir uns so in unser Lügengespinst verstrickt haben, dass wir selbst nicht mehr wissen, was wahr und unwahr ist.«

Dies alles ging ihr durch den Kopf während des Frühstücks, und selbst im Unterricht wanderten ihre Gedanken eigene Wege. Was eigentlich hatte sie gestern Schlechtes getan? Sie hatte einem Menschen geholfen. Hieß es denn nicht: »Liebet eure Feinde, tuet wohl denen, die euch hassen.«

Warum also musste sie lügen? Warum war es ein Unrecht, das Richtige zu verschweigen? Oder war es gar so, dass die Menschen manchmal handeln konnten, wie sie wollten, sie handelten stets falsch? War es das, was man die Erbsünde nannte? Je länger sie nachdachte, umso unklarer, umso verworrener wurden die Dinge.

Obwohl sie folgsam schreibend am Tisch saß, war ihre Seele weit fort. Sogar Meister Theophilius hatte sie vergessen, der ihr gegenüber saß, bis seine Stimme sie aus ihren Gedanken riss.

»Libussa, sage, weißt du eigentlich, was du schreibst? Was ist mit dir? Was beschäftigt dich so, dass du deine Arbeit vernachlässigst, das bin ich nicht von dir gewohnt. Willst du mir bitte antworten?«

Libussa sah auf, und als sie in das Gesicht ihres Lehrers blickte, in dieses ernste Gesicht mit den forschenden Augen, da konnte sie nicht lügen, nicht in diese Augen hinein. Hatte man sie nicht gelehrt, dass ein Priester der Stellvertreter Gottes sei? Wenn sie also ihn belog, belog sie Gott. Ihr graute.

Sie zögerte noch einen Atemzug lang, und dann antwortete sie klar und fest: »Ich habe soeben über die Erbsünde nachgedacht. Kann es sein, Meister, dass es Augenblicke im Leben gibt, da kann man entscheiden wie man will, es ist immer verkehrt, und dass dies von der Erbsünde herkommt?«

»Eine sehr schwierige Frage, Libussa. Weshalb musst du denn über solch Schwieriges nachdenken?«

»Meister Theophilius, Ihr seid mein Beichtvater und ich vertraue Euch, aber ich kann Euch nicht antworten – ich habe Gott gebeten, mir in einer Sache zu helfen, aber ich habe ihm auch versprochen alles andere alleine zu tragen, und was man Gott versprochen hat, das muss man doch halten, ist das nicht so?«

»Ja, das ist so. Aber sage mir eines, Libussa, hast du Unrechtes getan, hast du jemandem Schaden zugefügt?«

Da legte sie den Kopf auf den Tisch und weinte, sie weinte so bitterlich, dass Theophilius leicht ihre Schultern berührte und leise und gütig frug: »Nicht weinen, Libussa, einfach die Wahrheit sagen.«

Libussa hob das tränennasse Gesicht zu ihm auf und stieß hervor: »Ich kenne sie doch nicht, die Wahrheit, glaubt mir, ich kenne sie wirklich nicht, erst heute Nachmittag weiß ich, ob ich Schaden zugefügt habe oder nicht.«

Verblüfft schaute Theophilius seine Schülerin an.

»Wie soll ich das verstehen?«

»Das könnt Ihr gar nicht verstehen, wenn nicht einmal ich es verstehe, die es getan hat, wie könnt Ihr es verstehen, der es nicht getan hat? Bitte wartet bis heute Nachmittag, ich komme sofort zu Euch, wenn ich es weiß. Nur erzählen, was geschehen ist, kann ich auch dann nicht, weil ich doch versprach, es alleine zu tragen.«

Seufzend erhob sich Theophilius und meinte: »Mitunter ist es recht schwierig, mit dir zurechtzukommen, dich zu verstehen, Libussa.«

Sie stand da, und indem sie versuchte, ihr immer noch nasses Gesicht zu trocknen, murmelte sie:

»Andere Mädchen freuen sich an Doggen, an schönen Kleidern, an einer hübschen Kette, warum bin ich nicht wie sie, warum muss ich so schwierig sein?«

Das klang so abgrundtief verzweifelt, dass Theophilius antwortete: »Weißt du was, Libussa, wir beide lassen heute Lernen Lernen sein und gehen mitsammen zum Bach, Schlüsselblumen sammeln.«

»Nein, bitte nicht zum Bach, bitte nicht!«

Angstvoll rief es Libussa, und dann, sich zur Ruhe zwingend: »Könnten wir nicht zum Südhang gehen, dort blüht vielleicht schon der Storchschnabel, und ich habe nur noch ganz wenig davon.«

Theophilius hatte sich abgewandt, blickte aus dem Fenster, und ein feines Lächeln zog über sein Gesicht. Sieh an, sieh an, der Bach war es also. Hin und wieder hatte er auf seinen Wandergängen von ferne den jungen Waldecker am anderen Bachufer sitzen sehen. Libussa war zwar noch ein Kind, der junge Waldecker aber war keines mehr. Das Lächeln auf seinem Gesicht vertiefte sich – wenn seine Vermutung zutraf, oh, oh, dann kamen auf den Rosenritter herbe Zeiten zu … Und er nahm sich vor, ein wachsames Augen auf seinen Schützling zu haben.

Gleich nach dem Mittagsmahl nahm Libussa ein Körbchen und lief zum Tor.

»Wo willst du denn schon wieder hin?«

Anna war es, die so frug.

»Aber Anna, meinen Gürtel will ich suchen, das hast du doch selbst befohlen. Und dabei kann ich auch gleich Himmelsschlüssel sammeln, am Bach blühen die Schönsten.«

Noch ehe Anna weiter fragte, huschte Libussa durchs Tor und eilte den Berg hinunter. Je näher sie dem Bach kam, umso langsamer wurden ihre Schritte. Was würde sie vorfinden? Einen genesenden Otto, einen kranken, oder am Ende gar keinen Otto? Sie rannte das Ufer entlang bis zu den Büschen, denn Laufen dauerte ihr jetzt viel zu lange – und da stand er, winkte ihr zu mit dem gesunden Arm, den andern trug er brav in der Schlinge, und war mit einem Sprung über den Bach.

»Habe ich dir nicht gesagt, du sollst dich langsam bewegen?«, tadelte ihn Libussa.

Otto lachte. »Warum nicht gar, ich bin gesund, ich traute mich sogar, den Bogen zu spannen, wenn dieser dumme Lappen nicht wäre.«

»Dieser dumme Lappen hat dir das Leben gerettet.«

Otto schaute auf Libussa herab und antwortete in ungewohntem Ernst: »Nein, du hast mir das Leben gerettet.«

Libussa wurde es unbehaglich unter seinem Blick.

»Lass mich zuerst den Verband lösen, dann weiß ich, ob wahr ist, was du sagst.«

Vorsichtig nahm sie die Binde ab, und da sah sie es selbst: Die Rötung war gänzlich geschwunden, die Schwellung zurückgegangen, aus dem Kreuzschnitt sickerte eine wasserhelle Flüssigkeit, Libussa roch daran und nickte zufrieden.

»Nun, kann ich den Lappen jetzt weglassen?«

»Otto von Waldeck, verzeih, wenn ich es so offen ausspreche, aber du bist dumm und unwissend. Die Wunde ist noch nicht geschlossen, und so lange bleibt der Lappen dran und der Arm in der Schlinge. Hier habe ich etwas mitgebracht«, sie kramte in der Tasche ihres Kleides und reichte ihm ein Tiegelchen. »Es ist Salbe aus dem Johanniskraut, sie ist gut für die Heilung.«

Sie entnahm ihrem Körbchen ein sauberes Leinenläppchen, bestrich es mit Salbe, verband den Arm und legte ihn zurück in das Tuch, das sich Otto um den Hals geschlungen, darauf sagte sie leise, wie bittend: »Meinen Gürtel, hast du meinen Gürtel noch? Anna hat ihn schon vermisst, und ich bin ausgeschickt, ihn zu suchen, weil ich sagte, ich hätte ihn verloren.«

Otto zog den Gürtel aus seinem Wams: »Hier hast du deinen verlorenen Gürtel. Sag mal, bist du immer so rasch mit Ausreden?«

»Das war keine Ausrede, das war eine ausgewachsene Lüge, und ich lüge sonst nie. Aber was sollte ich denn tun, niemand, nicht einmal Anna würde mich verstehen. Ich glaube wirklich, es kommt von der Erbsünde, auch wenn Meister Theophilius es eine sehr schwierige Frage nennt.«

Otto schaute sie verständnislos an. »Was hat denn die Erbsünde mit meinem blessierten Arm zu tun?«

»Eigentlich nichts, und doch sehr viel.«

Libussa setzte sich auf einen Stein.

»Bitte setz dich auch, ich kann nicht gut mit dir reden, wenn ich dauernd hochschauen muss.«

»Das müsstest du doch gewohnt sein, Winzling.«

»Was müsste ich gewohnt sein?«

»An den Leuten hochzuschauen.«

Libussa blickte finster. »Fängst du schon wieder an, kann man denn nie friedlich mit dir sprechen. Langsam begreife ich, warum die Ritter vom Berg mit den Waldeckern in Fehde leben – ihr seid unverträglich!« Ihre Stimme klang nicht böse, eher etwas enttäuscht und traurig, und Otto hörte das.

Augenblicklich ließ er sich nieder und frug: »Also, wie war das mit der Erbsünde? Ich bin begierig, es zu erfahren.«

»Als ich dir das Leben rettete, tat ich etwas, was keiner auf dem Rosenhügel verstanden, nein, sogar jeder als Verrat an meinem

Geschlecht angesehen. Hätte ich es aber unterlassen, wärest du gestorben. Ich konnte also tun, was ich wollte, ich tat Unrecht. Da habe ich Meister Theophilius gefragt, ob das von der Erbsünde kommt, nämlich, dass wir sündigen, obwohl wir etwas Gutes tun.«

»Du findest es also gut, dass ich noch am Leben bin?«

Libussa wurde unsicher und darum antwortete sie bissig.

»Mir ist es ziemlich gleichgültig, wo du dich befindest, aber für deinen Vater bist du wichtig, und außerdem soll jeder, der heilt, Leben erhalten, so hat mich der Meister gelehrt.«

Otto schaute auf das trotzige Gesichtchen und murmelte: »... und ich lüge sonst nie.«

»Was sagtest du?«

»Nichts, was von Wichtigkeit wäre«, entgegnete Otto lächelnd. »Und was die Erbsünde angeht, so denke ich, dass ein Unterschied besteht zwischen einem Gottesgebot und einem Menschengebot. Die Fehde zwischen unseren Burgen ist ein Menschengebot, jemandem das Leben zu retten, gebietet Gott – und dass das Eine über dem Anderen steht, hat man uns gelehrt.«

Libussa sah ihn voll an, und in ihrem Blick lag Staunen und Bewunderung.

»Das ist das erste Mal, Otto, dass ich etwas Vernünftiges von dir höre. Jetzt bin ich nur gespannt, was Meister Theophilius für eine Antwort findet.«

Das Lächeln auf Ottos Gesicht vertiefte sich und er dachte: »Na warte nur, Distelchen, noch eine kleine Weile, und ich werde dich noch mehr verblüffen.«

Libussa rutschte von ihrem Stein, reckte sich und sagte gebieterisch: »Ich muss gehen, vergiss die Salbe nicht aufzutragen, einmal täglich vor dem Schlafengehen, und in drei Tagen bist du wieder hier zur selben Stunde!«

»Zu Befehl, Majestät!«, rief Otto ihr nach, denn sie rannte in Windeseile bergan. Doch als sie die ersten Rosenbüsche erreicht hatte, war ihr, als höre sie vom Bach her ein fröhliches Lachen.

Kaum dass sie oben angekommen, klopfte sie an Meister Theophilius' Stubentüre, und als dieser öffnete, sprudelte sie heraus: »Er ist genesen, der Arm ist beinahe heil, nur noch einige Tage Johanniskrautsalbe, und alles ist gut.«

»Du hast also deinen Schützling gerettet.«

Libussa schüttelte den Kopf, und indem sie nach oben wies, antwortete sie still: »Nicht ich, Er hat ihn gerettet, Er und das Flöhkraut – nein, Er, das Flöhkraut und das Wasser. Ich habe nur getan, was die Äbtissin uns gelehrt hat.«

»Ich freue mich mit dir, und alles andere musst du alleine tragen, war das nicht so?«

»Ja, so ist es, nur das mit der Erbsünde, das wüsste ich gerne.«

»Richtig, die Erbsünde. Ich glaube eine Antwort zu haben. Sieh, es gibt Menschengebote und Gottesgebote, und ein Gebot, das Er uns gibt, steht immer über dem, was Menschen von uns fordern.«

Libussa sah ihn lange an und sagte leise, wie zu sich selbst: »Das habe ich heute schon einmal gehört.«

»Und von wem hast du das gehört?«

»Von einem Knaben.«

Theophilius, anerkennend: »Das muss aber ein sehr kluger Knabe gewesen sein.«

»Oh nein, es war ein ganz gewöhnlicher Knabe.«

Sie machte eine Handbewegung, als verscheuche sie eine Fliege.

Theophilius betrachtete seine Schülerin und dachte: »Libussa vom Berg, du magst dich noch so sehr bemühen, dein Gesicht kann nichts verbergen, noch weniger deine Augen. Und ich will doch Acht haben, ob der junge Waldecker seinen Arm in einer Schlinge trägt.«

Und laut sagte er: »Deine Frage ist noch nicht klar beantwortet. Wenn zwei Gottesgebote von uns gefordert werden und wir, gleich welches wir befolgen, Unrecht tun, dann, Libussa, stehen wir wahrhaftig in der Erbsünde.«

»Das verstehe ich nicht, Meister.«

»Sieh, so ein Gewaltiger einen Schwachen bedroht, so ist dir geboten, den Schwachen zu schützen. Du kannst ihn aber nur schützen, wenn du den Gewaltigen tötest. Doch es steht geschrieben: ›Du sollst nicht töten.‹ Welches Gebot also musst du befolgen?«

»Gott muss für mich entscheiden, ich kann es nicht, Meister, denn gleich was ich tue, ich handle wider ihn.«

»So ist es, Libussa, und damit stehst du unter dem, was wir Erbsünde nennen. Einmal haben wir ihm die Freiheit der Entscheidung abgetrotzt, und darum wird er nie mehr für uns entscheiden, wir müssen es selbst tun.«

Libussa stand in sich versunken, jener Wintermorgen tauchte in ihrem Erinnern auf, da sie den Vater nach seinem Christuskind gefragt, und so antwortete sie: »Dann, Meister Theophilius, hat mein Vater meine Frage schon vor Jahren gelöst. Damals habe ich ihm einfach geglaubt, aber jetzt begreife ich, was er meinte.«

Drei Tage später stand Libussa am Bach hinter den Büschen und wartete. Es war längst die richtige Stunde, aber Otto noch nirgends zu sehen. Hatte sich die Wunde wieder geöffnet oder gar verschlimmert? Libussa fröstelte, obgleich die Sonne schien, dass die Mücken tanzten.

Plötzlich flog etwas durch die Luft, genau vor ihre Füße, ein Sträußchen Feldblumen mit einem Grashalm zusammengebunden, und eben sprang Otto über den Bach.

»Die sind für dich, und wenn du mich heute endlich von der Schlinge befreist, habe ich noch etwas.«

Ohne zu antworten, nahm ihm Libussa die Schlinge ab, öffnete den Verband und besah die Wunde. Sie war verheilt. Es hatte sich über dem Kreuzschnitt eine harte, braune Kruste gebildet.

»Jetzt ist alles gut. Aber dass du mir ja die Kruste in Ruhe lässt, nicht wegkratzen, sie muss von selber abfallen. Und die Blumen, darf ich sie in die Kapelle stellen, zum Dank für deine Genesung?«

»Ich habe sie eigentlich für dich gepflückt«, meinte er ein wenig enttäuscht, »aber hier habe ich noch etwas!«

Damit streckte er seine Hand aus, und darin lag ein Kristall, wasserhell und durchscheinend wie der klare Bach.

»Oh, ein Bergkristall, die Alten sagen …«

Otto unterbrach sie: »Crystallus, lumen sphaerae stellarum, nascitur ex viscera terrae – Bergkristall, Licht der Sterne aus dem Innern der Erde.«

Libussa starrte ihn an, als sähe sie ihn zum ersten Mal: »Du kannst ja Latein, also kannst du auch Lesen und Schreiben.«
Otto nickte vergnügt. Libussa krauste die Stirn.

»Und warum, bitte, hast du dich dann immer gestellt, als wärest du dumm und unwissend?«

»Zum einen, Libussa, war ich das damals wirklich, und zum anderen wollte ich dich wenigstens einmal verblüfft und sprachlos sehen. So, und nun nimm den Bergkristall, er ist dein, als Dank.«

»Dafür brauche ich keinen Dank!«, erwiderte sie schroff.

»Ich weiß, ich soll mir nichts einbilden, das hättest du für jeden anderen auch getan.«

Seine Stimme klang gleichmütig, aber müde, und als er das verschlossene Gesicht Libussas sah, fuhr der böse Zorn in ihn und wegwerfend setzte er hinzu: »So nimm den Kristall als Bezahlung, denn da ich bin wie jeder andere, will ich dir deine Dienste auch vergüten wie jeder andere.«

Damit legte er den Stein in ihren Korb und wandte sich zum Gehen.

»Junker von Waldeck, merkt Euch eines, ich bin Libussa vom Berg und kein Marktweib!«

Otto blieb stehen, und über die Schulter rief er zurück: »Dann benimm dich auch nicht wie ein solches und lerne, Besonderes von Alltäglichem zu unterscheiden, wie es deinem Stande geziemt, und habe den Mut zu sein, wer du wirklich bist!«

Darauf eilte er mit langen Schritten dem Waldecker Forst zu.

Libussa stand mit hängendem Kopf. Was war geschehen, was hatte sie getan? Aller Zorn, der in ihr gelodert, war erloschen, wie die Sonne erlischt, wenn dicke Wolken sie bedecken. Und kalt war es, als hätte Otto alle Wärme von der Wiese genommen. Libussa blickte hinüber zum Waldecker Forst, dunkel stand er gegen den hellen Himmel, dunkel, abweisend und einsam.

So waren sie, die Waldecker, dunkel, abweisend und … Libussas Gedanken stockten vor dem letzten Wort – warum waren

84

sie einsam? Weil sie unverträglich und düster waren und sich deshalb niemand um sie kümmerte? Oder hatte sich niemand um sie gekümmert und darum waren sie unverträglich und düster geworden? Libussa war viel zu ehrlich, um diese Fragen allein zu ihren Gunsten zu beantworten. Sie stand immer noch am selben Fleck, langsam beugte sie sich nieder, nahm den Stein aus dem Korb und schloss ihre Hand darum. Der Stein war warm, als nähre ihn ein inneres Feuer, ihre Hand aber war kalt. Wie konnte das zugehen? Ihre Hand, durch die das lebendige Blut floss, war kälter als der Stein. Sollte das ein Zeichen zum Nachdenken sein? War der Stein warm, weil ihn Otto für sie gesucht hatte, oder nahm er die Wärme aus sich selbst? Oder beides? Wenn das zutraf, war sie eine zwiefach Beschenkte und stand selbst da mit leeren Händen – eine Bettlerin, sie, Libussa, eine Bettlerin.

Sie nahm den Korb vom Boden und schlich dem Rosenhügel zu. Als sie oben durchs Burgtor ging, meinte einer der Wächter: »Heute habt Ihr aber fleißig gesammelt!«

Da sah sie erst, dass der Korb randvoll war mit heilenden Blüten, sie hatte wohl gepflückt wie im Traum, ohne jedes Bewusstsein. In ihr hämmerte nur ein Gedanke, ein Wort: »Bettlerin! Bettlerin!«

Einzig der Stein in ihrer Hand war Wirklichkeit und brennende Scham. War sie das noch, die kleine Libussa, der Winzling, der ins zwölfte Jahr ging? Sie fühlte sich wie eine alte Frau, mit Gedanken beladen, die nicht zu ihrem Alter gehörten und doch auf sie einstürmten, sie bedrängten und nicht losließen. Selbst ihr Körper, jedes Glied beschwerte sie, als hinge sie voller Lasten und war doch dasselbe Mädchen, das noch vor ein paar Stunden leichtfüßig zum Bach gelaufen.

Sie wollte aus ihrer Haut bersten und wünschte sich im selben Augenblick nichts sehnlicher, als in sich hineinzukriechen und in einem dämmrigen Puppenzustand wesen- und traumlos zu schlafen.

Endlich kam der Abend, das quälende Nachtmahl war vorüber und Libussa durfte in ihre Kammer verschwinden. Als sie ihr Kleid abstreifte, spürte sie etwas Hartes in der Tasche, die Phiole!

»Jetzt vergaß ich, ihm die Arznei zu geben«, murmelte sie.

»Wem vergaßest du die Arznei zu geben?«

Erschrocken fuhr Libussa herum.

»O, Anna, ich habe dich gar nicht kommen gehört.«

»Mir scheint, du hörst heute überhaupt nichts. Weißt du wenigstens, was du zu Abend gegessen hast?«

Unsicher antwortete Libussa: »Ich glaube, kalten Braten.«

Missbilligend schüttelte Anna den Kopf. »Es gab Grütze. So, und wem vergaßest du die Arznei zu geben? Hoffentlich weißt du das wenigstens noch.«

»Jemandem, der eine Wunde hat.«

»Heute ist es zu spät, aber morgen wirst du sie gleich dahin bringen, wo sie hingehört.« Und streng setzte sie hinzu: »Merke dir eines, mein Kind, Heilen ist keine Spielerei, es ist etwas sehr Ernsthaftes, und nichts darf dir wichtiger sein denn der Kranke, der dich braucht und auf Hilfe wartet.«

Da ging ein Leuchten über Libussas Gesicht, endlich hob sich das Dunkel, das sie seit Stunden umgeben, endlich sah sie den Weg, den sie zu gehen, was sie zu tun hatte, diese lähmende Untätigkeit, die sie befallen und ihrem Wesen gänzlich fremd war, hatte ein Ende.

»Ja, Anna, ganz gewiss, ich werde bestimmt nicht darauf vergessen, darum will ich auch gleich schlafen, damit ich früh aufwache, dann reicht mir die Zeit vielleicht noch vor den Stunden.«

Kaum dass Anna die Kammer verlassen, schlüpfte Libussa wieder aus dem Bett, und im Schein des aufgehenden Mondes schrieb sie auf ein Stückchen Pergament in Latein, so war sie sicher, dass es kein Ungebetener verstehen konnte: Venenum est ex bursa pastoria, installatur vulnera, ut se non incendant. – Es ist Elixier aus Täschelkraut, man träufelt es auf Wunden, dass sie sich nicht entzünden. Dann wickelte sie das Geschriebene eng um die Phiole, umschlang beides mit einem Wollfaden von ihrer Spindel und knotete alles in ein seidenes Tüchlein. Darauf verwahrte sie den Kristall in der hintersten Ecke ihres Schreibpultes, warf einen langen Blick auf die mondbeschienene Waldeck und schlief, bis das Frühlicht ins Fenster fiel.

Das Krähen des Burghahnes weckte sie, und zugleich vernahm sie auch das Schnattern der Gänse und die helle Stimme Maries, die ihre Herde aus dem Stall trieb. Rasch sprang sie aus dem Bett, warf ihre Kleider über und stob die Treppe hinab in den Hof.

Marie stutzte. »Libussa, was tust du denn so früh auf, und gestrählt bist du auch nicht!«, tadelte sie.

»Das ist nicht wichtig, aber was ich dir zu sagen habe, das ist sehr wichtig.«

Bei diesen Worten zog sie das Seidenbündelchen aus dem Gewand.

»Höre gut zu! Du kennst den Stein hinter den Büschen, auf dem ich dem Waldecker seinen Arm behandelt habe?«

Marie nickte beklommen.

»Auf jenen Stein legst du dieses Bündelchen, sodass man es gut sehen kann. Bitte tu das für mich, ich kann jetzt nicht an den Bach, es fiele zu sehr auf. Bitte, bitte Mariechen!«, bettelte Libussa, als sie das Zögern der Freundin sah.

»Und was ist drin in dem Bündelchen?«, frug Marie ängstlich.

»Arznei für seinen Arm, was denn sonst. Weißt du, Heilen ist keine Spielerei, sondern etwas sehr Ernsthaftes, und nichts darf mir wichtiger sein denn der Kranke, so hat Anna zu mir gesagt, und ihr müssen wir doch gehorchen.«

»Ich werde es tun, aber ich werde froh sein, wenn ich es hinter mir habe, denn ich ängstige mich.«

»Du bist ein Hasenfuß, Marie! Hat er dir ein Haar gekrümmt, als du mir geholfen hast? Nein, hat er nicht, wovor also ängstigst du dich? Und nun eile bitte, die Zeit drängt.«

Als Libussa sauber gestrählt zum Frühmahl erschien, schaute Anna sie fragend an und Libussa antwortete leise: »Es ist alles in Ordnung, Anna.«

Seit Tagen mied Otto das Bachufer, und auch sonst war seine Stimmung nicht die beste. Mürrisch stand er auf, mürrisch kam er zu den Mahlzeiten, mürrisch ging er zu Bett.

Berthold von Waldeck ließ eine Woche verstreichen, dann meinte er eines Morgens: »Denkst du nicht, dass wir wieder einmal zusammen pirschen sollten, damit etwas Fröhlichkeit in deine Augen kommt?«

»Wie du willst, Vater, vielleicht habe ich dann andere Gedanken, denn in meinem Kopf sieht es zur Zeit recht trübe aus.«

»Ich denke, das Übel sitzt ein wenig tiefer als im Kopf, Otto.«

»Wo soll es denn sonst sitzen?«

»Im Herzen, Otto, im Herzen, oder denkst du, dein Vater war nie jung? Denkst du, ich weiß nicht, wie schwer es ist, sich im Innern eines weiblichen Wesens zurechtzufinden, selbst wenn es noch sehr jung ist?«

Otto antwortete: »Das ist es nicht allein, es geht um mehr, um Vielfältiges, es geht auch um mich.«

»Natürlich geht es auch um dich, was sonst wäre der Grund, dass du wie ein alter Wüterich durch die Gegend rennst. Heute werden wir uns früh niederlegen, und morgen vor Sonnenaufgang ziehen wir los, dann haben wir den ganzen Tag vor uns, können reden und niemand hört uns, außer dem Wild und den Vögeln.«

Im Frühdämmern verließen beide die Burg. Die Sonne saß noch hinter den Bergen, und am Osthimmel glänzte einsam der Morgenstern. Der Wald erwachte voll geheimnisvoller Stimmen, und die ersten Vögel zwitscherten schlaftrunken – sie warteten auf das Licht, sie warteten auf die Sonne. Und die kam, rotglühend stieg sie über die Hügel, warf ihre Strahlengarben in die Täler und entzündete Tausende von Lichtern auf den taunassen Wiesen.

Auf einer Lichtung hielt Berthold an und ließ sich auf einem Baumstrunk nieder. »Ich denke, hier rasten wir und stärken uns. Es spricht sich leichter, wenn man nicht hungrig ist.«

Otto saß, die Hände zwischen den Knien, starrte vor sich hin und kaute am Mitgebrachten, als wären es Kieselsteine.

Da riss ihn die Stimme des Vaters aus seiner Trübnis: »Sag mal, Otto, siehst du eigentlich, wie schön es hier ist?«

Und als keine Antwort kam, fuhr er fort: »Nie, Otto, darf einen der Liebesschmerz so niederdrücken, dass man diese Schönheit nicht mehr wahrnimmt.«

»Es ist kein Liebesschmerz, es ist etwas ganz anderes«, widersprach Otto.

»Es ist immer etwas ganz anderes«, erwiderte Berthold gelassen. »Aber wenn es kein Liebesschmerz ist, was ist es dann? Wie soll ich dir raten oder gar helfen, wenn ich nicht mehr weiß, als dass du Kummer hast.«

Leise, kaum zu verstehen, sagte Otto: »Bitte sag mir die Wahrheit Vater – bin ich wirklich so abstoßend hässlich und unverträglich, dass man nicht ein bisschen nett zu mir sein kann?«

Berthold schnaufte hörbar.

»Also, zum einen, hässlich bist du nicht, also auch nicht abstoßend, denn du gleichst deiner Mutter, und sie war eine schöne Frau. Und was das andere betrifft: Kannst du mir erklären, wie die kleine Dame zu solch einer Behauptung kommt, denn sie war es doch, die dich unverträglich nannte?«

»Nur weil ich sagte: ›Du müsstest es doch gewohnt sein, hochzuschauen, Winzling!‹ bin ich doch nicht unverträglich.«

»Nennst du sie immer Winzling?«

»Meistens, und für mich nenne ich sie auch manchmal Distelchen.«

Berthold schmunzelte: »Und da wunderst du dich, dass sie dir nicht freiwillig in die Arme läuft? Otto, du musst noch viel lernen!«

»Aber sie hat sich nie dagegen gewehrt.«

»Sehr vernünftig, was sollte sie auch sonst tun? Mit dem Mund kann sie sich wehren, aber sie kann dich weder verprügeln, was du verdient hättest, noch kann sie dich zum Zweikampf fordern. Sie kann nur kratzbürstig sein, und das ist sie doch?«

»Und wie, sie sagte …« Mitten im Satz verstummte Otto.

»Nun, was ist, was sagte sie?«

»Sie sagte: ›Dafür brauche ich keinen Dank, das hätte ich für jeden anderen auch getan.«

Berthold sah seinen Sohn forschend an. »Und das sagte sie nur einfach so dahin, ohne jeden Grund?«

Otto wurde es heiß, der Vater hatte wirklich eine unangenehme Art, zu fragen.

»Nein, nicht ohne Grund, ich habe – ich habe ihr einen Bergkristall geschenkt zum Dank für meinen Arm.«

»Wo hattest du den Kristall her?«

»Ich habe ihn gefunden.«

»Otto, hast du ihn nur gefunden, oder hast du ihn gesucht und dabei gefunden?«

»Ich habe ihn gesucht, ich weiß, wo es welche gibt. Aber was ist das für ein Unterschied?«

»Sei nicht töricht, du weißt sehr wohl, dass da ein Unterschied ist, und ein Mädchen, klug und feinsichtig wie diese kleine Libussa, spürt diesen Unterschied.«

»Dann, Vater, müsste sie sich doch erst recht über den Stein freuen.«

Berthold beugte sich vor und legte seinem Sohn die Hand auf die Schulter.

»Mein lieber, dummer Junge, wie alt ist sie denn, diese Libussa vom Berg?«

»Das weiß ich nicht, sie könnte ins zwölfte Jahr gehen, vielleicht auch etwas darunter, jedenfalls ist sie dünn und langbeinig wie ein Heupferd und genau so flink und frech ist sie auch.«

»Otto, was erwartest du, zwölf Jahre oder gar darunter, da ist sie noch ein Kind, ein recht ungewöhnliches Kind, das gebe ich zu, aber eben doch ein Kind. Ein Wesen, das erst erkennen muss, wer es wirklich ist und was es für einen Weg zu gehen hat, wo sein Platz ist auf dieser Welt. Und da kommt so ein junger Fant wie du, bricht ein in dieses geregelte, behütete Leben, tollpatschig und unwissend wie ein Bärenjunges, und wundert sich, dass ihm die Frucht nicht vor die Füße fällt. Die Frucht muss am Baum reifen, Otto, sie darf nicht vorzeitig abgerissen werden. Wer dies tut, ist ein Tölpel und hat den Schaden davon, wie du jetzt.«

Otto saß zusammengesunken, aber merkwürdig: Je länger der Vater sprach, je heftiger er ihn schalt, umso heller wurde es in ihm. Es war also gar nicht so, dass Libussa ihn abstoßend und hässlich fand, er selbst hatte sich dumm und anmaßend benommen und damit alles verdorben.

Er hob den Kopf und sah auf einmal die sonnenbeschienene Wiese, sah die glitzernden Tropfen in den Blütenkelchen und auf den Gräsern, sah die taumelnde Schar der Schmetterlinge und fühlte den Atem des Morgenwindes in den Haaren.

Da sagte er glücklich: »Jetzt ist mir wohl, so wohl wie seit Tagen nicht.«

Berthold nickte. »Ja, Otto, hin und wieder tut es not, dass uns einer den Kopf zwischen die Ohren setzt. Und wenn ich die Zukunft richtig deute, wird irgendwann jemand da sein, der das genauso gut, wenn nicht gar besser kann als dein alter Vater.«

Otto grinste und frug dann ernst: »Und, wie geht es weiter, was muss ich tun?«

»Du musst warten, Otto, einfach warten, bis jener Mensch seinen Weg gefunden, bis er erkennt, wer er ist. Manche gehen Schritt für Schritt stetig voran, bis sie da ankommen, wo sie hingehören, bis sie sagen können: Ja das bin ich! Andere aber trifft es unvorbereitet, wie ein Blitzstrahl, der sie erhellt bis in den letzten Winkel ihrer Seele. Ich ahne, dass die kleine Libussa zu diesen gehört, aber sicher weiß ich es nicht. – Und noch etwas, Otto, wenn zwei Menschen bestimmt ist, gemeinsam durchs Leben zu gehen, dann ist es gleichgültig, welcher bei einem Zerwürfnis den ersten Schritt zur Versöhnung tut, allein von Wichtigkeit ist, dass er getan wird. Deine Mutter wusste darum. Wie oft hat sie mir die Hand gereicht und war dadurch freier als ich, der noch im Groll gefesselt verharrte. Und ich glaube, dass dieses ungewöhnliche, mutige Geschöpf ähnlich geartet ist. Sie wird diesen ersten Schritt tun, der dir noch schwer fällt.«

»Nie, Vater, nie wird sie so handeln!«

Berthold lächelte. »Einigen wir uns, Otto: Ich habe einen Wunsch frei, wenn ich recht behalte. Auf's Wort?«

»Auf's Wort, Vater!«, entgegnete Otto fest, und leise setzte er hinzu: »Und Dank für diese Stunde!«

Am nächsten Tag lief er in aller Frühe zum Bachufer, denn er wollte alleine sein. Schon von weitem sah er, dass etwas auf dem Stein lag. Er sprang hinüber und hob das Bündelchen auf, zögernd wog er es in der Hand – es war schwer und enthielt einen harten Gegenstand – ob sie ihm den Kristall zurückgab? Vorsichtig löste er die Verknotung, fand die Phiole, fand den Pergamentstreifen, und als er den Text gelesen, war er froh, froh und beschämt zugleich.

Darauf ging er zwischen den Büschen, Täschelkraut zu sammeln, einen Gruß wollte er hinterlassen. Doch als er das erste Kraut gepflückt, fielen ihm die Worte des Vaters ein: Klug und feinsichtig sei Libussa, vielleicht sähe sie das Täschelkraut wiederum als Bezahlung für ihre Gabe und somit als Beleidigung? Er wusste etwas Besseres, er sprang zurück auf Waldecker Grund, sammelte wunderbar duftende Kamillenblüten, einen ganzen Buschen, legte ihn auf den Stein und verschwand zwischen den Stämmen. Oben angelangt betrat er strahlend das Wohngemach des Vaters und sagte, das Seidenbündelchen auf den Tisch legend:

»Auf's Wort, Vater, du hast einen Wunsch frei.«

Es war Sommer, hoher Sommer, täglich wölbte sich ein klarblauer Himmel, über den zu Mittag ein paar Schönwetterwolken segelten. Hin und wieder türmte es sich blauschwarz auf den Bergen und brachte das reinigende Gewitter mit dem nötigen Regen, aber alles hielt sich im rechten Maß, es gab weder Sturm noch Hagelschlag.

»Es wird ein gutes Jahr werden«, sagten die Bauern.

»Es wird ein gutes Jahr werden«, freute sich Benediktus, der Burgherr. Auch die Welt Libussas war wieder in Ordnung. Ab und zu traf sie Otto und sie riefen sich ein paar Worte zu über den Bach, nicht unfreundlich, aber zurückhaltend, ohne die frühere Vertrautheit. Alles hätte so bleiben können, bis in die Ewigkeit. Ihre Studien gediehen, nichts machte ihr Mühe, nicht einmal das lästige Spinnen. Reich und voll trockneten die Pflanzenbündel in der Kammer, lediglich der Kamillenbuschen Ottos hing in ihrer Schlafstube.

»Was soll denn der Buschen hier, der gehört in deine Kräuterkammer!«, tadelte der Vater, als er einmal bei ihr eintrat.

»Oh, bitte, lasse ihn mir, er duftet so gut!«, bettelte Libussa. »Du musst einmal die Nase hineinstecken.«

»Für mich riecht er nach Krankheit und Siechtum, und beides ist mir verhasst.«

»Und wer machte dir deinen Finger heil, den du in die Stalltür klemmtest? Die Kamillen. Weißt du was, Vater? Ich lasse dir deine Pferde, deine wilden Ritte, deine Waffen, die mir verhasst sind, lasse du mir meine Pflanzen und Edelsteine.«

»Aber mein Kind, du wirst nie einen Mann bekommen, wenn du weiterhin so merkwürdig bist.«

»Ich will auch gar keinen, ich habe die Brüder und dich, ihr reicht mir vollauf. Männer sind ziemlich unnütz, zu nichts zu gebrauchen als zu jagen, zu kämpfen, Arbeiten zu verrichten, zu denen man Kraft braucht.«

»Und unangenehme Dinge zu klären, vor denen die Frauen sich scheuen oder nicht den Mut haben, sie anzugehen«, unterbrach sie der Vater.

Libussa entgegnete gelassen: »… und die ihr selten wirklich friedlich klären könnt, ohne unsren weisen, umsichtigen Rat.«

»Sag mal, du altkluges Geschöpf, woher weißt du solches?«, frug Benediktus erstaunt.

»Nun, ich habe Augen, zu sehen, und Ohren, zu hören, und gebrauche beide, wozu sie mir verliehen wurden, und dazu brauche ich keinen Mann!«, trumpfte sie auf. »Das schaffe ich auch alleine!«

Kopfschüttelnd verließ der Vater den Raum und Libussa räumte die Handarbeit weg, an der sie gestichelt, und murmelte: »Genug für heute, es wird Zeit, etwas Erfreuliches zu tun, ich werde Mariechen suchen.«

Lange hatten die beiden dann in der Sonne gesessen und geschwatzt, da flüsterte Marie: »Komm mit, Libussa, ich hab etwas entdeckt, du wirst staunen.«

Sie trieb ihre Herde an die Ostseite des Berges, eine ebene Stelle gab es hier, bewachsen mit knorrigen, uralten Eichen und dichtem Unterholz. Marie teilte das Gebüsch und winkte Libussa. Vor ihnen stand, im grünen Dämmern, ein Stein, grau und verwittert, aber mit deutlich eingeritzten, verschlungenen, geheimnisvollen Zeichen und Formen. Huschte ein Sonnenstrahl darüber hin, schien es, als begännen sie zu leben.

Libussa konnte vor Staunen eine Weile gar nicht sprechen, doch dann frug sie: »Was ist das, Marie? Weißt du, was das ist?«

»Meine Ahne hat ihn mir gezeigt, sie nennt ihn den Keltenstein.

Er sei viel tausend Jahre alt und die ihn hier setzten, hätten darauf Menschenopfer gebracht, aber man solle ihn in Ruhe lassen, denn er sei ein Heiligtum, genau wie die Eichen, die ihn beschützen, ein Heiligtum von denen, die auch die Feuer abbrannten zur Christnacht, wie der Waldecker heute noch tut.«

»Er ist schön! Oh Marie, sieh doch nur, wie schön er ist!«, sagte Libussa, und andächtig fuhr sie mit den Fingern den Linien nach.

»Lasse das nur Ehrwürden Theophilius nicht wissen, auch nicht, wo der Stein steht, er würde ihn vernichten und die Eichen umhauen lassen, denn er hasst alles Heidnische. Obwohl er lange nicht mehr so streng ist wie vor Jahren. Manche fragen, was ihn verändert hat, weißt du es, Libussa, du kennst ihn doch?«

»Ja, Marie, ich weiß es –«

Libussa stockte mitten im Satz – hinter dem Stein erblickte sie eine hohe Gestalt, hell schimmernd, die sah sie an mit tiefernsten Augen, legte den Finger auf den Mund und glitt hinüber in das Abendrot, das zwischen den Stämmen spielte.

»Libussa vom Berg, wenn einen jemand in sein Inneres blicken lässt, muss man darüber schweigen zu jedermann.« Wie von Weitem drangen diese Worte ihres Meisters aus der Vergangenheit und sie horchte ihnen nach.

»Libussa, was ist dir, hattest du eine Erscheinung? Du schwiegst mitten im Satz und blickst so seltsam.«

Wie erwachend strich sich Libussa über die Stirn, und zu Marie gewandt sagte sie: »Ich wollte dir antworten: Ja, ich weiß es, dass Meister Theophilius verändert ist, aber auch ich weiß nicht, wodurch.«

Und dieses Mal hatte sie nicht das Gefühl einer Lüge, sondern die Gewissheit des Gehorsams.

»Lass uns gehen!«, drängte Marie, »mir ist hier unheimlich.«

»Zuerst zeige ich dir etwas, ich habe nämlich auch eine Entdeckung gemacht, vorhin im letzten Sonnenlicht«, und sie führte die Freundin hinter den Stein und wies ihr eine Mulde, ungefähr in Mannesgröße in den Fels gehauen.

»Es sieht aus wie ein steinernes Bett«, meinte Libussa.

»Nein, es sieht aus wie ein Sarg. Bitte Libussa, lass uns gehen, ich ängstige mich so sehr, außerdem, hörst du es, man läutet schon zu Abend, wir müssen uns beeilen.«

»Kommst du mit zum Südhang?«, frug Marie eines Nachmittags.

»Kommst du mit zum Bach?«, entgegnete Libussa, »dort ist es kühler.«

»Ich gehe nicht mehr gerne zum Bach. Ewig treibt sich der junge Waldecker dort herum, und denke dir nur, neulich brachte er sogar einen älteren Mann mit, schwarzhaarig und finster blickend, ich meine, es war sein Vater. Sie besahen das Flöhkraut und schauten immer wieder zu mir her. Ich habe mich halbtot geängstet.«

»Du bist töricht, Marie, nur weil zwei Waldecker das Flöhkraut besehen, ängstigst du dich zu Tode. Da ist sogar das Flöhkraut klüger als du, es hat ruhig weiter in der Sonne gestanden und sich bestimmt nicht gefürchtet.«

»Ich weiß, dass ich dumm bin, du brauchst es mir nicht zu sagen«, antwortete Marie, wandte sich um und trieb ihre Herde dem Südhang zu.

Libussa blieb stehen. Was war geschehen? Sie kannte Marie, solange sie denken konnte, aber noch nie waren sie uneins gewesen oder hatten sich gestritten. Wie trotzig ihre Stimme geklungen – nur trotzig? Nein, auch traurig, ähnlich wie Ottos Stimme vor Wochen, als er ihre Worte wiederholte: ›Ich weiß, ich soll mir nichts einbilden, das hättest du für jeden anderen auch getan.‹ Seitdem hatte sich manches verändert, und, wie ihr schien, nicht zum Guten. Aus ihren Treffen mit ihm waren Flüchtigkeitsbegegnungen geworden, nicht einmal einen richtigen Streit war sie ihm mehr wert. Und heute hatte sich Marie von ihr abgewandt, ebenso trotzig, ebenso traurig. Nichts war mehr wie früher, auch sie selbst war eine andere geworden.

Kamen ihr noch vor Monaten Fragen und Antworten klar und selbstverständlich, so zweifelte sie jetzt an den Fragen und noch viel mehr an den Antworten. Wie gut war es gewesen, mit Anna oder der Mutter zu sprechen, sich ihnen anzuvertrauen, und wie schwer fiel es ihr jetzt, sich zu öffnen. Trotzdem wünschte sie sich nichts sehnlicher, als die Nähe eines Menschen, und wenn es nur galt, herzhaft mit ihm zu streiten.

Ob Otto am Bach war? Was hinderte sie, dorthin zu gehen. Musste sie denn immer mit Mariechen ziehen? Zwölf Jahre wurde sie in einem Monat, also wohl alt genug, alleine durch eine Bachwiese zu wandern. Was konnte sie dafür, dass Marie so hasenherzig war.

Schon von weitem sah sie Otto, der kleine Kiesel nach einem bestimmten Ziel warf. Als er sie bemerkte, rief er: »Machen wir Wettwerfen, wer am meisten trifft, hat gewonnen!«

»Ich mag keine Steine werfen, und schon gar nicht Kiesel.«

»Was hast du gegen Kiesel?«

»Ich habe nichts gegen Kiesel«, erwiderte Libussa ernst. »Ich finde sie wunderschön, aber sie gehören zusammen, der Bach trug sie hierher vor langer, langer Zeit, und seitdem liegen sie da, wie Geschwister, verstehst du, ich glaube, sie trauern, wenn man sie trennt.«

»Du hast wirklich merkwürdige Gedanken, Steine sind kalt und leblos, darum können sie auch nicht trauern.«

»Das ist nicht wahr, der Bergkristall, den du mir schenktest, ist warm, so oft ich ihn anfasse, außerdem können Steine heilen, also muss doch etwas in ihnen sein, etwas, das Gott in sie hineinlegte.«

Otto schwieg. Nachdenklich betrachtete er sein Gegenüber. War das noch dasselbe streitbare Mädchen, dasselbe stachelige Distelchen? Ihre helle Stimme holte ihn aus seinen Gedanken.

»Du hast ja schon wieder einen Kratzer auf der Hand. Träufle gleich aus der Phiole darüber!«, befahl sie streng.

»Die Phiole ist zu Hause.«

»Da wird sie dir kaum nützen, du musst sie immer bei dir tragen, hier«, sie deutete auf seine Jagdtasche.

»Libussa, ich werde dieses Jahr siebzehn, ich weiß selbst, was ich zu tun habe, und ich mag es nicht, wenn man mir dauernd Befehle erteilt«, entgegnete er unwirsch.

Sie sah ihn an und antwortete ruhig: »Ihr Männer seid schon sehr seltsam, jeder Hinweis einer Frau und selbst eines Winzlings ist für euch ein unerträglicher Befehl, aber wenn der Fürst nur mit dem Finger winkt, gebt ihr ohne Widerrede sogar das Leben drein.«

»Das ist doch etwas anderes!«

»So, und warum?«

Libussa warf den Kopf in den Nacken, sie glich einem störrischen Pferd, ihre Augen blitzten ihn an, sie war wieder die alte streitbare Libussa, die er kannte.

»Ist es etwas anderes, weil es das eine Mal eine Frau und das andere Mal ein Mann sagt? Ist das der Grund?«

Sie blickte ihn herausfordernd an, und als keine Antwort kam, sprach sie weiter: »Dann ist euch der Befehl des Fürsten wichtiger denn der liebevolle Hinweis einer Frau. Bei mir ist das umgekehrt, ich ertrage einen Befehl eher von jemandem, der mir vertraut ist, als von einem Fürsten, der Gewalt über mich hat.«

»Du bist eben nicht wie andere Menschen, und schon gar nicht wie die meisten Mädchen.«

Libussas Gesicht verschattete sich und sie antwortete leise: »Ich weiß – leider.«

Dann griff sie entschlossen nach einem Wedel Flöhkraut, wässerte ihn im Bach, legte ihn auf Ottos Hand und meinte entschuldigend: »Nur zur Vorsorge.«

Otto schüttelte sich: »Kommst du schon wieder mit diesem schrecklichen Kraut.«

»Es hat dich gerettet, darum nenne es nie wieder ›schreckliches Kraut‹, es könnte das sehr übel nehmen.«

Otto lachte. »Erst sagst du, dass Steine trauern, und nun behauptest du sogar, dass Pflanzen hören. Du glaubst dies alles doch wohl selbst nicht?«

Libussa schwieg. Sie schaute über die Wiese hin, sah die vielen heilsamen Pflanzen sich vertrauensvoll im Winde wiegend, bereit, sich liebend zu verschenken, ohne Argwohn, ohne Angst, ohne Zweifel an ihrem Auftrag.

Sie fühlte den Atem der zarten Pflanzenseelen, und wie zu sich selbst sprach sie: »Wir wissen doch so wenig von all dem ...«

Sie zeigte ins Weite, beugte sich zu den Blüten der Kamille und strich mit leichter Hand darüber.

»So wenig wissen wir, wir können sie nur wispern hören, wenn wir ganz still sind. – Ich hatte gehofft, wenigstens du verstündest das!«

Darauf nahm sie wortlos das Flöhkraut von seiner Hand, warf es achtlos in den Bach, wandte sich ohne Gruß und verschwand zwischen den Büschen. Als sie sicher war, dass Otto sie nicht mehr sehen konnte, setzte sie sich ins Gras und weinte. Sie weinte bitterlich, hilflos wie ein kleines Kind und konnte nicht aufhören, es war, als flösse alles Leben aus ihr.

Noch vor Monaten hatte sie die Waldecker unverträglich geheißen und nun – nun zogen sich die Menschen vor ihr zurück, sogar das gutmütige Mariechen mied sie. Der Vater hätte lieber eine fügsame, hübsche Tochter gehabt, die Mutter sicher ebenfalls, auch wenn sie es nicht aussprachen. Und Otto? Die Tränen quollen von Neuem hervor. Vielleicht war es wirklich das Beste, sie ging ins Kloster, da konnte sie wenigstens den Kranken nützen. Sie zweifelte an allen Menschen, die sie umgaben, am meisten aber zweifelte sie an sich selbst. Lediglich ihre stummen Helfer, die Pflanzen und Edelsteine, blieben ihr zugeneigt, mit ihnen hielt sie Zwiesprache. Nie brach sie eine Blüte, nie benützte sie einen Stein, ohne sich ihnen mitzuteilen, ohne ihre Hilfe zu erbitten. Und immer wieder geschah es, dass sie mitten im Sammeln verharrte, einige, oft die schönsten Pflanzen oder Kräuter umwanderte, weil sie deren Wunsch spürte, noch länger in der Sonne zu stehen, anstatt jetzt schon das Leben hinzugeben. Mit niemandem mochte Libussa über solches Erleben sprechen, denn sie fürchtete das mitleidige, manchmal sogar spöttische Lächeln, dem sie hie und da begegnet, wenn sie ähnliche Gedanken geäußert. Die letzten Sonnenstrahlen fielen zwischen die Büsche, da erhob sie sich und schlich den Berg hinauf. Sie fühlte sich müde und uralt und wurde doch erst zwölf Jahre in einigen Wochen.

Die Sonne war längst hinter den Hügeln, und noch immer stand Otto an derselben Stelle, an der Libussa ihn verlassen. Er starrte ins Wasser, suchte nach dem Flöhkraut, von dem kein Blatt mehr zu sehen, da der Bach es längst weggeschwemmt hatte. Dieses Büschel Flöhkraut wäre das Einzige gewesen, was ihm greifbar bestätigte, dass das Erlebnis dieses Nachmittags kein Traumgesicht sondern Wirklichkeit war, zu seltsam erschien ihm alles, zu verworren und unbegreiflich.

Wie hatte der Vater gesagt: »Denkst du, ich weiß nicht, wie schwer es ist, sich im Innern eines weiblichen Wesens zurechtzufinden, selbst wenn es noch sehr jung ist?«

Dass diese Worte zutrafen, hatte er heute erfahren. Er fühlte sich hin und her geworfen, wie ein Schiff bei hohem Seegang. Nichts mehr war beständig, keines Gefühles konnte er sicher sein. Wer war die wahre Libussa? Jenes ungebärdige Geschöpf, das selbst einem Fürsten den Gehorsam verweigern wollte, oder das Mädchen, welches mit sanfter Hand über die Kamillenblüten strich, mit Pflanzen und Steinen wie mit ihresgleichen redete, das ihn ausschalt wie einen ungehorsamen Knaben und im selben Augenblick ohne Erröten zugab, dass es sein Geschenk, den Bergkristall, oft in die Hand nahm – und das am Ende auch noch traurig war, weil er dies alles nicht verstand. Gut, er hatte bemerkt, dass sie traurig war, wenigstens etwas, aber sonst? Konnte sich überhaupt ein Mensch in dieser Wirrnis zurechtfinden?

Er begann vor allem, an sich selbst zu zweifeln, und zumindest darin glich er Libussa. Ob er den Vater frug? Aber der bewies ihm sicher wieder, dass er noch viel zu lernen habe. Außerdem ahnte er, dass dieses kleine, tapfere Mädchen mit all seinen Fragen ebenso alleine stand. Hatte sie nicht seinerzeit gesagt: »Niemand, nicht einmal Anna, würde mich verstehen«, so war es wohl mehr als recht, wenn auch er versuchte, alleine durchzufinden. Langsam wandte er sich dem Walde zu. Das Bachufer lag verlassen, nur die Kamillenstaude wiegte sich im Abendwind, träumend und glücklich, als fühle sie noch immer die Hand Libussas auf ihren Blüten.

Einige Tage später trafen sich Libussa und Marie auf dem Burghof. Libussa blieb stehen und wartete, Marie blieb stehen, wartete ebenfalls, und nach einer kleinen Weile frug sie leise:
»Bist du mir noch böse, Libussa?«
»Aber Mariechen, ich war es doch, die Unrecht tat. Nie durfte ich dich dumm nennen, denn das bist du nicht. Wenn man nicht lesen und schreiben kann, ist man höchstens unwissend, aber nicht dumm.«
»Dann bin ich eben unwissend, es ist doch gleichgültig, wie du es nennst, denn es ist nicht das Einzige was mich bedrückt, ich habe Angst!«
»Marie, wir sind hier im sicheren Burghof, es ist kein Waldecker in der Nähe, wovor um alles in der Welt fürchtest du dich?«
»Vor dem, was kommt, Libussa, vor dem, was ganz gewiss kommt.«
»Das verstehe ich nicht. Weißt du was, wir treiben die Gänse zum Südhang, da ist es sonnig und ruhig, dort können wir reden, willst du?«
Marie nickte und antwortete trübsinnig: »Reden können wir allemal, aber ändern kann das auch nichts.«
Als sie am Südhang saßen, mitten unter den Heckenrosenbüschen, die voll dunkelroter, glänzender Hagebutten hingen, das schnatternde Gänsevolk um sie her, frug Libussa: »Nun, sag schon, Marie, was bedrückt dich denn so sehr?«

Marie zögerte und dann begann sie: »Noch einige Zeit, Libussa, wird das so schön sein wie heute; aber nicht mehr lange, und dein Vater wird einen Mann für dich suchen, du wirst heiraten, mit ihm auf seine Burg gehen und ich werde hier zurückbleiben.«

»Ist das dein ganzer Kummer, deine ganze Angst?«

Marie schwieg.

»Oder ist da noch etwas?«

»Ich war im letzten Heumond vierzehn Jahre alt, lange kann ich nicht mehr Gänsehirtin sein, ich muss Magd werden bei den Hühnern oder den Kühen, wo man mich eben braucht. Und irgendwann wird so ein grober Knecht kommen und ich muss ihn heiraten, so wie du irgendeinen Ritter heiraten musst – siehst du, davor graut mir.«

»Jetzt einmal langsam, Mariechen, ich werde nie irgendeinen Ritter heiraten, den mein Vater mir zuführt, ich werde nur den heiraten, den ich mag, das habe ich dem Vater schon vor langem gesagt.«

Marie starrte die Freundin fassungslos an: »Hast du den Verstand verloren? Das kannst du nicht tun, wir müssen doch gehorchen.«

»Nein, Marie, wir müssen nicht, nicht in so einer wichtigen Sache. Glaubst du vielleicht, ich will mein ganzes Leben mit einem Menschen zusammensein, den ich nicht ausstehen kann? Niemals, lieber gehe ich ins Kloster. Und du, Marie, brauchst auch keinen groben Knecht nehmen, vor dem dir jetzt schon graust. Eines Tages begegnest du einem, den du magst, und den heiratest du dann, so einfach ist das.«

Marie saß da, wie ein Häufchen grauer Trübsal, und dicke Tränen liefen ihr übers Gesicht.

»Warum heulst du denn? Du bist doch erst vierzehn, mit vierzehn heiratet man doch nicht, höchstens mit fünfzehn oder sechzehn. Wie kann man sich nur vor etwas ängstigen, das noch so weit weg liegt!«

»Ich bleib aber nicht immer vierzehn«, schluchzte Marie, »und
außerdem ist es doch schon geschehen.«

Libussa rückte näher zu Marie, legte ihr den Arm um und sagte
bestimmt: »Was ist geschehen? Aber bitte höre erst auf zu weinen, ehe du antwortest, denn ich verstehe dich nicht bei dem
Geschluchze.«

Marie schluckte ein paar Mal an ihren Tränen und dann flüsterte
sie: »Das Begegnen ist geschehen – beim Maitanz.«

»Das ist doch wunderbar, das ist doch zum Freuen und nicht
zum Heulen, du bist wirklich komisch.«

Marie hob ihr verquollenes Gesicht und sah Libussa an, mutlos
und tief traurig.

»Oh, Libussa, es ist Rupert, der Sohn vom Burgvogt – und du
glaubst wohl nicht im Ernst, dass sein Vater je erlaubt, dass er
eine Gänsehirtin zum Weibe nimmt.«

»Da magst du recht haben – trotzdem, es gibt immer einen Weg!
Lasse mir nur etwas Zeit zum Nachdenken, mir fällt sicher was
ein. Und jetzt, halte dein Gesicht in den Wind, es muss ja nicht
jeder gleich sehen, dass du geweint hast.«

So saßen sie lange, die Sonne wanderte, und als sie rund und
voll auf den westlichen Hügeln hockte, sprach Libussa zum ersten Male: »Hör zu, Mariechen, ich glaube, ich habe einen Weg
gefunden, aber es wird eine Menge Arbeit kosten für dich und
für mich, bist du bereit?«

»Sicher bin ich bereit, was hast du vor?«

»Ich werde dich lesen und schreiben lehren, und wenn ich einmal
von hier weggehe, werde ich dich mitnehmen als meine Kammerfrau. Und die Kammerfrau der Burgherrin ist deren engste
Vertraute, Marie, und damit eine angesehene, ehrbare Person
und wohl wert, den Sohn des Burgvogtes zu ehelichen.«

»Meinst du, es darf sein, dass du mich lehrst?«, fragte Marie
zweifelnd.

»Natürlich darf das sein, Meister Theophilius lehrt mich auch,
und ich bin ein Mädchen, genau wie du.«

»Aber Libussa, das ist doch ein Unterschied, du bist Libussa vom Berg und ich das Gänsemariechen.«

»Na und – du bist ein Mädchen und ich bin ein Mädchen, du willst lernen und ich wollte lernen – wo ist da bitte der Unterschied? Außerdem, was ich weiß, gehört doch nicht mir.«

»Es gehört dir, Libussa, wem denn sonst?«

»Allen gehört es, die es haben wollen. Schau her, ich habe es geschenkt bekommen von Meister Theophilius, genau wie er es bekam von jemand anderem. Ich darf mich auf mein Wissen nicht draufsetzen wie auf einen Hafersack und sagen: Das ist mein! Das darf niemand. Ich werde dich lehren – morgen bringe ich dir ein Wachstäfelchen mit. Wir treffen uns jetzt alle Tage zur selben Stunde am Nachmittag. Und nun sammeln wir noch ein paar Kräuter, ich brauche Zinnkraut, die Trine hat mir alles abgebettelt zum Tellerputzen.«

Am nächsten Morgen, der Unterricht ging seinem Ende zu, schob Libussa ihr Schreibzeug beiseite und sagte: »Meister Theophilius, ich habe eine Bitte.«

»So, was willst du denn?«

»Kann ich noch ein Wachstäfelchen bekommen und einen Stift?«

»Du weißt, mein Kind, Wachstäfelchen sind wertvoll und das Deine ich noch gut, wozu brauchst du dann ein neues?«

»Ich will Mariechen lesen und schreiben lehren, und ohne Täfelchen ist das sehr mühsam.«

»Es wird auch mit Täfelchen sehr mühsam«, entgegnete Theophilius, und ernst fortfahrend: »Lesen und Schreiben ist ein Wissen, das nicht für jedermann taugt. Was soll ein Mädchen wie Marie damit anfangen, zu was soll das nütze sein. Denkt euch ein anderes Spiel aus für euren Zeitvertreib, Lesen und Schreiben ist dafür zu kostbar.«

Libussa betrachtete ihren Lehrer verständnislos. Was dachte er sich eigentlich, glaubte er wirklich, sie wollten diese Lehrstunden wie ein Spiel betreiben, wie man Ball spielt oder Verstecken? Sie schaute Theophilius von unten her an, mit jenem Blick, der ihr eigen war, wenn sie sich unverstanden fühlte, und sagte bestimmt:

»Meister, es ist uns ernst, nie würden wir aus Lesen und Schreiben ein Spiel machen. Verweigert Ihr mir ein Täfelchen, schreiben wir eben in den Sand. Ich habe Marie versprochen, sie Lesen und Schreiben zu lehren, und was ich versprochen habe, das werde ich auch halten.«

»Aber Libussa, warum in aller Welt will denn Marie unbedingt lesen und schreiben können, ein Mädchen wie sie, kannst du mir das sagen?«

»Nein, Meister, das kann ich nicht, denn es ist Mariechens Geheimnis und es wäre ihr sicher nicht recht, wenn ich es ausplauderte. Und zum anderen, ich bin auch ein Mädchen und Ihr habt es mich trotzdem gelehrt.«

»Aber Libussa, das ist doch ein Unterschied, du bist Libussa vom Berg und sie das Gänsemariechen.«

»Das höre ich jetzt zum zweiten Mal.«

»Und von wem hast du es zum ersten Mal gehört?«

»Vom Mariechen.« Und nach einigem Nachdenken: »Also, entweder ist das Mariechen so klug wie Ihr, oder – «, sie stockte verlegen.

»… oder ich bin so dumm wie Marie, das wolltest du doch sagen, stimmt es?«

Libussa nickte beklommen.

Da lachte Theophilius und es war ein gutes Lachen: »Libussa, du hast recht, unterrichte deine kleine Freundin, und das Wachstäfelchen bekommst du auch. Nur eines wüsste ich zu gerne: Warum will Marie so etwas Schwieriges wie das Lernen auf sich nehmen?«

»Glaubt mir, Meister Theophilius, wäre es mein Geheimnis, sagte ich es Euch sofort, aber das Geheimnis gehört Marie. Irgendwann werde ich Euch ganz gewiss den Grund sagen können. Nun habt vielen Dank, Meister, und heute Nachmittag wird Marie die erste Stunde bei mir haben.«

Doch anstatt zu gehen, blieb Libussa.

»Nun, was ist, hast du noch eine Bitte?«

»Keine Bitte, Meister Theophilius, eine Frage. Habt Ihr mich nur unterrichtet, weil ich Libussa vom Berg bin? Ich dachte immer, Ihr unterrichtet mich, weil ich es für mein Leben brauche. Glaubt Ihr nicht, dass auch eine Gänsehirtin es nötig hat, belesen zu sein? Ist der Verstand einer Hirtin weniger wert als der Verstand eines Ritterkindes? Ist das so?«

Theophilius stand auf, öffnete das Fenster und blickte über das Tal. Er brauchte Zeit, er brauchte den frischen Wind im Gesicht, dieses Kind konnte einem warm machen mit seinen Fragen. Außerdem erwartete sie Wahrhaftigkeit von ihm, er kannte ihren forschenden Blick, der auslotete bis in den letzten Winkel, der jede Unklarheit, jede Ausrede aufspürte.

Langsam wandte er sich um und antwortete: »Damals, Libussa, zu Beginn deiner Studien, habe ich tatsächlich das Ritterkind unterrichtet – heute aber würde ich dich unterrichten ohne Ansehen deines Standes.« Und nach einer Pause setzte er leise hinzu: »Das hast du mich gelehrt, du hast mich viel gelehrt, und dafür danke ich dir.«

Da sah Libussa ihn strahlend an und sagte still: »Ihr seid ein großer Mensch, Meister Theophilius, ein sehr großer Mensch.«

Von diesem Tag an saßen die beiden Mädchen des Nachmittags beisammen. Mariechen war eine eifrige Schülerin, begriff rasch und Libussa hatte keine Mühe mit ihr.

Es war einige Tage vor Libussas Geburtstag und es war schwül und heiß, wie sonst nur im hohen Sommer. Am frühen Abend, zur Melkzeit, schlenderte Libussa über den Burghof, da hörte sie aus einem der Ställe ein bitterliches Weinen. Sie öffnete die Türe und sah Grete, eine Magd, auf dem Melkschemel sitzen, den leeren Milcheimer vor sich und hilflos in die Schürze schluchzen.

»Grete, was ist denn, hast du die Milch verschüttet, weil dein Eimer leer ist?«

Das Mädchen schüttelte den Kopf: »Viel schlimmer, viel, viel schlimmer, o Gott, was für ein Unglück!«

»Grete, was ist geschehen? Vielleicht kann ich dir helfen.«

»Mir kann niemand mehr helfen und ihm auch nicht!« Sie weinte laut auf.

»Grete, beruhige dich doch und antworte mir. Was ist geschehen, und wer ist ›ihm‹?«

»Der Rappe, das Lieblingspferd Eures Vaters, ist vor ein paar Stunden umgestanden, und jetzt soll der Pferdeknecht, der Adam, gestäupt werden, weil er nachlässig gewesen – er war aber nicht nachlässig, ich weiß es, weil ich ihm zur Hand ging die ganze Nacht, denn ich hab ihn lieb und wir sind versprochen. Aber wenn er gestäupt wird, ist er ehrlos, und einen Ehrlosen darf ich nicht heiraten, niemals, der Vater verbietet's.«

Erneut weinte sie hemmungslos.

»Höre, Grete, ich werde zu meinem Vater gehen, ich werde euch helfen, so wahr ich hier stehe, ich werde euch helfen!«

Und noch ehe die Magd etwas erwidern konnte, stob Libussa davon. Sie rannte über den Hof, rannte über die Treppe und stürzte in das Gemach der Eltern, dass Susanna vor Schreck aufschrie.

»Libussa, kannst du nicht durch die Türe gehen, wie es sich gehört, musst du deine Mutter derart erschrecken!«, tadelte der Vater.

Libussa hörte gar nicht hin, sondern frug atemlos: »Ist es wahr, dass du Adam, den Rossknecht, stäupen lässt? Sage mir, ob das wahr ist!«

»Ich weiß zwar nicht, was dich das angeht – ja, er wird gestäupt, morgen, wenn die Sonne aufgeht, weil er faul und nachlässig war und darum ist mein Rappe umgestanden.«

»Das ist nicht wahr, er hat die ganze Nacht bei dem Tier gewacht, hat Umschläge gemacht mit den Kräutern, die ich ihm gab, aber der Rappe war zu krank.«

»Ach was«, entgegnete Benedikt wegwerfend »der Rappe hatte eine Wunde an der Fessel, daran stirbt ein gesundes Pferd nicht.«

»Und wann bitte hat er sich die Verletzung zugezogen?«

Benedikt wurde etwas unsicher: »Vor zwei Tagen auf der Jagd.«

»Und warum bist du nicht gleich zurückgekommen und hast die Wunde behandeln lassen, warum, wenn du deinen Rappen so sehr liebst? Es ist Schmutz in die Wunde geraten, es kam zu einer Vergiftung, und an dieser Vergiftung ist dein Rappe gestorben, nicht an der Nachlässigkeit des Knechtes. Du selbst bist schuld am Tod des Pferdes, du selbst! Zwei Menschen müssen unglücklich werden wegen dir, denn die Grete darf den Adam nicht heiraten, weil er ehrlos ist, wenn du ihn stäupen lässt, und dabei ist nicht der Adam nachlässig gewesen, sondern du, du, du!«

Libussa war außer sich, sie stand vor ihrem Vater, lodernd vor Zorn.

»Ganz gleich, ich habe das Urteil gesprochen, der Knecht wird gestäupt! Wo kämen wir denn hin, wenn Kinder wie du bestimmen, was auf einer Burg zu geschehen hat!«, meinte er geringschätzig.

Libussa starrte ihren Vater an, sie war weiß, als wäre alles Blut aus ihr gewichen, und in gefährlicher Ruhe antwortete sie:»Gut, morgen früh, wenn die Sonne aufgeht, stehe ich im Burghof und sehe zu, wie der Adam gestäupt wird, damit ich nie vergesse, was für einen ungerechten, grausamen Vater ich habe.«

»Das wirst du nicht tun!«

»Oh doch, das werde ich tun!«

»Dann werde ich dich einsperren!«, schrie Benedikt voller Wut.

»Dazu musst du mich erst einmal haben!«, rief Libussa zurück. Und ehe er es hindern konnte, war sie aus der Türe.

Er raste ihr nach, raste die Treppe hinunter, aber Libussa war verschwunden, als hätte sie der Erdboden verschlungen. Sie kannte die Burg in jedem Winkel, und so hockte sie in der dunklen Ecke unter der Hintertreppe, und sobald sie den Vater über die Vordertreppe rasen sah, schlüpfte sie aus ihrem Versteck, rannte über den Burghof zum Südhang, und als sie das Gesinde rufen hörte:»Dort ist sie, Herr, sie lief soeben zum Südhang!«, schlug sie hinter den Büschen einen Haken und jagte zum Osthang. Dort wusste sie einen Platz, wo sie keiner fand, weil ihn niemand kannte, außer Marie, und Marie, dessen war sie sicher, würde schweigen – sie rannte zu den uralten Eichen und verbarg sich hinter dem Keltenstein im steinernen Bett.

Inzwischen war das letzte Quentchen Licht verschwunden, bleiern hing die Düsternis auf den Hügeln. Blauschwarze Wolken mit gelben Bäuchen wälzten sich von Westen her, es war windstill, kein Blatt regte sich, auch die Vögel waren längst verstummt.

»Hier bin ich sicher, hierher, an diesen verrufenen Ort traut sich keiner. Lieber Gott, lass es regnen, ehe sie die Hunde loslassen, denn die Hunde finden mich. Bitte, lieber Gott, lass es kräftig regnen!«, betete sie inbrünstig.

Kaum hatte sie geendet, fuhr ein Windstoß heran, dass die Bäume sich ächzend bogen, der erste Blitz säbelte in die Dunkelheit und es begann zu regnen. Erst in großen, schweren Tropfen, doch dann schüttete es wie aus Kübeln, untermischt mit spitzen Eiskörnern. Das Unwetter tobte, als wäre das wilde Heer unterwegs. Blitze zuckten von allen Seiten, die Luft war erfüllt von schwefelgelber Bosheit und dem Gebrüll des Donners. Immer dichter und größer fielen die Hagelkörner, sie schmerzten, denn sie schnitten in die Haut, und langsam, stetig füllte sich das steinerne Bett mit Wasser. Libussa hockte zusammengekauert und zitterte vor Kälte und Angst. Ihre Gedanken glitten zurück zu dem Abend an dem sie mit Marie hier gestanden, damals war ihr ein Engel erschienen, er fürchtete diesen Ort nicht, er schwebte über der Gedankenenge der Menschen – und über ihrer Angst. Wovor also fürchtete sie sich eigentlich? Breitete er nicht allgegenwärtig seine Flügel schützend über sie? Da wurde sie ruhig, neigte den Kopf und schlief vor Erschöpfung ein.

Die ganze Burggemeinschaft war in Aufruhr. Außer den Alten schwärmten sie in alle Himmelsrichtungen, um das Kind zu suchen, denn Libussa wurde von jedermann geliebt. Überall lichterte es von Fackeln und Laternen, und obwohl bereits völlig durchnässt, dachte niemand daran die Suche aufzugeben. Benediktus aber war wie von Sinnen, barhäuptig raste er in die hintersten Winkel, kletterte über glitschiges Gestein, bis er völlig ermattet auf eine Treppenstufe sank.

So fand ihn Susanna. »Benedikt, fasse dich doch, wir werden sie finden, da bin ich ganz sicher!«

»Aber wie werden wir sie finden, wie? Verletzt oder gar tot? Und ich bin schuld, Susanne, ich, durch meinen Starrsinn, durch meine ungezügelte Wut. Wegen eines Pferdes habe ich mein Kind auf dem Gewissen! Was schert mich jetzt noch das Pferd!«

Er schrie in seiner Verzweiflung, dass jeder es hören konnte. Susanna kniete sich vor ihn, fasste seine Hände und sagte:

»Benedikt, beruhige dich doch, wir werden sie finden, bald, ich

110

fühle das, aber was sollen wir ihr sagen? Du weißt, warum sie weglief, du weißt, worauf sie wartet, bitte Benedikt, gib nach – es geht nicht nur um Libussa, es geht auch um dich.«

»Wenn ihr sie findet und sie kann euch hören«, er stockte, seine Stimme zitterte, »wenn sie noch fähig ist, euch zu verstehen, dann sagt ihr, der Knecht soll frei sein, ohne Strafe, sie hat mein Wort, dass ich ihn noch heute aus den Verließ holen lasse.«

Kaum hatte er geendet, fuhr ein greller Blitzstrahl nieder, ein fürchterlicher Donnerschlag zerriss die Luft, im Osten züngelte eine Flamme und erlosch kurz darauf im prasselnden Regen. Marie, die mit dem Gesinde nach der Freundin gesucht, blieb stehen – ein Blitz am Osthang, das war wie ein Zeichen! Warum hatte sie nicht gleich daran gedacht, Libussa beim Keltenstein zu suchen – aber dahin musste sie alleine gehen, keiner durfte ihr folgen, denn der Keltenstein war ihrer beider Geheimnis.

Da legte sich eine leichte Hand auf ihre Schulter, und im Schein der Laterne erkannte sie die Burgfrau.

»Marie«, flehte Susanna, »du kennst all ihre geheimen Wege, bitte Marie, überlege, wo sie sein könnte – und wenn du sie findest, sage ihr, der Adam wird frei sein, der Herr hat die Strafe erlassen. Bitte, Marie, eile dich, hilf uns!«

»Ich will's versuchen, Herrin«, und für sich setzte sie hinzu: »Und wenn ich mich zu Tode ängstige.«

Sie schlich sich von den andern weg, und als sie merkte, dass ihr niemand folgte, rannte sie zum Osthang, teilte das Gebüsch und rief: »Libussa, bist du hier?«

Es kam keine Antwort – da nahm Marie allen Mut zusammen und kroch hinter den Stein. Sie tastete in der Finsternis, bis sie etwas Nasses, Eiskaltes berührte – sie hatte sie gefunden – sie, die kleine Gänsehirtin, hatte sie gefunden. Und die Freundin mit allen Kräften schüttelnd, flüsterte sie:

»Libussa, aufwachen, du musst mit mir kommen, ich soll dir von der Mutter sagen, der Adam ist frei. Libussa, bitte antworte doch!«

»Warum ist es denn so dunkel? Wo bin ich denn? Mariechen, bist du es … und was hast du gesagt?«

»Oh Gott, sie redet ganz wirr«, dachte Marie, und laut sagte sie: »Du kannst nach Hause kommen, Libussa, der Adam ist frei. Schnell, steh auf, du wirst dir den Tod holen in dieser Nässe, so steh doch auf!«

»Ich kann nicht«, kam es kläglich, »ich kann mich nicht bewegen, ich bin steif vor Kälte, du musst mir helfen.«

»Warte, ich hole meine Laterne, und dann kriechen wir auf allen Vieren, bis wir von hier weg sind, und wenn ich rufe, wird dein Vater her eilen und dich tragen.«

Und genau so war es. Kaum hatten sie Mariechens Ruf gehört, kamen sie alle, voran Benediktus.

»Lebt sie? Ist sie heil?«, rief er schon von Weitem.

»Ja, Herr, sie ist nur halb erfroren und sehr schwach, ich glaube, Ihr müsst sie tragen.«

Vorsichtig hob Benediktus sein Kind auf, und obgleich auch er kalt und durchnässt war, fühlte Libussa die Wärme und den Schutz seiner Arme.

»Marie«, sagte der Burgherr, »in meinem ganzen Leben vergesse ich nicht, was du getan, dass du sie gefunden hast. Solltest du einmal Hilfe brauchen, komm getrost zu mir.«

»Danke Herr, aber ich habe es doch für Libussa getan, denn sie ist meine Freundin und ich habe sie lieb. Aber jetzt müsst Ihr sie ins Warme bringen, ganz schnell«, setzte sie ernsthaft hinzu.

Libussa lag in ihrem Bett, in weiche Tücher gehüllt. Nachdem sie Susanna und Anna zuvor in einem Zuber mit warmem Wasser und kräftigenden Kräutern gebadet und ihr dabei die erstarrten Glieder gerieben hatten. Nun saß Benediktus bei ihr und hielt Wache, das hatte er sich ausbedungen.

»Ich habe verursacht, was geschah, lasst mir wenigstens dieses kleine Bisschen, was ich für sie tun kann, es ist wenig genug.

Nur, Susanne, bleibe, bis ich mit dem Vogt und dem Adam geredet habe.«

»Hat das nicht Zeit bis morgen, es ist nahe Mitternacht?«

»Nein, Susanne, keine Stunde länger soll dieser arme Kerl leiden. Außerdem habe ich es Libussa versprochen und sie soll nie wieder nötig haben, an ihrem Vater zu zweifeln. Darum, Anna, schicke mir den Vogt und den Knecht und dann lege dich schlafen, du kannst dich ja kaum mehr auf den Beinen halten.«

Eben war Benediktus in seiner Stube, hörte er auch schon schwere Schritte auf der Treppe, und als er die Türe öffnete, stand der Vogt vor ihm, zusammen mit zwei seiner Gehilfen, die den gefesselten Knecht zwischen sich führten. Adam war schneebleich und in seinen Augen hockte die nackte Angst.

»Nehmt ihm die Fesseln ab«, befahl Benediktus, »dann könnt ihr gehen, Ihr, Vogt, tretet ein und du, Adam, ebenfalls.« Darauf schloss er die Türe und wandte sich an den Vogt: »Ich möchte Euch bitten, Burgvogt, Zeuge zu sein für das, was ich hier mit Adam zu klären habe, seid Ihr dazu bereit?«

»Gewiss, Herr«, antwortete der Angeredete verwundert.

»Adam, erzähle mir genau, wie du die letzte Nacht mit meinem Rappen verbrachtest, erzähle frei und lasse nichts aus.«

Adam starrte den Ritter an und dann begann er, zuerst stockend: »Als der Herr mir das Pferd zur Pflege gab, sah ich gleich, dass, dass …«, er zögerte, weiter zu sprechen.

»Was sahest du? Sag die Wahrheit, scheue dich nicht!«, drängte Benediktus.

»Ich sah, dass der Rapp' krank war, sehr krank – und darum lief ich zu dem kleinen Fräulein, dass sie mir etwas gäbe, weil sie doch so gescheit ist in so was, und sie ging auch sofort mit, sah sich den Rapp' an, wiegte mit dem Kopf hin und her und murmelte nur: ›Oh, oh, so ein Mist‹, und dann lief sie ganz schnell weg, und als sie nach einer Weile wieder kam, hatte sie fast gar keinen Schnaufer mehr, so war sie gerannt, aber sie brachte einen Arm voll triefendes Kraut und zeigte mir genau, was ich damit machen muss und wie oft und wie lang. Ja, und das hab ich dann auch gemacht, die lange Nacht durch. Die Grete hat mir geholfen, die Melkmagd, hat frisches Kraut geholt am Bach, obwohl sie mächtig Angst dabei hatte, weil es stockfinster war. Sie hat es geschwemmt, am Brunnen, ganz wie die Libussa, ich meine, das kleine Fräulein, es gesagt hat. Aber als das Frühlicht aufkam«, die Stimme Adams begann zu zittern, »da hat der Rapp' sich gestreckt und war dod. Ja, so war das, Herr, das ist die wahrhaftige Wahrheit.«

Benediktus hatte aufmerksam zugehört, auch nachdem Adam geendet, schwieg er, denn was jetzt zu tun war, fiel ihm schwer, aber es musste sein, er hatte es versprochen vor Libussa – und vor seinem eigenen Gewissen. Es genügte nicht, Adam die Strafe zu erlassen, er musste ihn vor Zeugen von jeglichem Verdacht freisprechen, das wusste er.

»Adam, wenn ich dir den Rappen zwei Tage früher in Pflege gegeben, wäre er dann noch zu retten gewesen?«

Der Knecht zögerte. »Wer weiß das schon, Herr?«

»Adam, antworte ehrlich: Wäre er zu retten gewesen?«

Adam knotete seine Hände, dass die Knöchel weiß wurden. Verdammt, das war eine schwierige, gefährliche Frage.

»Nun, Adam, ich frage zum dritten Mal: Wäre er zu retten gewesen?«

»Wohl Herr, das mag wohl so sein – jedenfalls, das kleine Fräulein sagte so was.«

»Was genau hat meine Tochter gesagt, Adam?«

»Oh, Herr, ich bitt' Euch!«

»Adam, mache es mir doch nicht so schwer, was hat meine Tochter gesagt, als sie den Rappen sah?«

»Sie hat gesagt: ›Wie kann man nur so herzlos und strohdumm sein und ein Tier mit solcher Wunde solange ohne Pflege lassen!‹ Verzeiht Herr, das hat sie wirklich gesagt, aber nur ich hab's gehört, die Grete war dabei nicht zugegen.«

»Du meinst damit, dass mich meine Tochter herzlos und strohdumm geheißen, wissen außer Libussa nur wir drei, ist das so?«

114

»Ja, Herr, das ist so. Ich hab' mit niemand kein Sterbenswort davon gesprochen, auch zur Grete nicht, obwohl wir vertraut sind.«

Es war still in der Stube, man hörte nur das Rauschen des Regens und den schweren Atem des Knechtes – da straffte sich die Gestalt Benedikts und er sagte mit klarer Stimme:

»Ihr, Vogt, mögt vor jedermann bezeugen, dass nach allem, was Ihr vernommen, der Knecht Adam unschuldig ist am Tode des Rappen und ich darum die Strafe aufhebe.«

Und zu Adam gewendet: »Du kannst deinen Dienst als Rossknecht weiter behalten – und sobald du deine Grete heiratest, lasse es mich wissen, dass ich euch etwas beisteure für die ausgestandene Qual und Angst. Und nun lauf zu deinem Schatz, damit er nicht länger um dich barmen muss.«

Adam schaute seinen Herrn ungläubig an, und als ihm bewusst wurde, dass dies alles kein Traum, sondern die reine Wirklichkeit war, liefen ihm die Tränen in seine Bartstoppeln und er stotterte:

»Herr, Herr, ich danke Euch von …«

Benediktus unterbrach ihn. »Nein, Adam, danke nicht mir!«

Und indem er nach oben deutete, sagte er leise: »Ihr musst du danken, dem kleinen Fräulein, denn sie hat mir die Augen geöffnet für Recht und Unrecht. Und, wenn du etwas für sie tun willst, so gehe mit deiner Grete in die Kapelle und betet für sie, denn ich fürchte, sie wird uns sehr erkranken.«

Der Knecht stolperte hinaus, und als der Vogt ihm folgen wollte, hielt ihn Benediktus zurück:

»Bleibt noch auf ein paar Worte. Wofür Ihr Zeugnis abzulegen habt, wisst Ihr, was noch gesprochen wurde, sollte diesen Raum nicht verlassen. Ich denke, ich kann Eurer Verschwiegenheit sicher sein.«

»Das könnt Ihr, Herr, ganz gewiss, und ich bin stolz, Euer Burgvogt zu sein.« Damit neigte er sich und verließ die Stube.

Als Benediktus die Schlafkammer seiner Tochter betrat, legte Susanna den Finger auf den Mund und flüsterte: »Sie schläft, ihre Füße sind noch eiskalt, aber ihr Kopf glühheiß, sie fiebert und ich fürchte, das ist erst der Anfang. – Und sonst, Benedikt, ist alles in Ordnung?«

Der Mann nickte. »Ja, der Knecht ist frei und der Vogt wird seine Unschuld bezeugen, so ist es abgesprochen. Oh, Susanne, was bin ich bloß für ein Stümper, dass ich eines Kindes bedarf, um zu wissen, was gut und richtig ist.«

»Benedikt, wir brauchen alle unseren Engel, und warum sollte er sich nicht manchmal eines Kindes bedienen, um unserem Stern die Richtung zu weisen? Weißt du, Gott kennt so viele Wege. Schmale Wege, sonnige Wege, steinige, unerbittliche Wege – aber immer führen sie uns zu der Aufgabe, die uns bestimmt ist. Ob du es bist, ob ich es bin oder sie«, sie deutete auf das schlafende Kind, »wir stehen alle unter dem Gesetz. Ich musste heute oft an die Geschichte denken, über die Vater Theophilius einmal sprach, die Geschichte von dem Mann, der Jona hieß, und den Gott von einem Riesenfisch verschlingen und wieder ausspeien ließ, nur um ihn an den Ort seiner Bestimmung zu bringen. Heute, bei dem Unwetter, hat uns der Atem Gottes gestreift, Benedikt, das sollten wir nie vergessen. – Aber jetzt will ich mich niederlegen, ich bin rechtschaffen müde, und du, hüte unsere Kleine gut. Anna hat lindernden Tee aufgebrüht, davon gib ihr, wenn sie dürstet.«

Benediktus saß Stunde um Stunde. Er hatte den Kopf in die Hand gestützt, betrachtete das geliebte, unregelmäßige Ge-sichtchen seiner Tochter, dachte sich zurück an jenen September-abend, als sie geboren wurde, erinnerte sich der Worte Annas, die er damals nicht begriffen und die ihm mit den Jahren immer verständlicher geworden. Er besann sich des Gespräches über die Fehde mit den Waldecker Rittern und meinte noch jetzt, die helle Stimme zu hören: »Ich jedenfalls werde nie einen eheli-chen, den ich nicht mag.«

Oder als sie ihm die Freundschaft mit Marie abgetrotzt – nein, abgetrotzt stimmte nicht, überzeugt hatte sie ihn, er musste zu-geben, dass sie recht hatte, genau wie heute, wie bei der Sache mit Adam. Sie, das kleine zwölfjährige Kind, hatte ihn vor einer bösen Tat bewahrt, vor einem schweren Unrecht. Ihm graute, wenn er sich vorstellte, worin er, ohne Libussas Eingreifen, verstrickt gewesen, ihm graute vor seiner Härte und seiner Herzlosigkeit. Und trotz allem hatte sich dieses Kind vertrauensvoll an ihn geschmiegt, als er es heimtrug, trotz allem durfte er hier sitzen und seinen Schlaf bewachen.

In dieser Nacht bekam Benediktus vom Berg nicht nur einige weiße Strähnen ins Haar, in dieser Nacht ging auch eine tiefe Veränderung in seiner Seele vor. Der Mann Jona kam ihm in den Sinn, von dem Susanna erzählt, und er musste lächeln, als er sein kleines Mädchen liegen sah, und ihm klar wurde, dass sie sein Riesenfisch war, sie hatte ihn auf ihren schwachen Armen zu seiner Aufgabe getragen. Was dem Jona Ninive, das war ihm Adam, Adam und alle Menschen, die ihm anvertraut waren. Wie hatte Susanna gesagt: »Gott kennt so viele Wege, schmale Wege, sonnige Wege, steinige, unerbittliche Wege, aber immer führen sie uns zu der Aufgabe, die uns bestimmt ist.«

»Das mag wohl so sein«, murmelte er, erhob sich leise und trat ans Fenster. Es hatte aufgehört zu regnen, der Himmel war klar, blank geputzt und übersät mit den Sternbildern des frühen Herbstes. Welch herrliche Luft musste dort draußen sein, ob er es wagen durfte, das Fenster kurz zu öffnen? Vorsichtig schob er den Riegel zur Seite, köstliche Frische strömte herein, er atmete tief durch. Das war eine andere Luft, als die sonst nach einem Gewitter übliche. Hier wehte etwas in die Stube, was er noch nie empfunden, was ihn in seinem Innersten anrührte. Diese Luft war lebendig, als bewegten sie tausend Flügel. Auch die Bäume im Burghof neigten sich ihm zu, er fühlte ihren Blätteratem auf seinem Gesicht. Selbst die Sterne, sonst fern und kalt, redeten mit ihm in uralter Sprache – und als er sich aus dem Fenster lehnte, schwebte etwas heran, ließ sich hauchzart auf seiner Hand nieder und sah ihn aus dunklen, rätselhaften Augen an: ein Falter der Nacht. War das der Atem Gottes, der Atem, der allem Geschöpf innewohnte, der auch ihm einst das Leben gegeben, seit Generationen, durch die Jahrtausende von Adam her? Adam der Urvater, der Lebensträger. Und heute schenkte er ihm seinen Atem zum wiederholten Male, den Adamsatem, den Lebensatem, den Gottesatem – es war wie eine zweite Geburt. Warum hieß der Knecht ausgerechnet Adam, das konnte doch kein Zufall sein. Gab es überhaupt Zufälle? Benedikt stand Auge in Auge mit den Gestirnen und wusste keine Antwort, aber er war glücklich, glücklich, dass ihm solche Fragen vergönnt waren.

Die Sterne begannen zu verblassen, vom Osten her hellte sich der Himmel und die ersten Vogelstimmen waren zu hören – da vernahm er einen Laut. Einen Laut voller Angst und Verzweiflung. Er schloss das Fenster und eilte zu Libussas Bett. Sie saß senkrecht und als sie ihn erblickte, stieß sie hervor:

»Vater, das Frühlicht, der Adam, der Adam!«

»Der Adam ist seit heute Nacht frei, Libussa, und sicher längst bei seiner Grete. Leg dich ruhig zurück und schlafe weiter, ich wache bei dir, bis Mutter oder Anna kommen.«

Da ging ein Leuchten über ihr Gesicht und indem sie zurücksank, flüsterte sie: »Dann habe ich es doch nicht geträumt. Da fuhr zuerst ein grelles Licht vom Himmel, das war der Engel, der sprach schrecklich laut, wie der Donner, aber dann hatte er plötzlich Mariechens Stimme und sagte, dass der Adam frei sei – und dann kamst du.« Sie stockte und noch leiser, wie ein Hauch, sprach sie weiter: »Bist du mir noch böse, weil ich so hässliche Dinge zu dir gesagt habe? Bitte verzeih mir.«

»Ich habe dir nichts zu verzeihen, mein Kind, ich habe dir zu danken, denn du hast mich vor einer schrecklichen Tat, vor einem schlimmen Unrecht bewahrt. Nicht nur bei dir war der Engel, Libussa, ich glaube, bei mir war er auch – und alles redete mit mir diese Nacht, sogar die Sterne, es war wunderbar.«

Libussa lag mit geschlossenen Augen und murmelte: »Wie ist das schön, Vater, wie ist das schön. Aber jetzt bin ich müde, sehr, sehr müde.«

Als nach einer Weile Susanna die Kammer betrat, flüsterte Benediktus: »Sie sprach vorhin ganz klar mit mir, ich hoffe, sie schläft sich gesund.«

Aber darin irrte er, die schweren Tage kamen erst. Das Fieber stieg und stieg, Libussa warf sich hin und her, dann wieder lag sie regungslos und hörte nicht einmal, wenn man mit ihr sprach. Ihr Geburtstag war längst vorüber und noch immer tobte die Krankheit. Benediktus und Susanna saßen um das Bett, ratlos und verzweifelt. Plötzlich schnellte Libussa hoch, es ging so rasch, dass die Eltern sie nicht mehr halten konnten, sie stand im Bett, zitterte am ganzen Körper und schrie mit weit aufgerissenen Augen, schrie mit geller Stimme:

»Nein, nein, das dürft ihr nicht, lasst ihn los, lasst ihn los, ihr dürft ihn nicht stäupen, es tut doch so weh – und er wird doch ehrlos – Vater, Vater nein!«

Benedikt war schneebleich, am liebsten wäre er fortgerannt, weit fort, aber dann sah er das tränenüberströmte Gesicht seines Weibes und bezwang sich. Er umfasste Libussa, drückte sie fest an sich und sagte, so ruhig er es vermochte: »Ganz still, mein Kind, ganz still, es ist doch alles gut, dem Adam wird nie wieder ein Unrecht durch mich geschehen.«

Da löste sich der Krampf, schlaff hing ihm Libussa im Arm und ließ sich willenlos betten.

Nun kamen trübe, traurige Tage, jeder auf dem Rosenhügel ging, als trüge er eine schwere Last. Nie zuvor war die Burgkapelle so besucht gewesen wie in dieser Zeit. Ob es Marie war, die still in einer Ecke kniete, ob Pater Theophilius mit Franz und Friedrich, alle bangten sie um das Leben Libussas und trugen ihre Sorgen dahin, wo alleine sie noch Hilfe erhofften.

Adam und Grete kamen fast täglich und da trafen sie eines Abends auf den Burgherrn. Sie grüßten und wollten sich bescheiden vorbei schleichen, doch Benedikt sprach sie an:

»Was ist Adam, ich dachte, ihr beiden wollt Hochzeit machen?«

»Wohl, Herr«, antwortete Adam, »aber, mit Verlaub, wir wollen eine frohe Hochzeit, und die können wir erst feiern, wenn das kleine Fräulein genesen ist, denn niemand sollt' uns willkommener sein als sie. Und darum werden wir so lange warten, bis sie ganz gesundet. Dort, der dicke Wachsstock ist von uns, er soll dem Fräulein zur Genesung leuchten.«

Benediktus konnte nicht hindern, dass es heiß in ihm aufstieg, und indem er dem Knecht die Hände auf die Schultern legte, sagte er: »Du bist ein guter Mensch, Adam, ja das bist du wirklich, und du bekommst einen guten Mann, Grete, von edler Gesinnung, und ich verspreche, ihr beide sollt die Ersten sein, die erfahren, wenn Libussa genesen wird – wenn sie genesen wird«, setzte er leise hinzu.

»Sie wird genesen, Herr, einen Menschen, der tut, was das kleine Fräulein für mich getan, kann unser Herrgott einfach nicht abrufen, da glaub' ich ganz fest dran«, sprach Adam feierlich.

120

Einige Tage später wachte Susanna bei Libussa. Es ging in die Nacht und der volle Mond stieg über die Waldeck, da öffnete das Kind die Augen. Ihr Gesicht war ein einziges Strahlen, sie blickte an Susanna vorbei, als schaue sie in eine unendliche Weite, dann breitete sie die Arme aus und rief glücklich: »Großmutter Olga, bist du schön, du leuchtest von innen, oh, wie bist du schön!«

Susanna sah die Veränderung im Gesicht ihres Kindes, und in ihrer Herzensangst schrie sie: »Nein, Libussa, Libussa!«

Langsam wandte Libussa den Kopf, ein Zucken ging durch ihren Körper, als fiele sie aus einer großen Höhe zur Erde, darauf schloss sie die Augen und lag still und ohne Bewegung. »Nein, nein!«, schluchzte Susanna hilflos, als Anna sie streichelte.

»Susanne, was ist, warum weinst du denn so sehr?«

»Anna, ich glaube, sie ist … sie hat mit meiner Mutter geredet.«

Anna lächelte. »Aber sieh doch«, und sachte tupfte sie kleine Schweißtropfen von Libussas Stirn – und nun sah es auch Susanna: Langsam, stetig rann der Schweiß über Stirn und Nase bis in die Haare.

»Was bedeutet das, Anna?«

Ehe die Alte antworten konnte, hörten sie Libussa murmeln: »Jetzt will ich schlafen, aber kannst du mich zuerst mit lauem Wasser waschen? Ich habe solche Lust auf laues Wasser.«

Doch als Anna ein Wännchen mit lauem Wasser brachte, schlief Libussa bereits so tief, dass sie gar nicht merkte, wie man sie wusch und frisch bettete.

Noch immer zitternd, erzählte Susanna was sie soeben erlebt, und frug: »Anna, was war das, was hat sie gesehen?«

»Das war die Wende. Als du sie riefst, war sie auf dem Weg zu meiner Herrin Olga. Dein Ruf holte sie zurück – und jetzt wird sie leben, lang leben, gesegnet leben, denn wer einmal dorthin schauen durfte, wird ein langes, gesegnetes Leben haben. Und nun geh zum Herren und sage ihm Bescheid.«

Kaum hatte Benediktus die frohe Nachricht gehört, griff er nach seinen Stiefeln.

»Wo willst du hin?«, frug Susanna. »Libussa schläft, du kannst nichts für sie tun.«

»Zum Adam will ich.«

»Jetzt, mitten in der Nacht?«

»Susanne, ich habe dem Adam versprochen, dass er als Erster erfährt, wenn Libussa gerettet ist, und ich werde mein Versprechen halten, auch mitten in der Nacht. Die Leute sollen wissen, dass sie sich auf ihren Herrn verlassen können.«

Als Benediktus an die Tür des Knechtes pochte, fuhr dieser vor Schrecken auf und in die Hosen, weil er dachte, es wäre schon wieder ein Unglück geschehen.

Als er aber seinen Herrn im vollen Mondlicht stehen sah, mit strahlendem Gesicht, stotterte er voller Glück: »Oh Herr, sie ist …«

»Ja Adam, sie ist genesen, sie wird leben!«

»Sie wird leben«, wiederholte Adam und seine Stimme schwankte vor Freude. Und allen Respekt vergessend, fasste er Benediktus' beiden Hände und setzte hinzu: »Hab ich es Euch nicht gesagt, Herr, jemanden wie das kleine Fräulein lässt der Herrgott nicht sterben, das tut er uns nicht an.« Jetzt erst merkte er, dass sie beide immer noch Hand in Hand standen, da trat er erschrocken einen Schritt zurück und murmelte: »Verzeiht Herr, verzeiht.«

»Lass es gut sein, Adam, heute ist solch ein ungewöhnlicher, froher Tag, und wenn meine Tochter sähe, wie wir uns an den Händen halten, glaube mir, es würde sie herzlich freuen.«

Es war um die fünfte Morgenstunde, da zog Pater Theophilius das Glockenseil mit solcher Kraft, dass die Glocke weit hinaus schwang und ihr Geläute alle Burgbewohner aus dem Schlaf schreckte.

»Um alles, was ist geschehen, warum läutet es in stockfinsterer Nacht?«, rief es von allen Seiten, doch dazwischen die tiefe Stimme des Rossknechtes Adam: »Eine große Freude ist geschehen, das kleine Fräulein ist genesen, die Glocke ruft zum Dankgebet.«

Und sie kamen alle, trotz der ungewöhnlichen Stunde. Die Kapelle konnte sie nicht fassen, sie standen Kopf an Kopf bis hinaus in den Hofraum.

Nur Anna fehlte, ruhig sagte sie zu Benediktus: »Geht Herr, ich bleibe bei Libussa. Ich brauche keine Kirche zum Dank, ich trage mein Gebet zu den Sternen, die hören es, wie Gott es hört, gleich wo ich weile. Ihr aber müsst gehen, Ihr müsst ein Vorbild geben.«

Noch einer hörte das frühe Läuten, der Junker Otto von Waldeck. Der Wind wehte den Klang weit übers Tal und riss ihn aus dem Schlaf, aus einem unruhigen, schweren Schlaf, wie er ihn befiel, seit er von Libussas Erkrankung durch das Gesinde erfahren. Er sprang aus dem Bett und rannte ohne Überlegung ins Gemach seines Vaters.

»Vater, Vater, wach auf, sie läuten Sturm auf dem Rosenhügel, es muss etwas Schlimmes geschehen sein«, und kaum hörbar: »Libussa ist doch auf den Tod krank. Oh Vater, wenn sie nun …«

Ein trockenes Schluchzen würgte ihn. Berthold von Waldeck ging zum Fenster, öffnete es, und mit der kühlen Morgenluft drang das ferne Geläute bis in die Kammer. Da wandte er sich und sagte ruhig: »Komm her, Otto, ist das die Totenglocke oder die Sturmglocke? Das läutet zur Freude, hörst du das denn nicht? Der ganze Himmel ist doch voll davon.«

»Aber, wenn uns der Wind nun narrte?«

»Weißt du was, mein Junge, heute, zu schicklicher Stunde, werde ich Vater Antonius bitten, zum Rosenhügel zu gehen, um zu erfahren, was sich zugetragen, und solange musst du dich gedulden.«

»Das würdest du für mich tun, Vater?« Otto frug es voller Staunen.

»Für dich und im Erinnern an deine Mutter, denn ich bin sicher, sie hätte denselben Gedanken gehabt.«

Und so kam es, dass um die elfte Stunde ein Wächter völlig verwirrt vor dem Burgherren erschien und berichtete:

»Herr, der ehrwürdige Vater Antonius von der Burg Waldeck bittet um Einlass.«

Benediktus glaubte sich verhört zu haben: »Wer begehrt Einlass?«

»Der ehrwürdige Vater Antonius, er kommt von der Waldeck.«

Hätte man Benediktus soeben mitgeteilt, das Bachwasser flösse den Berg hoch, er wäre nicht minder verwundert gewesen.

»Und was will der Ehrwürdige?«

»Das weiß ich nicht, Herr.«

»Geh voran, ich komme selbst, schließlich ist er ein Mann der Kirche und verdient Respekt.«

Pater Antonius war hager von Gestalt und streng von Aussehen, er war ein gehorsamer Diener der Kirche und sich seiner Stellung und Würde wohl bewusst. Daher neigte er auch nur leicht den Kopf vor Benediktus und begann zu sprechen: »Gott zum Gruße, Ritter vom Berg, lasset mich bitte eintreten, denn ich habe eine Frage an Bruder Theophilius. Ist diese Frage beantwortet, werde ich mich sofort wieder entfernen.«

»Kommt Ihr im Auftrag des Burgherrn, ehrwürdiger Vater?«

Einen Augenblick zögerte Antonius, dann entgegnete er: »Ich bin Priester, Herr, und habe eine Frage an den Priester dieser Burg, mehr nicht.«

Seine Stimme klang hart und unnachgiebig.

»Tretet ein, ich selbst werde Euch führen.«

Schweigend durchschritten sie den Burghof, schweigend deutete Benediktus auf die Türe des Priestergemaches, wandte sich und ging zurück. Als ihm eine Magd in den Weg lief, befahl er: »Sorge, dass eine Erfrischung zu Vater Theophilius gebracht wird, er hat einen Gast.«

Dann eilte er zu seinem Weib, und ehe sie fragen konnte, sprach er: »Es gibt Tage, Susanne, anders denn alle, die man vorher erlebte. Erst das Wunder von Libussas Genesung und jetzt dies.«

Er schüttelte ungläubig den Kopf.

»Was ist geschehen, Benedikt, du bist ja ganz verstört?«

»Susanne, der ehrwürdige Vater Antonius von der Waldeck bat um ein Gespräch mit Vater Theophilius.«

»Das ist allerdings sehr merkwürdig, und du weißt nicht, was er will?«

»Ich war so dreist, ihn zu fragen, ob er im Auftrag des Burgherrn komme, und was denkst du, hat er geantwortet? ›Ich bin Priester, Herr, und habe eine Frage an den Priester dieser Burg, mehr nicht.‹ Ich stand da wie ein dummer Junge, und das vertrage ich sehr schlecht. Aber an einem solchen Tag muss man dankbar und großmütig sein, ich habe ihn eingelassen und sogar eine Erfrischung zu Pater Theophilius befohlen.«

Susanna nickte. »Das ist gut, Benedikt, sie sollen auf der Waldeck ruhig merken, dass wir keine Barbaren sind.«

Eine Stunde später schritt Pater Antonius würdevoll durchs Tor, den Rosenhügel hinab, in Richtung Waldeck. Was die beiden gesprochen, hat nie jemand erfahren. Doch am Nachmittag kniete Vater Theophilius in der Kapelle, tief neigte er sein Gesicht auf die Altarstufen und betete: »Herr, du bist, der du bist. Du bist einmalig und gewaltig und deine Wege sind unbegreiflich und von großer Weisheit.« Otto aber brach einen Herbststrauß, bunt und schön, legte ihn auf den Stein am Bachufer, wo ihn Mariechen fand. Sie gab ihn Anna.

»Bitte bringe ihn Libussa, ich habe ihn für sie gepflückt!« Dabei wurde sie rot bis an die Ohren, denn sie schämte sich der Lüge.

Als die Novembernebel dicht und weiß um die Hügel wallten, durfte Libussa das erste Mal aufstehen. Auf Annas Arm gestützt, versuchte sie ein paar Schritte durch die Kammer.

»Anna, was ist das, ich kann nicht mehr gehen, meine Beine tragen mich nicht, wird das so bleiben?«, frug sie kläglich.

»Nur keine Angst, mein Herzchen, wir werden jeden Tag üben, jeden Tag ein paar Schritte mehr, und du wirst sehen, bis zum Christfest springst du mit den Brüdern um die Wette durch den Schnee.«

Und genau so war es. Vorher aber begann Libussa langsam ihre Stunden bei Pater Theophilius aufzunehmen, außerdem hatte sie von den Eltern erbeten, Marie in ihrer Kammer zu lehren.

»Denn«, meinte sie, »draußen ist es sehr ungemütlich, und ihr wollt doch sicher nicht, dass ich wieder krank werde.«

»Du brauchst mir nicht mit Krankheit zu drohen, Libussa«, entgegnete Benediktus lachend. »Ich hätte es auch so gestattet, denn ich habe in den letzten Wochen mehr gelernt, als in all den Jahren vorher. Nur wüsste ich gar zu gerne, wozu eine Gänsehirtin unbedingt das Lesen und Schreiben erlernen muss.« »Zum einen, Vater, kann sie nicht immer Gänsehirtin bleiben, und zum andern ist es unser Geheimnis, noch ist es unser Geheimnis. Aber irgendwann werde ich es dir und Mutter sagen, das verspreche ich.«

Es war an einem hellen Novembermorgen, als Libussa alleine, ohne Annas Stütze zum Frühmahl erschien. Benedikt schaute auf und sagte: »Libussa, wie siehst du denn aus, hast du kein Kleid, das dir passt, dieses ist ja viel zu kurz.«

»Sie sind alle so, Vater, alle meine Gewänder sind zu kurz, und zu eng sind sie auch. Ich glaube ich bin etwas größer geworden, solange ich krank war.«

»Du bist gewachsen wie ein Pilz nach dem Regen. Du brauchst neue Kleidung. Sage, Anna, ist es möglich, dass ein Mensch so rasch wächst?«

»Ja, das ist möglich, während jeder Krankheit wachsen wir, äußerlich und auch innerlich – manchmal.«

»Was heißt, manchmal?«

»Nun, Herr, einige wachsen nur äußerlich«, und sie bedachte Benediktus mit einem bedeutsamen Blick.

»Anna, vergiss nicht, man kann auch innerlich wachsen an der Krankheit eines geliebten Menschen.« Benediktus lächelte sie an. »Oder glaubst du mir nicht?«

»Jetzt, Herr, glaube ich Euch, denn früher hättet Ihr mich meines Blickes und meiner Rede wegen gerügt. Ihr seid wahrhaftig ge-

126

wachsen, und nun erlaubt mir, das Nötige zu besorgen, damit wir Libussa zum Christfest neu einkleiden; außerdem, auch wenn sie klein ist, wird sie bald eine Jungfrau sein, bedenkt das.«

Am Abend, als Susanna und Benediktus zusammensaßen, sagte dieser: »Susanne, ich weiß, dass Libussa bald eine Jungfrau sein wird, aber was meinte Anna mit ›bedenkt das‹? Es klang sehr ernsthaft, nur, was gibt es dabei zu bedenken, es ist doch ganz natürlich, dass Kinder heranwachsen.«

»Sieh, wenn Libussa eine Jungfrau, also ein richtiges Burgfräulein ist, muss sie eine Begleiterin haben. Anna kann das nicht mehr leisten, sie hat schon meiner Mutter gedient und danach mir – aber Libussa auf ihren weiten Gängen zu begleiten, dazu reichen ihre Kräfte nicht mehr aus, dazu ist sie zu alt.«

»Das heißt, wir müssen uns nach einer Kammerfrau umsehen. Nun, das wird nicht schwierig werden, wir haben genügend Mädchen auf der Burg, die gehobenen Standes sind.«

»Erinnerst du dich noch, was Libussa von der Agnes des Burgvogtes oder der Babette des Waffenmeisters sagte? Ich weiß es noch sehr genau. Weißt du, Benedikt, ich glaube unsere Tochter hat ihre Wahl schon getroffen, und es wird schwer sein, sie davon abzubringen. Warum sonst sollte sie Marie Lesen und Schreiben lehren.«

»Susanne, das kann nicht dein Ernst sein, die Tochter eines Ritters kann doch keine Gänsehirtin als Kammerfrau haben. Ihr beiden stellt ja die ganze Weltenordnung auf den Kopf.«

»Benedikt, die Weltenordnung ist dort oben!« Sie deutete aus dem Fenster in den bestirnten Himmel. »Die Sternenbilder, die durch das All ziehen, der Aufgang der Sonne, das Zu- und Abnehmen des Mondes, die vier Zeiten des Jahres, dass es uns in die Saaten regnet und die Sommersonne unser Korn zur Reife bringt, das, Liebster, ist die Weltenordnung. Aber dass eine Gänsehirtin keine Kammerfrau werden kann, das ist Menschenordnung, und so wie ich Libussa kenne, wird sie sich dieser Menschenordnung widersetzen.«

Es war sehr still in der Stube, Benediktus saß und schaute in die Flammen, und nach einer ganzen Weile sagte er: »Und ich glaubte, ich hätte etwas gelernt! Ich bin und bleibe ein Stümper, Susanne. Warum fällt mir nur so schwer, was dir so leicht fällt, warum nur?«

Susanna stand auf, kniete sich vor ihn, nahm seine beiden Hände in die ihren und antwortete: »Du musst lernen, mit dem Herzen zu denken, Benedikt, und alles wird dir zufließen. Darf ich dir dabei helfen?«

»Wer denn sonst, wenn nicht du – ach, Susanne, mein Vater sagte einmal zu mir: ›Merke dir eines, mein Junge, es ist sehr schwer, ein Mensch zu werden!‹ – Damals habe ich über seine Worte gelacht, aber langsam fange ich an, sie zu begreifen.«

Das Christfest war vorüber, ein stilles, wunderschönes Fest nach all den beschwerlichen Wochen. Libussa hatte Marie unter viel Stöhnen einen Gürtel gestickt, denn noch immer war ihr die Nadelarbeit verhasst. Und Marie hatte für Libussa eine Nieswurz ausgegraben unterm tiefen Schnee. Ein Holzbrettchen lag dabei, darauf stand, mühsam in Buchstaben gemalt: Schwarze Nieswurz, Winterrose, Schneerose, Christrose, Helleborus niger, Heilpflanze.

Und auf dieses Täfelchen war Marie besonders stolz.

»Marie, das ist ein wunderbares Geschenk, denn eine Nieswurz fehlt mir noch in meinem Kräutergarten.«

»Ich weiß, Libussa, darum suchte ich eine.«

»Und dann Marie, wollte ich mich endlich für den Herbststrauß bedanken, er steht noch immer neben meinem Betpult, obwohl die Blätter schon ganz verwelkt sind.«

Marie wurde verlegen: »Er war nicht von mir, aber was sollte ich denn sonst sagen – er lag auf dem Stein am Bachufer, ich denke du weißt selber, von wem er ist.«

Da sagte Libussa gar nichts mehr. Am Abend aber stand sie lange vor dem Buschen, dann legte sie sacht ihr Gesicht an die Blätter und Waldfrüchte, braun waren sie, welk und unansehnlich, doch es wehte warm von ihnen her.

»Merkwürdig«, dachte sie, »alles, was er mir schenkt, atmet Wärme, sogar der kalte Bergkristall, woher kommt das nur?«

Noch einer hatte ein Christgeschenk gebracht, der Rossknecht Adam. Er schleppte, in ein Tuch gewickelt, ein unförmiges

Stück herbei, setzte es vor seinen Herrn auf den Boden, und nachdem er das Tuch entfernt, rief Benediktus erstaunt: »Adam, was ist das? Es sieht aus wie eine riesige Schnecke, so etwas sah ich noch nie!«

»Das, Herr, soll dem kleinen Fräulein gehören zum Christfest. Mein Ahn hat's gefunden als junger Bursch hinten im Tal am Steilhang. Seitdem ist's in unsrer Familie. Der Ahn sagt, es sei ein Schneck und er sei uralt. Das wusste er vom Urahn, der wusst', was sonst keiner weiß, und er hätte immer gesagt, es wär' ein Wasserschneck aus einem großen Meer. Aber wie soll das zugehen, denn hier ist doch nirgends kein Meer, nur der kleine Bach. Aber schön ist er trotzdem, der Schneck.«

Jetzt wischte er sich erst einmal den Schweiß von der Stirn, denn soviel hatte er schon lange nicht mehr geredet.

Benediktus betrachtete die Schnecke von allen Seiten und dann sagte er: »Adam, das ist ein sehr wertvolles Geschenk, und es sollte eigentlich in deiner Familie bleiben.«

Adam schüttelte den Kopf. »Herr, mein Leben wär' verwirkt gewesen ohne das kleine Fräulein, ich weiß es und Ihr wisst es auch, und darum gehört der Schneck ihr, denn es ist das Wertvollste was ich hab' – außer meiner Gret'«, setzte er hinzu. »Und«, flüsterte er, »er soll ein langes Leben verheißen, der Schneck, weil er doch selber so uralt ist, aber das darf der ehrwürdige Vater Theophilius nicht hören, der schimpft dann gleich, es sei Heidengeschwätz.«

»Ist gut, Adam«, lachte Benediktus, »ich werde meiner Tochter alles genau berichten und sie wird bestimmt nichts ausplaudern.« Darauf reichte er dem Knecht die Hand: »Dir kann ich nur meinen Dank sagen, und vergiss' nicht, mir euren Hochzeitstag zu nennen.«

»Zu Lichtmess, wenn der Dachs seinen Schatten sieht, wird geheirat', das ist eine gute Zeit!«, rief Adam fröhlich, und dann sprang er davon, als hätten seine Beine Flügel.

Die Hochzeit von Adam und Grete war vorüber. Libussa hatte als Ehrengast zwischen dem Brautpaar gesessen, Benediktus selbst kam, um Glück zu wünschen und brachte zwei festlich gekleidete Mägde mit, die einen Korb schleppten, hoch aufgetürmt mit Küchengeschirr und Leinenzeug. Nun war es März, Lenzmond, der erste sonnige, warme Tag. Der Winterling schob seine dicken, gelben Köpfchen aus der Erde und allenthalben blühten die Leberblümchen.

Ob am Bach schon Himmelsschlüssel standen? Libussa hatte solche Lust, wieder einmal zur Bachwiese zu gehen, das Rauschen des Wassers zu hören, auf dem Stein zu sitzen und die Wellen springen zu sehen. Heute wollte sie alleine gehen, ganz alleine – sie wusste nicht warum, es war ihr einfach danach.

Als sie die letzten Büsche hinter sich gelassen, lag die Wiese da, sonnenbeschienen, die ersten Himmelschlüssel tüpfelten am Bachrand, sonst war es still und einsam. Aber sie wollte doch alleine sein. Sie setzte sich auf den Stein, stützte den Kopf in die Hand und blickte nachdenklich ins klare Wasser. Wollte sie wirklich alleine sein? Und war sie nur der Himmelsschlüssel wegen hergekommen? Warum gelang es nur so schwer, die eigenen Gedanken anzunehmen, warum lief man vor sich selber davon? Die Klarheit, die sie noch vor der Krankheit besessen, war dahin, unsicher fühlte sie sich, nebelumfangen, so als kröchen jegliche Empfindungen, jede innere Regung vor ihr selbst in irgendwelche Schlupfwinkel, um nur ja nicht wahrgenommen zu werden – und waren doch ihre Empfindungen, ihre Regungen, ihr ureigens zugehörig.

Sie sehnte sich zurück in die geordnete, überschaubare Kinderwelt und wusste doch, dass sie ihr verloren war. Konnte man je ganz verlieren, was man einmal zutiefst besessen? Konnte sie je vergessen, was sie hier am Bachufer erlebt? Sie schüttelte den Kopf, all das Geschehene konnte ihr niemand wegnehmen, es gehörte ihr für alle Zeiten. Sie hatte das Bachufer der Kindheit verlassen und schritt weiter, denn alles war Bewegung, Strömen,

Streben, wie die Wellen zu ihren Füßen. Was sie mitnahm, war das Erinnern, wie die Wellen das Bild dieser stillen Bachwiese mitnahmen, wenn sie draußen im Land in den Fluss mündeten.

Mitten in ihr Sinnen vernahm sie ein feines Surren, etwas flog über sie hinweg, und als sie sich umwandte, sah sie einen Pfeil unweit in der Erde stecken, umwunden mit den ersten Frühlingsblumen. Ehe sie noch recht begriffen, was sie sah, sprang eine hohe, schlanke Gestalt leichtfüßig von Stein zu Stein und blieb lachend vor ihr stehen. Libussa saß wie angewurzelt und starrte in das fröhliche Gesicht. Das war doch nicht – das konnte doch nicht Otto sein. Was vor ihr stand, war kein Knabe, das war ein Mann, zwar ein junger Mann, aber ein Mann.

»Na, was ist, Libussa, kennst du mich nicht mehr, oder hast du während deiner Krankheit das Gedächtnis verloren? So sehr kann ich mich doch nicht verändert haben!«

Langsam erhob sie sich und antwortete: »Doch, du hast dich sehr verändert, du bist so, so erwachsen geworden, aber an deiner kecken Rede hätte ich dich auch im Dunkeln erkannt.«

Sie standen voreinander, so nahe, dass Libussa seinen Atem in ihren Haaren spürte. Sie ärgerte sich, dass sie verwirrt war und unsicher. Sie, Libussa vom Berg, war unsicher vor einem Waldecker, das gab es doch nicht. Unwillig warf sie den Kopf zurück.

Otto lachte, aber es war ein warmes und gutes Lachen, und dann sagte er ernst: »Auch du hast dich verändert, du bist größer geworden – aber du reichst mir immer noch bis zur Schulter, und das wird wohl so bleiben.«

»Weißt du Otto, mir ist ziemlich gleichgültig, bis wohin ich dir reiche!«, fauchte Libussa.

Das Lächeln in Ottos Gesicht vertiefte sich: »Ach Winzling, gib doch Frieden – du glaubst gar nicht, wie froh ich bin, dass du nicht gestorben bist! Und jetzt«, er beugte sich zu ihr, »stelle die Blümchen ins Wasser, sie hängen schon die Köpfe!«

Und ehe sie sich versah, sprang er über den Bach, winkte ihr noch einen Gruß zu und war verschwunden.

Libussa verharrte immer noch am selben Fleck. Hatte sie geträumt? War wirklich Otto hier gewesen? Aber da steckte der Pfeil, behutsam hob sie ihn auf. Woher wusste er, dass sie heute käme? Oder war er schon früher hier gewesen, immer, immer wieder, über viele Wochen? In ihr kämpften Freude und ein unerklärlicher Zorn, was ging sie dieser Mensch eigentlich an, und was ging ihn ihre Genesung an? Am liebsten würfe sie den Pfeil in den Bach. Nur, was konnten die Blumen für ihren Zorn und seine Frechheit, denn frech war es doch, ihr einfach hier aufzulauern. Vorsichtig strich sie über die Blüten und wanderte langsam den Berg hoch. In ihrer Stube löste sie die Blumen und stellte sie in einen Becher, den Pfeil aber legte sie zu dem Bergkristall und verschloss beides sorgfältig in ihrem Schreibpult.

Als sie die Treppe hinunterging, hörte sie eine fremde Stimme aus dem Gemach der Eltern. Sie trat ein und sah einen älteren Mann bei Vater und Mutter sitzen. Sie kannte ihn, es war ein Ritter, draußen aus der Ebene. Hin und wieder besuchte er den Rosenhügel, und Libussa hatte ihn immer gerne gemocht. Er war graubärtig und bewegte sich mit gelassener Würde.

Jetzt rief er fröhlich: »Sieh an, die kleine Libussa«, doch ernster werdend, setzte er hinzu: »Aber so darf man dich nicht mehr nennen, ein Fräulein bist du geworden, ein Burgfräulein!« Dabei erhob er sich, neigte den Kopf und gab ihr die Hand.

Libussa stand verlegen, wusste nicht, was zu tun sei. Früher hatte sie einfach ihren Kleinmädchenknicks abgeliefert und alles war gut, aber nun? Burgfräulein nannte er sie, da konnte sie doch nicht mehr knicksen, so machte sie eine linkische Verbeugung und fühlte sich scheußlich, zumal sie Anna entdeckte, die im Hintergrund stand und sie missbilligend ansah. Sonst schien sie niemand besonders zu beachten, das Gespräch verlief, ohne dass auch nur einer das Wort an sie richtete. Sie kam sich so überflüssig vor, dass sie überlegte, sich leise, heimlich davonzustehlen. Aber, als hätte Anna ihre Gedanken geahnt, nagelte ihr strenger Blick sie auf dem Stuhl fest, es gab kein Entrinnen.

Sie spürte, wie sie zornig wurde. Was dachten sie sich eigentlich alle, war sie Luft? Sie, Libussa, die so viel gelernt, so viel wusste, konnte man doch nicht einfach wie ein überflüssiges Möbelstück beiseite schieben! Das Nachtmahl verlief quälend, danach durfte Libussa endlich gehen. Doch als sie zu ihrer Kammer hinaufstieg, hörte sie Annas Stimme: »Libussa Susanna, ich habe mit dir zu reden.«

Libussa blieb stehen. »Auch das noch, nicht nur, dass mir der ganze Abend verdorben ist, jetzt bekomme ich zudem eine Strafpredigt!«, grollte sie im Innern.

»Was war das für ein lächerliches Benehmen? Habe ich dich so schlecht erzogen? Antworte mir!«

»Noch vor ein paar Wochen wusste ich alles, Anna, aber nun hat er mich ›Burgfräulein‹ geheißen und da wusste ich plötzlich nichts mehr. Wie grüßt ein Burgfräulein? Ich weiß es nicht.«

»Und warum hast du mich nicht längst danach gefragt?«

Libussa senkte den Kopf und murmelte: »Es ist eine Schande, etwas nicht zu wissen, und ich schäme mich nicht gerne.«

Anna sah sie lange an, dann entgegnete sie, und ihre Stimme klang sehr ernst: »Höre mein Kind, es ist keine Schande, etwas nicht zu wissen, aber es ist töricht und dumm, nicht zu fragen. Wie willst du denn die Dinge begreifen, wenn du nicht frägst? Das tust du doch auch bei Vater Theophilius, warum nicht bei mir?«

»Das ist etwas anderes, Anna, er ist mein Lehrer.«

»So, das ist etwas anderes – Libussa, deine Großmutter, meine Herrin Olga, war eine sehr kluge, belesene Frau und trotzdem fragte sie sich durchs Leben. Sie fragte selbst einen Stallknecht, wenn er etwas wusste, was ihr fremd war, dazu war sie sich nicht zu fein. Je älter sie wurde, je klüger sie wurde, umso bescheidener wurde sie. Einmal sagte sie zu mir: ›Weißt du Anna, der János hat einen Pferdeverstand wie kein zweiter, von dem kann ich viel lernen.‹ Und János, Libussa, war ein Rossbub, ein blutjunges Kerlchen und sie die Herrin, eine angesehene Frau, eine edle Frau. Nimm' sie dir zum Vorbild, du kannst kein besseres finden. – Und noch etwas, hast du eigentlich der Rede des alten Ritters zugehört?«

Unwillig schüttelte Libussa den Kopf. »Nein, ich war viel zu wütend, weil sich keiner um mich kümmerte.«

»Schade, Libussa, sehr schade, er ist ein weitgereister Mann und weiß wunderbar zu erzählen, du hättest eine Menge für deine Studien gewinnen können. So, nun geh schlafen, und morgen werde ich dich lehren, was ein Burgfräulein wissen muss. Denn irgendwann diesen Sommer wirst du mit den Eltern und Brüdern zum Hoffest gehen, und ich will mich nicht meiner Schülerin schämen.«

Lange lag Libussa an diesem Abend wach und dachte über das Gehörte nach. Bereitwillig lernte zum Beispiel Mariechen von ihr, und wusste doch Vieles, wovon sie, Libussa, keine Ahnung hatte. Nie war ihr der Gedanke gekommen, Marie zu befragen. Oder Otto – Lesen, Schreiben und Latein hatte er gelernt, und sie? Hatte sie das je anerkannt, ihm gar gesagt? Ihr wurde ganz heiß bei all dem Nachdenken. Wissen war also nicht nur gut, Wissen konnte auch zur Gefahr werden. Darüber wollte sie morgen mit Meister Theophilius sprechen, ganz bestimmt wollte sie das.

Theophilius betrachtete Libussa nachdenklich, dann frug er: »Was ist, irgendetwas bedrückt dich, sprich es aus, damit wir eine Antwort finden.«

»Kann es sein, Meister, dass Wissen eine Gefahr ist? Dass es nicht nur gut ist, zu wissen, sondern, dass es uns auch zum Schlechten ausschlagen kann?«

Theophilius saß da, und seine Gedanken gingen zurück zu jenem Wintermorgen, als die kleine Libussa ihm die Nuss geschenkt. Damals hatte er von ihr gelernt, ein Wissen, das sein ganzes bisheriges Denken veränderte – und aus diesem Erlebnis, aus der Stimmung jenes Wintermorgens heraus, antwortete er: »Jeder von uns, Libussa, wird irgendwann daran erinnert, dass sein Wissen eigentlich gar nicht *sein* Wissen ist, dass es ein Geschenk ist, das von den Himmeln kommt. Jedem von uns legt sein Engel irgendwann die Hand auf die Schulter und mahnt ihn zur Bescheidenheit, nur manche merken es nicht, denn die Hände der Engel sind meist sanft wie ein Windhauch. Kann es sein, dass du die Hand deines Engels gespürt hast?«

Libussa nickte und entgegnete leise: »Ja, das kann sein.«

»Dann vergiss es nie wieder. Wenn wir unser Wissen aus den Händen der Gottheit und seiner Engel empfangen, dann wird uns das Lernen zum Gebet, unser Lehr- und Schreibpult zum Altar, und nie wird uns solch ein Wissen dazu verleiten, uns über andre zu erheben. Denn sieh, der ärmste Bettler kann uns etwas lehren. So musst du es ansehen. Sind wir nicht vor Gott wie der ärmste Bettler, und doch müht er sich Tag für Tag, uns zu lehren. Wenn du das bedenkst, wirst du nie mehr in die Irre gehen.«

»Aber Meister Theophilius, das wusste ich doch schon. Damals, als ich begann, Mariechen zu lehren, sagte ich Ähnliches und da war ich erst zwölf Jahre, wie konnte ich etwas so Wichtiges vergessen?« »Weil du nicht richtig wusstest, Libussa, als Kind weiß man anders, nicht besser, nicht schlechter, aber anders. Erst wenn dein Wissen durch das Nachdenken, durch den Zweifel gegangen ist, hast du es wirklich in dich aufgenommen, und dann vergisst du es nie mehr. Auch ich hatte einen Meister, es war ein uralter Mönch, er konnte weit in die Zukunft denken, und er sagte einmal zu mir: ›Dereinst, mein Sohn, wird man solch ein Wissen Bewusstsein nennen, doch wir werden das nicht mehr erleben.‹«

Libussa saß ganz still und dann sagte sie: »Danke, Meister.«

Theophilius lächelte. »Ich danke dir, Libussa, denn du hast mir mit deiner Frage eine große Freude gemacht. Und darum wollen wir den Tag auch festlich begehen, wir beide werden zur Bachwiese wandern und nach Chalzedonen suchen, denn dort gibt es welche. Du weißt doch, dass die junge Frau des Großknechtes in Hoffnung ist und unter Ängsten leidet. Sie könnte einen Chalzedon wohl gebrauchen, denn er ist heilsam gegen Ängste.«

Es war kurz nach dem Osterfest, als die Eltern Libussa eines Abends an das Kaminfeuer baten. Draußen ging ein Aprilschauer nieder, der Wind pfiff um die Mauern und trotz der frühen Stunde brannte die Öllampe. Libussa schaute den Vater an, abwartend und neugierig zugleich.

Da begann Benediktus: »In zwei Monden wird der Fürst zum Fest laden, wie das alljährlich zu Johanni üblich ist. Du wirst diesen Scheidmond fünfzehn, darum ist es Zeit, dich mitzunehmen und dem Fürsten und der Fürstin vorzustellen.«

»Ich weiß, Vater, Anna sagte mir Ähnliches. Sie lehrt mich auch schon einige Wochen, wie ich mich zu benehmen habe, damit ich nicht wieder so ungeschickt bin, wie beim Besuch des alten Ritters.«

»Hast du dich dumm benommen? Das bemerkte ich gar nicht.«

»Sei froh, es war wirklich kein Vergnügen, das zu sehen. Und nun willst du mir sicher sagen, dass ich eine Kammerfrau brauche.«

»Ja, das wollte ich allerdings, aber warum, meine liebe Tochter, kannst du nie warten, bis ich geredet habe? Warum musst du immer vorneweg sein, das gehört sich nicht. Hat dir das Anna nicht beigebracht?«

Libussa lachte. »Versucht hat sie es, aber ich kann einfach nicht einsehen, warum ich schweigen soll. Wenn ich es sage, brauchst du es doch nicht sagen, außerdem: Eine Kammerfrau habe ich bereits!«

»Du meinst Anna?«

»Libussa schüttelte den Kopf. »Nicht Anna, Vater, sie ist zu alt, und sie gehört hierher, ich kann sie doch Mutter nicht wegnehmen, und das müsste ich, wenn ich einmal heirate und von hier fortgehe.«

Benediktus sah seine Tochter verblüfft an. »Du denkst wohl an alles.«

»Das muss man doch, Vater, das tust du doch auch, oder Mutter, ich habe genau aufgepasst, wie ihr das macht. Und darum habe ich mir schon eine Kammerfrau geholt, Anna lernt sie gerade an!«

»Das wird ja immer schöner – darf man wenigstens erfahren, wer das geheimnisvolle Wesen ist?«

Libussa strahlte ihren Vater an: »Mariechen natürlich, warum sonst hätte ich sie Lesen und Schreiben gelehrt? Außerdem muss Marie Kammerfrau werden, sie muss es, das ist dringend nötig.«

»Warum muss sie unbedingt Kammerfrau werden, kannst du mir das bitte erklären.«

»Nein, das kann, das heißt: das darf ich nicht erklären, denn es ist Mariechens Geheimnis, ich sagte euch das schon einmal, weißt du noch?«

Susanna ließ ihre Stickarbeit sinken und sagte: »Höre, Libussa, wir sind deine Eltern, hast du so wenig Vertrauen zu uns? Glaubst du wirklich, wir würden ein Geheimnis ausplaudern? Zudem, vielleicht könnte euch Vater sogar raten oder helfen.«

Libussa kämpfte mit sich. Durfte sie reden? Musste sie schweigen? Benediktus beugte sich vor, und leise und eindringlich frug er: »Sag, Libussa, könntet ihr Hilfe gebrauchen? Ich gebe dir mein Ritterwort, dass euer Geheimnis diesen Raum nicht verlassen wird.«

Da streckte sich Libussa und entgegnete fest und sicher: »Mir genügt dein Vaterwort, ich will's erzählen. Marie liebt Rupert, den Sohn des Burgvogtes, und er liebt sie, sie kennen sich seit dem Maitanz letzten Jahres und wollen einmal heiraten. Aber nie, Vater, wird der Vogt erlauben, dass sein Sohn eine Magd oder gar eine Gänsehirtin heiratet. Und deswegen muss Marie meine Kammerfrau werden, und deswegen habe ich Marie Lesen, Schreiben und Latein gelehrt.«

Benediktus hatte aufmerksam zugehört. Als sie geendet, lag ein feines Lächeln auf seinem Gesicht und er antwortete: »Libussa, Libussa, bist du ganz sicher, dass du Libussa vom Berg bist und nicht der Ratgeber des Fürsten? Was hast du nur für Gedanken!«

Libussa sprang auf, und froh rief sie: »Ich bin ganz sicher, dass ich deine Tochter bin!«

Und ernst setzte sie hinzu: »Bitte, Vater, hilf uns.«

Benediktus erhob sich, und indem er seine Tochter an sich zog, sagte er warm: »Weißt du, mein Kind, ich bin sehr stolz auf dich – und den Vogt, den überlasst mir, mit dem werde ich schon fertig. Jetzt aber, Susanne, gibt es Arbeit, eine Kammer muss gerichtet werden für Marie, und gewanden müssen wir sie auch, es soll mir niemand nachsagen, dass ich für unsere Tochter nicht eine würdige Begleiterin gefunden.«

Schon einige Wochen lebten Libussa und Marie Wand an Wand. »Denn«, hatte Libussa gesagt, »ich muss Marie nah bei mir haben, Anna wohnte auch immer ganz nah bei Mutter. Außerdem muss sie mir bei den Heilmitteln helfen.«

Für Marie war am Anfang vieles ungewohnt. Am schlimmsten aber empfand sie die langen Röcke und Kleider und dass sie nicht mehr barfuß gehen durfte.

»Libussa, wie hast du das nur ausgehalten, ewig das lange Zeug um die Beine! Und dann diese grässlichen Schuhe, ich habe immer Angst, über meine eigenen Füße zu fallen.«

Libussa lachte. »Daran gewöhnst du dich, und vergiss nicht, du tust dies alles ja nicht nur für mich, du tust es auch für Rupert, und dafür, denke ich, lohnt es sich, ein wenig zu leiden.«

Als die Zeit auf Johanni zulief, lud der Fürst zum alljährlichen Fest, und auf der Rosenburg begann ein emsiges Rüsten. Susanna und Anna legten diesmal besondere Sorgfalt auf die Vorbereitungen, sollte doch Libussa das erste Mal bei Hof sein. Das Festgewand, genäht und reich bestickt, lag bereit und Marie schwirrte der Kopf von allem, was Anna ihr auftrug, worauf sie zu achten habe und was sie keinesfalls vergessen dürfe.

Nun war endlich der Tag des Aufbruches gekommen. Libussa hatte sich entschieden geweigert, eine Sänfte zu benutzen. »Ich bin doch keine Zierpuppe, ich werde reiten und Marie auch!«

»Ich soll auf ein Pferd steigen!«, rief diese entsetzt.

»Was ist denn dabei, Marie«, und leise setzte sie hinzu: »Wer sich vor einem bissigen Ganter nicht fürchtet, der kann auch reiten, zudem, schau einmal hinter dich, einen besseren Beschützer können wir doch gar nicht finden.«

Als Marie sich umwandte, blickte sie in das lachende Gesicht Ruperts, da ergab sie sich in ihr Schicksal und flüsterte: »Was soll das, Libussa, warum ausgerechnet er?«

Libussa grinste. »Mein Vater hat es angeordnet, und dem Burgherrn müssen wir schließlich gehorchen.«

Als der Vogt an der Seite seines Herrn aus dem Tor ritt, sie begleiteten die Sänfte, in der Susanna und Anna saßen, meinte er: »Ein verteufelt hübsches Mädchen ist die kleine Marie geworden und tüchtig scheint sie auch zu sein.«

Gleichmütig antwortete Benediktus: »Sehr tüchtig sogar, sie kann neben dem, was eine Kammerfrau wissen muss, lesen, schreiben und hat Kenntnisse in der lateinischen Sprache. Wer die einmal zum Weibe bekommt, der kann lachen.«

Nun begannen Tage, wie sie Libussa und Marie noch nie erlebt hatten. Sie waren beide die Ruhe und Beschaulichkeit des Rosenhügels gewohnt, wo jeder jeden kannte. Und hier: ein Gewimmel von Menschen, dass einem ganz schwindlig wurde.

»Weißt du, was ich mir jetzt wünsche?«, sagte Libussa eines Nachmittags zu Marie. »Mit dir am Bachufer zu sitzen, den Wellen zuzuschauen, Storchschnabel zu sammeln oder Täschelkraut, zu warten, bis die Nachtigallen schlagen und dann langsam nach Hause zu wandern. Der Abendstern steht über der

Burg, ein feiner Sichelmond – und es ist still, so still, dass man die Gräser wispern hört. Ach, Marie, das wäre schön.«

»Das kommt auch wieder, aber zuerst ist morgen Turnier, und da müssen wir hin, hat deine Mutter gesagt.«

»Ja, leider, meine Brüder sind schon ganz aufgeregt, denn Vater wird mitreiten. Aber ich glaube nicht, dass es mir gefällt, ich mag so was nicht. Doch übermorgen ist Tanz im großen Saal, und darauf freue ich mich, denn ich tanze für mein Leben gern!«

Als Libussa andern Tages zwischen ihrer Mutter und Marie hoch über dem Turnierfeld saß, fühlte sie eine merkwürdige Schwäche in sich. War das Angst? Oder war es die Vorahnung schlimmer Erlebnisse? Dort unten blitzte es von Waffen und Rüstungen. Irgendwo musste der Vater sein, und die Brüder, die diesmal noch Knappendienst leisteten, bald aber mitreiten durften. Ihre Brüder, ihr Vater – in Libussa krampfte sich alles zusammen. Da zerrissen Fanfarenstöße die Luft, die Erde bebte unter den Hufen der Pferde, Staubwolken trieben übers Feld, und das Krachen und Splittern der geborstenen Lanzen und Schilde dröhnte, kurz, es war ein Höllenspektakel. Die ersten Ritter lagen im Sand, humpelten verletzt aus dem Getümmel oder mussten gar getragen werden. Die Menge jubelte den Siegern zu und verlachte die Unterlegenen. Libussa aber saß still, schneebleich bis in die Lippen, Ekel stieg in ihr auf und ein kaum zu bändigender Zorn.

Eben kündigten die Herolde einen neuen Kampf an, die Junker ritten ein, da sah sie ihn – schlank und blond: Otto. Sie wollte aufspringen, aber Marie war schneller und hielt sie am Arm zurück, so steckte sie ihre Hände in die Weite ihrer Ärmel, damit nur ja keiner sähe, wie sie zitterte. Als auch dieser Kampf vorüber – Otto saß noch im Sattel, denn er war unter den Siegern –, erhob sich alles, die Frauen warfen unter Jubelrufen Blumen auf das Feld, die Sieger zu ehren, und Susanna reichte Libussa einen Strauß mit den Worten: »Hier, nimm, du musst ihn werfen!«

Libussa sah ihre Mutter an und stieß hervor: »Keine einzige Blume werde ich werfen, keine einzige. Selbst eine Brennessel ist mir zu schade für diesen Unsinn!« Und müde setzte sie hinzu: »Ich möchte in meine Kammer, mir ist übel.«

»Das geht nicht, mein Kind, du wirst jetzt dem Fürstenpaar vorgestellt.« Da straffte sich Libussa und sagte herb: «Gut, bringen wir es hinter uns.«

Zwischen den Eltern schritt sie zum erhöhten Platz des Fürsten, artig bog sie das Knie, doch als der Fürst sie heiter frug: »Nun, Libussa vom Berg, hat Euch das Turnier gefallen?«, neigte sie sich zwar höflich, entgegnete aber schroff: »Nein!«

Der Fürst lächelte: »Oh, warum nicht? Die meisten Jungfrauen lieben Ritterspiele.«

»Ich bin nicht wie die meisten Jungfrauen, Euer Gnaden, und zu Eurer ersten Frage: Ich glaube nicht, dass uns Gott gesunde Glieder gab, damit wir sie mutwillig schädigen.«

»Ihr seid sehr mutig, Jungfrau vom Berg, mir solches zu sagen.«

»Es gehört immer Mut dazu, die Wahrheit auszusprechen, Herr, das habe ich sehr früh gelernt.«

Der Fürst schwieg betroffen, dann wandte er sich an Benediktus und meinte: »Ihr habt eine ungewöhnliche Tochter, Ritter vom Berg, aber ich denke, das wisst Ihr.«

»Ja«, seufzte Benediktus ergeben, »das weiß ich allerdings.«

Da sprach die Fürstin, und ihre Stimme klang warm und weich: »Ich jedenfalls danke Euch für Eure Worte, Libussa vom Berg, und Ihr werdet bei mir immer ein offenes Ohr finden.«

Libussa strahlte, beugte sich tief und antwortete: »Ihr seid sehr gütig, Hohe Frau, ich kann Euch als Dank nur meine Verehrung bieten.«

Benediktus blickte seine Tochter an, als sähe er sie zum ersten Mal. War das seine kleine Libussa? Wer gab ihr solche Reden ein, woher nahm sie diese Gedanken, woher wurde ihr diese Sicherheit? Nie hätte er gewagt, in ihrem Alter mit einem Erwachsenen so zu sprechen, schon gar nicht mit einem Fürsten.

War das wirklich sein Kind, sein Fleisch und Blut? Wer hatte sie gelehrt? Konnte man solches überhaupt lernen, oder war es einfach gewachsen, geworden, aus sich selbst heraus, unter dem Schutz, unter der Obhut eines Höheren? Verwirrt murmelte er einige Worte des Abschiedes und entfernte sich mit den Seinen.

Nachdem sie eine Weile stumm gegangen, sagte Libussa ruhig: »So, jetzt könnt ihr mich ausschelten.«

Benediktus blieb stehen, und indem sein Blick in die Weite ging, antwortete er: »Die Fürstin dankte dir, warum sollte ich dann schelten?«

Und beinahe feierlich setzte er hinzu: »Obwohl ich manches an dir noch immer nicht verstehe, Libussa, sollst du wissen, ich achte dich und du bist sehr tief in meinem Herzen.«

Libussa sah ihren Vater an, und ihre Augen waren voller Licht, als sie sprach: »Habe ich dir eigentlich schon einmal gesagt, dass ich stolz bin, deine Tochter zu sein?«

Waren ihre Brüder aufgeregt gewesen vor dem Turnier, so war es Libussa heute vor dem Fest. Hoffentlich machte sie keinen falschen Schritt bei den Reigentänzen – ob sie wohl auch schön genug war? Ihr Kleid aus hellblauer Seide jedenfalls war schön, hatte es doch die Mutter eigenhändig mit Silberfäden bestickt – aber sie?

Da fielen ihr die Worte Annas ein: »Die Schönheit, von der die Leute so viel Aufhebens machen, ist eine sehr eigene Sache. Ich habe Menschen getroffen, die waren so schön, dass alle Welt sie anstaunte, doch sobald sie zu reden begannen, erschienen sie einem farblos, langweilig. Nach einiger Zeit betrachtete man sie nur mehr wie ein Gemälde. Und dann gab es andere, die waren nicht gerade hässlich, aber auch nicht schön, sobald sie aber zu sprechen anhoben, röteten sich ihre Wangen, ihre Augen glänzten – sie leuchteten von innen – sie waren schön – und diese Schönheit hat sie ein Leben lang begleitet. Solch eine Schönheit besaß deine Großmutter.«

Libussa war, als höre sie die Stimme der Alten, und wie damals flüsterte sie glücklich: »Und ich gleiche ihr sehr.« Daraufhin legte sie den Spiegel entschlossen weg.

Als sie ein paar Stunden später mit den Eltern den Saal betrat, fühlte sie sich, als gehe sie auf Wolken. Marie hatte ihr die Haare kunstvoll aufgesteckt und mit Silberband durchflochten, der Vater gar zur Feier eine wunderschöne Kette geschenkt. Überhaupt der Vater, wie würdevoll er aussah im Festgewand, daneben die Mutter, zierlich und schlank, dann die Brüder, kräftig und groß gewachsen, Anna und Marie, beide bescheiden im Hintergrund – aber sie waren da, alle umgaben sie, alle, die sie liebte. Tiefe Freude stieg in ihr auf und Stolz, dass sie sich reckte und hoch erhobenen Hauptes zwischen den Eltern schritt. Da hörte sie die mahnende Stimme der Mutter: »Libussa, du musst den Kopf neigen und die Augen niederschlagen.«

Libussa blickte ihre Mutter verwundert an und erwiderte: »Warum nicht gar, dann sehe ich ja nichts.«

»Bitte, Libussa, es ist so Sitte, kannst du nicht einmal sein wie die andern?«

»Ein andermal will ich gerne sittsam sein, aber nicht heute, wo es soviel Schönes zu entdecken gibt.«

Als sie kurze Zeit danach zur Begrüßung vor dem Fürsten standen, meinte dieser launig: »Nun Jungfrau, hoffentlich gefällt Euch dieses Fest besser als das Turnier.«

Libussa antwortete freimütig: »Tanz gefällt mir immer, Euer Gnaden, er ist ja auch nicht so gefährlich wie ein Turnier.«

»Seid Ihr da so sicher, Jungfrau vom Berg? Der Tanz birgt Gefahren ganz anderer Art.«

Libussa stutzte, was meinte er? Da fiel ihr Marie ein, Rupert und der Maitanz, und eine feine Röte zog über ihr Gesicht – er dachte doch nicht etwa, dass sie … Zornig warf sie den Kopf zurück, und mit funkelnden Augen entgegnete sie: »Ich bin des Tanzes wegen hier, Hoheit, nicht der Junker wegen!«

Der Fürst lachte, legte Benediktus die Hand auf die Schulter und antwortete fröhlich: »Ich wiederhole es, Ritter vom Berg,

Ihr habt eine sehr ungewöhnliche Tochter. Trotzdem wünsche ich Euch ein paar ungetrübte, frohe Stunden!« Und indem er sich zu Libussa neigte, sagte er leise: »Zum Tanz, Libussa vom Berg, werdet Ihr die Junker wohl dulden müssen.«

Als Libussa einige Zeit später mit der übrigen Jugend zum Reigentanz antrat, war ihr, als hätte sie Flügel. Die Musik verlieh ihr Leichtigkeit, sie nahm die Junker nur wahr, indem sie ihnen die Hand reichte, sie gab sich der Musik hin, als wäre diese ihr Tanzpartner.

Susanna und Benediktus sahen ihrer Tochter zu und Benediktus murmelte verwundert: »Ist das wirklich unser Kind, unsere kleine Libussa? Sie tanzt mit dem Ernst einer heiligen Handlung. Und die Junker, Susanne, scheint sie gar nicht zu sehen.«

Das klang so sorgenvoll, dass Susanna lachen musste: »Nur keine Angst, Benedikt, sie wird schon noch erwachen, zur Klosterfrau hat sie jedenfalls keinerlei Begabung. Da sieh, mit diesem spricht und lächelt sie sogar.«

Und so war es, denn plötzlich holte eine vertraute Stimme Libussa aus ihrer Versunkenheit.

»Na, Winzling, tanzen kannst du, das muss man dir lassen.«

Überrascht wendete sie sich: »Oh Otto, wie schön, endlich ein bekanntes, vertrautes Gesicht zu sehen!«

»Das ist das erste Mal, dass du nett zu mir bist«, lachte Otto.

»Du vergisst, dass du heute einarmig tanztest, wäre ich nicht schon einmal nett zu dir gewesen.«

»Aber Libussa, darauf darf ich mir doch nichts einbilden, das hättest du für jeden anderen auch getan!«

Libussa furchte die Stirne: »Fängst du schon wieder an?« Und leise fügte sie hinzu: »Dabei habe ich mich wirklich gefreut, dich zu sehen.«

War sie das, die solches sprach, sie, Libussa? Oder war sie jemand anderes, irgendein Mädchen? Sie wusste es nicht, es umfing sie eine wohlige Schwere und zugleich eine Leichtigkeit, als flöge sie.

145

»So muss es sein, wenn einen Engel tragen!«

Lose lag ihre Hand in der seinen, jetzt umschloss er sie mit festem Druck, warm fühlte sich das an, warm und beschützend, ewig hätte der Tanz so weitergehen können – da hörte sie, wie von ferne her, Ottos Stimme, ernst und eindringlich: »Ist das wahr, Libussa?«

Libussa hob den Kopf, sah ihn an und ihr Blick war dunkel und strahlend, als sie antwortete: »Es ist wahr, Otto, so wahr, wie ich Libussa vom Berg bin.«

Was hatte der Vater einmal zu ihm gesagt? »Du musst warten, Otto, einfach warten, bis jener Mensch seinen Weg gefunden, bis er erkennt, wer er ist. Manche gehen Schritt vor Schritt stetig voran, bis sie da ankommen, wo sie hingehören, bis sie sagen können: ›Ja, das bin ich!‹ – Andere aber trifft es unvorbereitet, wie ein Blitzstrahl, der sie erhellt bis in den letzten Winkel ihrer Seele. Ich ahne, dass die kleine Libussa zu diesen gehört.«

Woher wusste der Vater das, er, der Libussa nie gesehen? Otto wurde es heiß unter seinem Wams, zum einen aus Ehrfurcht vor diesem Vater, zum anderen vor Glück. Jetzt erst wurde ihm klar, dass er die ganze Zeit getanzt, ohne zu merken, dass er tanzte, dass er die ganze Zeit Libussas Hand fest in der seinen gehalten und sie dabei unverwandt angesehen – und in seiner Verwirrung sagte er, nur für sie beide hörbar: »Danke, liebe, kleine Libussa, danke!« Darauf neigte er sich und gab den Weg frei für den nächsten Tänzer.

»Susanne, kennst du den Junker, mit dem Libussa soeben tanzte? So freundlich und frei sprach sie bisher noch mit keinem. Vielleicht hast du recht und sie hat zur Klosterfrau wirklich keine Begabung – und doch wüsste ich zu gerne, wer er ist.«

Nachdenklich antwortete Susanna: »Ich kenne ihn auch nicht, Liebster, aber sein Gesicht erinnert mich an jemanden, den ich vor langen Jahren einmal gesehen.«

Als Marie der Freundin die Haare löste für die Nacht, fasste Libussa ihre beiden Hände und bat beschwörend: »Wenn dich jemand fragen sollte, mit wem ich heute getanzt, bitte Marie, sage, du weißt es nicht, oder sage was du willst, nur, bitte, bitte, sage nicht die Wahrheit.«

»Wie soll ich das verstehen, warum soll ich lügen?«

Da zog sie Libussa zu sich herab und flüsterte ihr ins Ohr: »Wenn wir beide einmal die Rosenburg verlassen, Marie, werden wir sie trotzdem sehen, täglich, und am schönsten ist sie, wenn die Sonne untergeht, am schönsten ist sie im Abendlicht!« Da ließ Marie vor Schreck den Kamm fallen, mit dem sie Libussas Haar gestrählt.

Einige Wochen später betrat Benediktus fröhlich den Raum und rief: »Heute nach dem Nachtmahl werden wir alle im Saal zusammentreffen, denn soeben ist ein fahrender Sänger angekommen, ich sprach schon mit ihm und ich denke, es wird ein schöner Abend!«

Es dunkelte bereits, die ersten Sterne und eine schmale Mondsichel leuchteten über den Hügeln, als sie sich im großen Saal einfanden. Aus einem Sessel erhob sich ein graubärtiger Mann und verneigte sich grüßend. Ein weites Gewand umhüllte seine Gestalt, Libussa sah staunend, dass er sogar den Vater an Größe überragte. Seine Haare fielen in weichen Wellen bis auf die Schultern, am seltsamsten aber waren seine Augen. Sie sanken tief in jedes Menschen Antlitz, auch in das ihre, ohne dass sie es als zudringlich oder störend empfand.

»Er sieht aus wie ein Priester aus alter Zeit«, dachte Libussa, »er gehört eigentlich zum Keltenstein.«

Sie saßen alle und warteten gespannt, da frug Susanna: »Was werdet Ihr uns singen?«

»Ja, ursprünglich wollte ich für Euch singen, aber nun –«, sein Blick ruhte auf Libussa, und mit einem feinen Lächeln fuhr er fort: » … aber nun werde ich ein Märchen erzählen, ein Märchen aus dem Nordland. Ihr müsst wissen, Herrin, ich durchwanderte die Nordlande vor langen Jahren und damals hörte ich es.«

Nach einer Weile begann er und seine Stimme schwang durch den Raum wie der dunkle Ton einer Glocke:

Inger Namenlos
Ein Märchen aus dem Nordland

Es war ein klarer Tag voller Sonne, kurz vor Mittsommer, dem hohen Fest des Nordlandes, als Steinar Thorolfsen mit langen Schritten über die Halden wanderte. Steinar, ein Knecht, ein Begleiter des Königs, war als junger Bursch zum Heer gestoßen, hatte bei sämtlichen Fehden in vorderster Reihe gefochten und war durch sein unerschrockenes, offenes Wesen dem Herrscher unentbehrlich geworden. Diese beiden Männer ergänzten sich trotz der Verschiedenheit ihres Standes auf seltsame Weise, ein geheimnisvolles Schicksal schien sie zu verbinden und zu leiten. Heute nun sollte Steinar die Jagd vorbereiten, denn sein Herr wollte in den hohen Bergwäldern jagen. Plötzlich blieb er stehen, ein Ton hatte sein Ohr getroffen, ein Gesang so klar und rein, wie er selten einen gehört. Da sah er sie – ihr helles Haar flog im Winde, sie stand an einen Felsen gelehnt, das Vieh um sich geschart – eine Hirtin war es, schlank und von einer Anmut und Schönheit, die kein Kronreif vermitteln kann. Jetzt konnte er auch die Worte des Liedes verstehen: »Hier gilt nicht Königswürde, nicht Krone, Zepter, Hermelin …«
Er trat näher, der Gesang brach ab und das Mädchen schaute ihn an – da war es Steinar, als schlüge ihm jemand aufs Herz. Und um seiner Verwirrung Herr zu werden, deutete er auf die Quelle, die unweit zwischen den Steinen sprang und frug: »Darf ich?«
»Ich kann es nicht wehren«, entgegnete sie lachend, »die Quelle gehört mir nicht, die Wiese gehört mir nicht, mir gehört nichts, was du hier siehst, außer mir selbst.«
Steinar ließ das Wasser in die hohle Hand fließen, trank in großen Schlucken und schleuderte die Tropfen von den Fingern, dass sie glitzernd ins Gras fielen.
»Du musst sehr reich sein, dass du Edelsteine einfach von dir wirfst«, neckte die Hirtin, indem sie auf die funkelnden Tropfen zeigte.

»Und du bist sehr keck, wie heißt du?«

»Gunhild, Vaternamen hab ich keinen, ich bin ein Magdkind!«, antwortete sie trotzig.

»Und was war das für ein Lied, das du sangest, Gunhild?«

»Ein altes Lied, ich hörte es als Kind von einer Frau. Sie sang es immer abends am Feuer. Ich liebe es sehr.« Und sinnend in die Ferne blickend, fuhr sie fort: »Es ist mein Lied, ich meine immer, es hat etwas mit mir zu tun.«

Steinar befiel eine unerklärliche Angst, und obgleich die Sonne strahlend am Himmel stand, war ihm vor seinem inneren Auge, als zögen schattende Wolken über die Halde. Er sah Gunhild lange an und wieder durchflutete ihn das Gefühl des ersten Begegnens, dann sagte er: »Ich bin Steinar, ein Knecht und Begleiter des Königs und hier, um die Gegend für eine Jagd zu erkunden. Ich werde dem König diese Quelle weisen, denn das Wasser ist köstlich.«

»Dann werde ich den König sehen?«

»Es wird sich nicht vermeiden lassen!«, entgegnete Steinar. »Und nun, gehab dich wohl, und Dank für den Trunk!« Damit wandte er sich und stieg gegen die Berge zu.

Der König, etwas älter als Steinar, so um die vierzig Jahre, war ein Mann, dem neben der Würde die Einsamkeit ins Gesicht geschrieben stand. Sehr jung hatte ihn sein Vater mit eines Fürsten Tochter verheiratet, einem kränkelnden Mädchen, das ihm zwar den ersehnten Erben gebar, aber kurz darauf verstarb. Dieser Sohn, Ragnar geheißen, war sein ganzer Stolz, doch so oft er ihn sah, schlug ihn sein Gewissen, denn er hatte ihn einer Pflicht gehorchend gezeugt, Liebe war nicht dabei gewesen. Außer Ragnar, der seinen Tagen Wärme und Freude brachte, genoss er die Jagd, das freie Reiten durch die Weiten seines Landes.

So sprengte er auch heute, gefolgt von Steinar, das Geleite hinter sich lassend, jenes Gebirgstal hinauf, als ein Klang mit dem Wind über die Weide zog, ein Klang, so zauberhaft, dass der König jäh sein Pferd verhielt und aus dem Sattel sprang.

»Steinar, hörst du das? Steinar, was ist es?«
»Es ist die Hirtin, sie sang auch, als ich hier war. Es fließt ein Quell auf der Weide, das Wasser müsst Ihr kosten Herr, ich trank nie besseres.«
Der König stieg voran, wie magisch angezogen vom Klang dieser Stimme, und Steinar folgte mit hängenden Schultern, die beiden Pferde am Halfter führend. Gunhild stand wie vormals gegen den Felsen gelehnt, doch als sie den König erblickte, löste sie sich von dem Stein, und aufrecht, ohne Scheu, sang sie den Liedvers zu Ende:

Hier gilt nicht Königswürde,
nicht Krone, Zepter, Hermelin,
hier gilt nur eine Sprache,
was ich dir war und ewig bin.

Der letzte Ton verklang, die beiden Menschen schritten auf einander zu, wortlos, schweigend, die Augen schwarz vor Erregung – und was Steinar jetzt sah, benahm ihm fast den Atem: Die tiefstehende Sonne wand einen Strahlenkranz um die zwei Gestalten, wabernd, züngelnd, von goldroten Flammen umschlossen, verharrten sie gebannt, eines versunken im Anblick des andern.
An jenem Spätnachmittag im Mittsommer begann die große Liebe zwischen dem König und der Magd Gunhild – an jenem Spätnachmittag im Mittsommer begrub Steinar Thorolfsen seinen Traum vom Glück, denn was er geschaut, war erhaben über all sein Wünschen und Sehnen hinweg.
Der König nahm Gunhild mit sich, und Steinar diente ihm nach wie vor in Treue, ohne dass jemand ahnte, wie schwer ihm das Herz war.
So neigte sich das Jahr, ein Winter zog übers Land, kalt und dunkel, die Sonne kehrte wieder, und da sie sich anschickte, auf ihrem Ritt um die Welt im höchsten Himmelsbogen zu stehen,

verschwand Gunhild vom Hofe, still und unauffindbar, als hätte es sie niemals gegeben. Der König, außer sich in seinem Schmerz, rief Steinar zu sich:

»Steinar, ich kenne keinen Treueren denn dich und keinen, der verschwiegener denn du. Nimm das beste meiner Pferde, sowie alles, was du nötig hast, und suche sie. Ich will, ja ich kann nicht mehr ohne sie leben, bringe sie mir zurück!«

Steinar durchstreifte das Land, vom Süden angefangen in allen Richtungen. Gunhild blieb verschwunden. Müde und niedergeschlagen hockte er sich auf einen Stein am Wegrand, dachte zurück an den Tag, da er Gunhild zum ersten Mal gesehen, und plötzlich begann er zu zählen. Er zählte die Monde, die verstrichen, seit Gunhild den Hof des Königs heimlich verlassen; und als er beim achten Mond angekommen, befiehl ihn solcher Schrecken und solche Angst, dass er aufsprang, sein friedlich grasendes Pferd sattelte und in wilder Eile davon stob.

Warum nur hatte er nicht gleich daran gedacht – wohin floh eine Frau wie Gunhild, wenn sie ihres Zustandes gewiss war? Doch nie zu den Menschen, dazu war sie zu stolz, sie floh in die Einsamkeit. Hoch im Norden kannte Steinar ein Gebirgstal, eine armselige Hütte stand dort, hie und da ein Gehöft, weit verstreut, oft Stunden von einander entfernt, Ziegen weideten hier. Wo Ziegen waren, brauchte man Hirten, und um eine Ziegenhirtin in dieser unwirtlichen Gegend kümmerte sich keiner, hier war man sicher vor neugierigen Blicken. Er trieb sein Pferd bis zur Erschöpfung. Hatte er richtig gerechnet, blieb ihm nur wenig Zeit, wenn er nicht überhaupt zu spät kam.

An einem Vorfrühlingstag erreichte er das Tal. Der Schnee lag noch allenthalben auf den Hängen, als Steinar zu der einsamen Hütte aufstieg. Sie war unverschlossen, aber leer. Eine Ziegenherde weidete auf dem spärlichen Gras, die Tiere hatten pralle Euter, sie mussten gemolken werden. Da vernahm er ein feines Wimmern, es hörte sich an wie das Zwitschern eines Vogels. Dort oben stand ein Heuschober, von dort kam der Laut. Er jagte den Berg hoch, riss die Türe auf – da lag Gunhild im blutigen Stroh, ein glückliches Lächeln im blassen Gesicht, und neben ihr das Kind, sorglich in ihren Arm gebettet.

Steinar kniete neben sie. »Gunhild, Gunhild! Hörst du mich?«

Als er keine Antwort erhielt, griff er nach ihrer Hand, sie war eiskalt – Gunhild war tot. Ein Schluchzen schüttelte ihn, da hörte er wieder das zarte Gewimmer, das weckte ihn auf, er durfte nicht in seinem Schmerz verharren, es gab viel zu tun. Das Neugeborene brauchte Wärme, die Ziegen musste er melken, denn das Kind verlangte nach Nahrung, und zuletzt das Schwerste – er musste Gunhild begraben.

Als dies alles geschehen, wartete er die Nacht ab, streute Erde auf das Grab der Magd Gunhild, nahm von der Erde, füllte sie in einen Beutel, wickelte das Kind, es war ein Mädchen, in eine alte Decke, die er in der Hütte gefunden, stieg zu Pferd, und ehe das Morgenrot sich hob, war er in den Wäldern verschwunden. Das Kind fest an sich gedrückt, geborgen in seinem Arm, umhüllt von der Wärme seines Körpers, ritt Steinar nach Westen. Eine Bucht wusste er da, abseitig und still, aber sonnig, mit reichen Fischgründen. Auch ein großes Gehöft lag inmitten saftiger Wiesen, ein Knecht oder Hirte war immer willkommen, und niemand, auch kein König, fände ihn hier. Sein Leben hatte wieder einen Sinn, denn dieses kleine Geschöpf war sein, war ein Stück der geliebten Frau, ein Stück ihres Leibes, vielleicht sogar ein Stück ihrer Seele.

Als die Kleine jährig war, setzte er sie vor sich in den Sattel und ritt ins Kirchspiel, um sie taufen zu lassen.

»Wie soll der Name sein?«, frug der Pastor.

»Inger, so hieß meine Mutter.«

»Und der Vatername?«

»Hat keinen.«

»Und Ihr?«

»Ich bin nicht der Vater, ich hab' sie gefunden, sie lag neben ihrer toten Mutter, sollte ich sie verhungern lassen?«

»Nein, natürlich nicht, aber ich muss doch einen Namen eintragen!«, ereiferte sich der Pfarrer.

»So tragt ein: ›Namenlos‹.«

»Was fällt Euch ein, das ist doch kein Name!«, empörte sich der Pastor.

»Oh doch, Herr, es ist sogar ein ehrlicher Name, vor Gott und vor dem Gesetz, denn ist sie etwa nicht namenlos? Also schreibt: ›Inger Namenlos, getauft im Ostermond‹!«

Und so geschah es. Inger Namenlos wuchs auf in der klaren Luft dieser stillen Bucht, ein Hirtenkind, ein Knechtskind, ein Magdkind, über die Schulter angesehen von den Einheimischen, aber geliebt von Steinar, den sie Ahnvater nannte. Je älter sie wurde, umso mehr glich sie ihrer Mutter, sodass es Steinar manchmal schien, als narre ihn ein Spuk, wenn sie an einen Stein gelehnt jenes Lied sang, das er sie gelehrt, das Lied der Gunhild, das Königslied, wie Inger es nannte.

So gingen die Jahre dahin in Frieden und Gleichmaß, als ein Tag aufstieg im hohen Sommer, ein Tag, gleich jenem vor siebzehn Jahren. Die Sonne schien von einem seidig blauen Himmel, die Luft war erfüllt von süßem Heugeruch und der salzigen Frische des Meeres. Am späten Nachmittag färbte sich die See rotgolden, und auf dieser glitzernden Fläche fuhr ein Schiff in die Bucht ein. Knirschend trieb sein Kiel in den Ufersand, von Bord sprang ein junger Mann, breitete die Arme aus und rief fröhlich:

»Sieht das nicht aus wie das leibhaftige Paradies, meine Freunde? Jetzt fehlt nur noch Eva und alles wäre rund und richtig.«

Mit diesen Worten durchlief er den Strand, bog um eine Felsnase – und stand vor dem lieblichsten Bild, das er je gesehen. Inger, über den Brunnen gebeugt, tränkte ein Jungtier aus der hohlen Hand. Dabei sang sie jenes alte Lied, das Lied Gunhilds.

Der Jüngling stand wie verzaubert, und als sie geendet, trat er näher. »Grüße dich, Hirtin, willst du mich auch laben, oder tränkst du nur deine Tiere?«

Dabei löste er einen hölzernen Becher von seinem Gürtel und reichte ihn hin. »Gerne, Herr, aber es ist nur Wasser, was ich schöpfe.«

Er schüttelte den Kopf und antwortete ernst: »Es ist besonderes Wasser, denn es hat deinen Gesang gehört.«

»Danke, Herr, es ist ein altes Lied, ich liebe es sehr, der Ahnvater hat es mich gelehrt.«

»Nicht deine Mutter?«

»Ich habe keine Mutter, nur den Ahnvater.«

»Und wie ist dein Name? Darf ich ihn wissen?«

Sie nickte: »Ich bin Inger Namenlos.«

»Inger Namenlos, ein seltsamer Name.«

»Der Ahnvater hat mich so taufen lassen, und der Ahnvater ist für mich über allem, außer Gott.«

Dann lächelte sie ihn freimütig an und frug: »Und Ihr, Herr?«

»Ich bin Ragnar, der Sohn des Königs.«

Inger wich einen Schritt zurück.

»Jetzt habe ich dich erschreckt, das wollte ich nicht.«

Sie schüttelte den Kopf, blickte ihn an und ihre Augen waren dunkel vor Trauer und Bitterkeit: »Wir Magdkinder, Herr, wir Hurenbälger, wie sie uns nennen, haben verlernt, zu erschrecken.«

Langsam schritt er auf sie zu, fasste ihre Hände und sagte leise: »Für mich bist du keines von beiden, für mich bist du die seltenste Kostbarkeit, die ich bisher gefunden.«

Danach schwiegen sie und standen, wie vor über siebzehn Jahren schon einmal zwei Menschen gestanden, einer versunken im Anblick des anderen. Da vernahm man ein Rufen vom Strand her: »Herr, Prinz Ragnar, wo bleibt Ihr? Wir müssen weiter, der Tag neigt sich.«

Ragnar beugte sich hinab, umschloss das Gesicht des Mädchens und sagte still: »Du hörst es, ich muss gehen, aber vergiss nicht, Inger Namenlos, ich werde wiederkommen und dich mit mir nehmen, noch ehe der Mond sich wendet.«

Am Abend, Steinar und Inger saßen nach dem Nachtmahl am Herdfeuer, erzählte Inger alles, was geschehen, dabei glühten ihre Wangen, und ihr Gesicht war eine strahlende Helle. Als sie geendet, erhob sich Steinar schweigend und verließ den Raum. Draußen wanderte er hinab zum Strand. Schon von Weitem tönte das Rollen der Wogen, die gewaltige, immer wiederkehrende Melodie der Gezeiten. Der Mond streute Funken in die Wellen, es sah aus, als sprängen silberne Fische auf den Wassern. Darüber spannte sich der nächtliche Himmel, bestickt mit den Ewigkeitsbildern der Sterne und Planeten, und drüben, am Erdenrand, ein dunkelroter Bogen: das Auge der Mitternachtssonne.

Steinars Brust weitete sich, alle Angst, alles Schwere, Bedrückende fiel von ihm: »Jedwedes zieht in seiner Bahn, wie du es ersonnen, deine Gesetze sind von gewaltiger Größe, und rätselvoll sind deine Wege. Wie gut ist der Blick in deine Schöpfung, wie befreiend und klärend. Ich weiß jetzt, was ich zu tun habe.«

Da löste sich ein Schatten aus der Dunkelheit, Inger eilte auf ihn zu, flog ihm in die Arme und schluchzte: »Ahnvater, bist du mir böse? Was soll ich denn? Ich kann doch nichts dafür – ich hab ihn lieb.«

Fest umfasste er die zitternde Gestalt und sagte beruhigend: »Aber Inger, warum sollte ich dir gram sein? Du folgst dem Gesetz der Liebe, dem Gesetz des Lebens, beide kommen von Gott. Seinen Gesetzen, mein Kind, müssen wir gehorchen, nicht unseren. Und nun lass uns schlafen gehen, es war ein langer Tag – und es wartet viel Arbeit auf uns, wir müssen alles in Ordnung übergeben, ehe wir reisen.«

»Ahnvater, du gehst mit?«

Sie hing ihm schon am Hals vor Freude.

Steinar lachte. »Aber Inger, denkst du denn, ich lasse dich alleine in die Fremde ziehen?«

Als der Mond sich rundete, erreichte der Prinz zusammen mit Inger und Steinar den königlichen Hof. Inger gab er in die Obhut einer jungen Frau, der Schwester seines Freundes. Sie würde über sie wachen, auch über ihrer beider Geheimnis. Steinar aber wartete den Abend ab, dann begab er sich zum König.

»Um diese Stunde ist der Herr für niemanden mehr zu sprechen, Alter.«

Ruhig entgegnete Steinar: »Melde mich immerhin, melde deinem Herrn, Steinar Thorolfsen bäte um Gehör.«

Der Wächter entfernte sich, dann ein Ruf: »Steinar Thorolfsen!« Die Türe wurde aufgerissen – sie standen voreinander, zwei grauhaarige Männer, und schauten sich an, der Eine voll ungläubigen Staunens, der Andere unsicher, in tiefem Ernst. Wie würde ihn der König aufnehmen nach so langer Zeit?

Da legte dieser beide Hände auf die Schultern des Getreuen und sagte mit Innigkeit: »Steinar Thorolfsen, nach siebzehn Jahren!« Und nach einer Weile, leise: »Was bringst du mir für Kunde, Steinar, hast du sie gefunden?«

Steinar nickte schwer: »Ja, ich habe sie gefunden – zu spät gefunden.«

»So hat sie einem andern angehört?«

Steinar schüttelte den Kopf. »Oh nein, sie hat niemals einem andern angehört, denn sie ist tot seit siebzehn Jahren.«

Langsam wandte sich der König, bedeckte das Gesicht und murmelte dumpf: »Und du hattest nicht den Mut, mir diese Botschaft zu überbringen, ist das so?«

»So ist es, Herr.«

»Warum ging sie von mir, Steinar, warum nur? Hast du eine Ahnung?«

Der Knecht blickte am König vorbei in die Ferne, als er antwortete: »Des Menschen Herz ist rätselvoll wie Gottes Wege.«

»Eine seltsame Rede!«, sann der König, und dann: »Wo liegt sie?«

»Hoch im Norden – ich habe sie selbst begraben, und das hier bewahre ich für Euch seit siebzehn Jahren.« Dabei zog er den Beutel aus der Tasche. »Es ist Erde von ihrem Grab.«

Der König nahm den Beutel mit beiden Händen, küsste ihn und barg ihn unter seinem Wams, dort wo das Herz schlägt.

Einige Wochen später, an einem warmen Sommerabend herrschte munteres Treiben im Schlosshof, eine Gruppe junger Mädchen scharte sich um den Brunnen, da bat eine: »Inger, singe uns etwas, keine kann singen wie du.«

Und Inger sang, hell und klar flog das Lied in den lauen Abend bis hoch in das geöffnete Fenster des Königs. Der hörte die Melodie voller Staunen, dann sprang er auf und rief: »Steinar, Steinar, das Lied, das Lied, erkennst du es?«

»Wohl, Herr, es ist Gunhilds Lied.«

»Aber Steinar, wer kann es kennen? Wer singt es?«

»Sehet selbst, Herr!«, antwortete Steinar und deutete auf das Fenster.

Der König beugte sich hinaus, da wurde sein Gesicht aschfahl, seine Hände krampften sich um die Brüstung und er stöhnte: »Steinar, es ist Gunhild – sie lebt – sie singt ihr Lied!«

»Herr, fasst Euch, dies dort unten ist eine Jungfrau, noch nicht zwanzig Lenze, Gunhild zählte jetzt nahe vierzig Lenze.«

»Aber sieh doch, Steinar, sie ist es, es ist ihre Gestalt, ihr Gesicht, ihr Haar, ihre Stimme, wer mag da noch zweifeln – es ist Gunhild.«

Der Knecht atmete tief und sagte dann:

»Nein Herr, es ist nicht Gunhild. Ich weiß es, denn ich fand sie tot und begrub sie – es ist Inger, Gunhilds Tochter – und die Eure.«

»Meine – Tochter?« Plötzlich lohte Zorn aus des Fürsten Augen, als er schrie: »Und warum bringst du sie mir erst jetzt, nach siebzehn Jahren?«

Steinar blickte den König lange an, dann erwiderte er: »Ihr irrt Herr, ich habe sie nicht hierher gebracht, das war Ragnar, Euer Sohn. Um Mittsommer landete er in unserer Bucht, so trafen sie zusammen, ich konnte es nicht hindern, es war wie damals – die Zeit stand still.«

Steinar fing den Taumelnden in seinen Armen auf und geleitete ihn sorgsam zu seinem Sessel. Nach einer Weile dumpfen Schweigens hob der König das Gesicht und seine Augen waren leer vor Verzweiflung, als er flüsterte: »Und was soll nun daraus werden, Steinar, mein Getreuer?«

Steinar ließ sich auf die Knie nieder wie ein Bittender, trotzdem klang seine Stimme sicher, ohne jede Unterwürfigkeit: »Freude soll daraus werden!« Und als er die entsetzte Miene seines Herren sah, fuhr er fort: »Ihr wisst darum und ich weiß darum, haben wir nicht Leids genug erlitten? Soll das immer so weitergehen? Lassen wir ihnen doch das Glück, miteinander zu leben, sich zu lieben, Kinder zu haben – Gott wird sie schützen, denn seine Gesetze sind groß und gewaltig, wie das All, das er schuf.«

Der König erhob sich, trat ans Fenster, sah hinab – sah weit draußen die glitzernde Flut, endlos in den Gezeiten, kommend und gehend wie die Geschlechter, und darüber gespannt den Himmel, ebenso endlos sich wölbend, bis in alle Ewigkeit – da wandte er sich um zu dem Knecht und sprach: »Ja, so sei es, Steinar, wir wollen das Geheimnis bewahren und es wird dereinst mit uns aus der Welt gehen. Gott schütze unsere Kinder, wie er uns verzeihen und schützen möge in unserem Tun.«

Einige Wochen später feierte der Hof die Hochzeit des Prinzen Ragnar mit Inger, und da ihre Zeit gekommen, regierten sie ihr Land mit leichter, gütiger Hand, wie nur Menschen es können, die aus der tiefsten Seele heraus glücklich sind.

So endet das Märchen von Inger Namenlos – und wenn Ihr einmal durchs Nordland wandert in den hellen Nächten und seid stille geworden unter dem Himmel mit seinen kreisenden Sternen, dann werdet Ihr sie singen hören ...«

Aller Augen hingen an der ehrwürdigen Gestalt des Alten, da griff er nach seinem Ledersack, entnahm ihm eine Harfe, stimmte sie und begann zu singen.

Durch diese düstern Mauern
dringt nie herein ein liebes Wort,
wer hier zur Ruh' gebettet,
muss einsam sein an diesem Ort.

Doch in den hellen Nächten,
da öffnet sich so manche Gruft,
es steigt herauf manch Edler,
wenn draußen die Geliebte ruft.

In diesen hellen Nächten,
fortwandern beide Hand in Hand,
hinaus zum Meeresstrande,
wo Liebe einst zu Liebe fand.

Hier gilt nicht Königswürde,
nicht Krone, Zepter, Hermelin,
hier gilt nur eine Sprache:
›Was ich dir war und ewig bin.‹

Und all ihr tiefes Sehnen,
in diesen Stunden ward's gestillt,
sich all ihr heiß' Begehren,
in dieser einen Nacht erfüllt.

Doch wenn im ersten Dämmern
das Frührot durch die Wolken bricht,
dann müssen sie sich lassen
und lösen sich im Morgenlicht.

»Das Lied der Gunhild, das Königslied!«, flüsterte Libussa für
sich, danach stand sie auf, verließ still den Raum, und als sie
nach einer Weile wiederkam, hielt sie eine Rose in der Hand,
halberblüht, von erlesener Schönheit.
Sie neigte sich tief vor dem Sänger und sagte: »Es ist die Schönste, die ich finden konnte, und ich wüsste nicht, was ich Euch

lieber gäbe zum Dank für diesen wunderbaren Abend, als diese Rose. In ihr ist für mich die ganze Geschichte der Inger Namenlos eingeschlossen.«

Der Alte erhob sich, beugte sich herab, küsste Libussa auf die Stirne und antwortete: »Ich danke Euch, Jungfrau vom Berg. Seht her, hier in dieses seidene Tüchlein lege ich Eure Rose, so werde ich sie bei mir tragen und ihr Duft wird mich an Euch erinnern, wenn sie selbst längst welk geworden. Euch aber wünsche ich das Glück von Inger und Ragnar.«

Libussa schaute auf, und da war ihr, als lese er ihre Gedanken und deute sie richtig: »Ihr seid weise, Herr, und ich danke Euch.« Damit wandte sie sich und schloss leise die Türe hinter sich.

Der alte Sänger war zur Ruhe gegangen, auch Libussa nicht mehr erschienen, Benediktus und Susanna saßen noch beisammen, ebenso Vater Theophilius und Anna. Jeder hing seinen Gedanken nach, zu eigen war, was sie gehört.

Da frug Susanna: »Vater Theophilius, ich sehe Euch in schweigendem Sinnen, sagt uns, wie fandet Ihr das Märchen?«

Theophilius lehnte sich zurück, sein Auge schweifte durch den Saal, erfasste bei aller Schwere des Gemäuers die Würde, die Freiheit des Raumes, dann erwiderte er: »Ich fand es großartig, selten habe ich etwas Eindrucksvolleres gehört als die Erzählung dieses Meisters der Sprache und Töne.«

Susanna sah ihn erstaunt an: »Ich dachte, Ihr …«

Theophilius unterbrach sie lächelnd: »Ich glaube zu wissen, was Ihr dachtet, und hättet Ihr mich dasselbe vor zehn Jahren gefragt, ich antwortete Euch ganz anders. Eure Tochter jedoch hat mich gelehrt, die Welt, die göttlichen Gesetze neu zu betrachten, freier und größer zu sehen.«

»Meine Tochter hat Euch gelehrt? Ich dachte bislang, Ihr hättet sie gelehrt.«

»Wer lehrt und nicht bereit ist, von seinem Schüler zu lernen, Herrin, der sollte nicht lehren.«

»Ihr seid weise, Vater Theophilius«, ließ sich Benediktus vernehmen. »Trotz allem hoffe ich, Libussa hat nie den nötigen Respekt vergessen.«

»Da könnt Ihr unbesorgt sein, dennoch war ihre Rede nicht minder bestimmend, und ich muss gestehen, nahezu immer richtig. So ungewöhnlich ihre Gedanken auch manchmal waren, sie waren meist freier, offener, besser, als die meinen.«

Benediktus hob lachend seinen Becher und prostete dem Priester zu: »Es scheint, es erging uns gleich, kein Wunder, wir hatten ja dieselbe Lehrmeisterin!« Und ernst setzte er hinzu: »Es klingt vielleicht unbescheiden, solches von der eigenen Tochter zu sagen, aber sie ist ein Kleinod. Hoffentlich finden wir einen Gemahl, der ihrer würdig ist.«

Theophilius lächelte. »Ich denke, Ritter vom Berg, Eure Tochter wird auch darin ihren eigenen Kopf haben.«

»Wisst Ihr mehr, Vater?«

»Ich weiß nicht mehr denn Ihr, Herr, doch ich bin ein guter Beobachter. Und nun erlaubt mir, dass ich mich zurückziehe, es war ein wundervoller, aber langer Tag.«

Es war kurz nach Libussas sechzehntem Geburtstag, da rannte eines Nachmittags ein Torwächter die Treppe hinauf, kaum dass er geklopft, stürzte er ins Gemach und stotterte: »Herr, Herr, der Waldecker steht am Tor und begehrt Einlass!« Benediktus sprang auf: »Schließt alle Türen und lasst mir meine Waffen bringen! Beeile dich, was stehst du noch hier!«

»Verzeiht, Herr, aber der Ritter ist ohne Gewaffnung, auch seine Begleiter sind waffenlos.«

»Wie viel Tross führt er mit?«

»Gar keinen Tross, Herr, nur seinen Sohn, den Junker Otto, und seinen Priester, den alten Antonius.«

»Was soll das bedeuten, Susanne, hast du gehört? Verstehst du das?«

Benediktus schüttelte ungläubig den Kopf. Susanna vom Berg saß wie abwesend, gleich Schuppen fiel es ihr von den Augen – ihr Blick ging in die Ferne – und vor ihr stand ein Schemen, eine zarte Frauengestalt im festlichen Kleid an der Seite eines dunkellockigen Ritters, wie sie die beiden einst auf dem Fest des Fürsten gesehen – die Waldeckerin. Darum also war ihr das Gesicht des Junkers so bekannt erschienen – der Tänzer Libussas war der Sohn jener bildschönen Frau, der Tänzer Libussas war Otto von Waldeck!

»Susanne, was ist dir, hörst du mir überhaupt zu?«

Susanna strich sich wie erwachend über die Stirne. »Was sagtest du?«

»Ob du das verstehst, frage ich, was wir tun sollen, frage ich!«

163

»Ich verstehe es auch nicht, Benedikt, aber was wir tun sollen, weiß ich sicher, wir werden die Herren ritterlich empfangen, wie es ihnen zusteht.«

»Susanne, es ist der Waldecker!«, rief Benediktus entrüstet.

»Aber Liebster, nur weil ein Waldecker am Tor steht, werden wir doch nicht unsere gute Erziehung vergessen!« Und zum Wächter gewandt: »Öffne das Tor und führe die Herren in den Hof, der Ritter kommt selbst, sie zu begrüßen.«

Nachdem der Wächter gegangen, sagte Benediktus: »Ich verstehe nicht, dass du so ruhig und gelassen sein kannst!«

»Aber Benedikt, da draußen wartet ein Ritter in Begleitung seines Sohnes und eines alten Priesters, alle drei unbewaffnet, was soll uns denn geschehen? Außerdem, mag der Waldecker sein, wer und wie er will, er ist ein Ritter gleich dir und kein Wegelagerer oder Strauchdieb. Und jetzt denke ich, solltest du gehen, das gebietet die Höflichkeit, ich erwarte euch im Palas.«

Einige Zeit später betrat Benediktus mit den Gästen den Raum. Die drei Herren verneigten sich vor der Burgfrau und diese neigte leicht den Kopf, man begrüßte sich mit förmlicher Zurückhaltung, aber nicht unfreundlich. Sofort hatte Susanna Otto erkannt, und im selben Augenblick war ihr klar, warum dieser Besuch stattfand.

»Lieber Gott«, bat sie im Stillen, »gib meinem liebsten Mann die rechte Rede ein und bewahre ihn vor Unmut und Streit.«

Da begann Berthold von Waldeck zu sprechen, und seine Stimme war dunkel und voll Wärme.

»Es ist weit mehr denn hundert Jahre her, dass sich ein Ritter vom Berg und ein Ritter von Waldeck unbewaffnet gegenüberstanden, darum werdet Ihr Euch wundern, Herrin, und auch Ihr, Ritter, warum dies heute geschieht. Dieser hier«, und er zeigte auf Otto, »mein Sohn, mein Einziger, hat eine Bitte an Euch. Vater Antonius und ich sind nur seine Begleiter.«

»Was ist Euer Anliegen, Junker von Waldeck?«, frug Benediktus, sich zur Ruhe zwingend. Otto trat vor, er schaute auf die beiden

Menschen. Das also waren die Eltern Libussas, sie glich keinem von beiden – da sah er den Blick Susannas und dieser Blick war klar, ruhig und ohne Argwohn, das gab ihm Mut und Zutrauen, und obgleich er den Burgherren ansprach, galten seine Worte diesen Augen, diesem Blick.

»Hohe Frau, Ritter vom Berg, ich erbitte von Euch Eure Tochter Libussa, denn ich will sie zum Weibe.«

Benediktus glaubte sich verhört zu haben – dieser junge Mensch, noch dazu Sohn seines Feindes, erdreistete sich, solch eine Bitte auszusprechen, hier in diesem Raum, im Herzen der Rosenburg, das war ungeheuerlich! Er wollte schon auffahren – da fühlte er die Nähe seiner Frau – er fühlte diese Nähe, ohne sich zu wenden, ohne hinzusehen, und so entgegnete er gemessen:

»Junker von Waldeck, ich achte Euren Wunsch, aber ich verstehe ihn nicht. Ihr könnt meine Tochter doch gar nicht kennen – und begehrt sie zum Weibe.«

Otto trat einen kleinen Schritt näher, dann antwortete er: »Verzeiht Herr, aber Ihr irrt, ich kenne Eure Tochter gut, seht her!«

Dabei streifte er den Ärmel seines Gewandes zurück und wies Benediktus die Narbe. »Es mag vier Jahre oder etwas länger sein, als sie mir diesen Schnitt beibrachte.«

Benediktus starrte erst auf die Narbe, dann in das Gesicht des Jünglings, ehe er sprach: »Libussa war ein Kind damals, wie geschah solches?« Er deutete auf die Narbe. »War sie gewalttätig, oder«, seine Stimme schwoll an, »… oder seid Ihr ihr zu nahe getreten?«

Otto atmete tief durch, dann erwiderte er beherrscht: »Herr vom Berg, vergesst nicht, ich bin eines Ritters Sohn – keines von beidem, was Ihr vermutet, ist richtig. – Libussa hat mir mit diesem Schnitt mit Sicherheit den Arm, wahrscheinlich das Leben gerettet. Ich hatte mir durch eine Wunde eine böse Vergiftung zugezogen, das sah sie und heilte mich. Eure Tochter, Herr, ist klug und mutig, denn sie heilte mich, obgleich ich ein Waldeck bin, ihr war das Leben wichtiger denn die Fehde.«

In Benediktus' Kopf jagten sich Gedanken und Erinnerungen. Der Tag stieg vor ihm auf, jener furchtbare Tag, als sein Rappe umgestanden, damals in jener Gewitternacht hatte sein Leben eine Wende genommen!

Alles Blut strömte ihm zum Herzen, ihn schwindelte, da hörte er die Stimme seines Weibes: »Wollen die Herren bitte Platz nehmen, vor allem Ihr, ehrwürdiger Vater Antonius.« Als alle saßen, blickte Benediktus den Junker lange an, und so sehr er sich innerlich wehrte, nötigte ihm dieser junge Mensch in seiner Offenheit Achtung ab; aber sein Kleinod, seine Libussa hergeben an einen Waldecker? Das war zuviel, das konnte niemand von ihm verlangen.

»Junker von Waldeck, wisst Ihr eigentlich was Ihr begehrt? Wisst Ihr, auf was Ihr Euch einlasst? Ihr würdet eine Frau bekommen mit eigenen, oft sonderbaren Gedanken. Aus diesen Gedanken können ungewöhnliche Taten erwachsen. Lasst Euch warnen, es wird nicht leicht sein, eine solche Frau zu zähmen.«

»Ich will sie nicht zähmen, Herr, ich will sie lieben!« Die junge Stimme klang warm.

»Oh Benedikt, mein Liebster«, dachte Susanna, »jetzt wirst du belehrt, und ich kann nicht einmal sagen, dass es mir leid tut.«

Benediktus saß noch immer leicht vorgebeugt, er antwortete nicht, denn er horchte noch den Worten Ottos nach: Ich will sie lieben! Und gleichermaßen war ihm, als blicke ihn seine Tochter an, ihre schmalen Augen brannten in ihrem Gesicht. Da erging es ihm wie in jener Nacht, als er bei seinem schwerkranken Kinde gewacht – alle Dinge schienen sich ihm zuzuneigen, die Luft des Raumes war erfüllt von webendem, schwebendem Leben und er vernahm die Stimme des fahrenden Sängers so klar und rein, als stünde er leiblich neben ihm: »… haben wir nicht genug gelitten? Soll das immer so weitergehen? Lassen wir ihnen doch das Glück, miteinander zu leben, sich zu lieben …«

Da sagte er laut: »Ja!« – Als er jedoch die verwunderten Gesichter der anderen sah, raffte er sich zusammen und sagte zu

Susanna gewendet: »Ich denke, es ist jetzt an der Zeit, Libussa zu holen, schließlich ist sie die Hauptperson.«

Susanna erhob sich. »Bleibe du bei unseren Gästen, ich werde selbst gehen.«

Kurz darauf betrat Libussa mit ihrer Mutter den Raum, neigte sich und setzte sich zwischen ihre Eltern. Berthold von Waldeck betrachtete seine zukünftige Schwiegertochter aufmerksam. Dies wird also die Herrin von Waldeck werden – sie gefiel ihm, sie gefiel ihm sogar sehr. Sie würde das leben, das tun, was seine Frau gewünscht und ersehnt, wozu sie aber zu sanft und still gewesen. In diesem Augenblick nahm Berthold die Tochter seines Feindes in sein Herz. Es war, als teile sich diese Wärme dem ganzen Raume und seinen Menschen mit.

Da erhob sich Benediktus, trat auf Berthold zu und sagte: »Ritter von Waldeck, lasst uns ein Ende machen und reicht mir die Hand – und ganz gleich, wie sich meine Tochter entscheidet, ab heute soll Friede sein zwischen unseren Burgen!« Und zu Libussa: »Libussa, mein Kind, dieser junge Mann, Otto von Waldeck, will dich zum Weibe. Wie ist deine Antwort?«

Libussa sah Otto an, und sie antwortete ihm, nur ihm: »Meine Antwort ist Ja!, und ich hätte nie zu einem anderen Ja gesagt.«

Darauf blickte sie ihren Vater an und sprach nun zu ihm, nur zu ihm: »Ich habe es dir schon einmal gesagt, Vater, ich bin stolz, deine Tochter zu sein.«

Als jetzt die beiden Ritter sich die Hände reichten, meinte Berthold bewundernd: »Herr vom Berg, ich glaube, es gibt nicht viele Ritter, die sich eines solchen Lobes rühmen können.«

Auch Susanna erhob sich, streckte Otto beide Hände entgegen: »Ich freue mich, Junker Otto, ich vermag nicht auszusprechen, wie sehr ich mich freue. Und nun darf ich unsere Gäste bitten, mit uns zu speisen, unsere Söhne werden an diesem Mahl teilnehmen und Vater Theophilius, Libussas ehrwürdiger Lehrer, denn dies ist doch ein denkwürdiger Tag für unsere beiden Burgen und das ganze Tal.«

»Zuvor erlaubt mir, Libussa etwas zu schenken, mein Vater gab es mir heute. Er hat es bewahrt für mich und für das Mädchen, das ich einmal heimführen würde.«

Mit diesen Worten zog Otto ein Seidenbeutelchen aus seinem Wams und entnahm ihm einen Ring mit einem kunstvoll gefassten, leuchtend roten Edelstein.

»Es ist der Ring meiner Mutter, Libussa, und jetzt ist er dein!«

Anstatt das Geschenk zu ergreifen, reichte sie Otto ihre Hand hin und sagte still: »Du musst ihn mir anstecken, bitte, erst dann gehört er wirklich mir.«

Nach dem Mahle, sie saßen noch zusammen, Anna und Marie reichten Wein und süßes Gebäck, die Abendsonne fiel ins Gemach und malte goldene Kringel an die Wand, sprach Benediktus, und seine Stimme klang seltsam dunkel und geheimnisvoll: »Berthold von Waldeck, ich denke, Ihr habt ein Recht zu erfahren, warum ich heute anderen Sinnes geworden, warum ich beschloss, unsere Fehde zu begraben. Es war gar nicht ich, der dies tat, es war jener alte Sänger, er stand plötzlich vor mir, nahm mich an der Hand und führte mich. Ich hörte deutlich seine Stimme: ›Haben wir nicht Leids genug erlitten? Soll das immer so weitergehen?‹«

Auf dem Gesicht Bertholds lag ein feines Lächeln, und ehe Benediktus weiter sprach, vollendete er den Satz: »Lassen wir ihnen doch das Glück, miteinander zu leben, sich zu lieben!«

Voller Staunen sah ihn Benediktus an: »Woher wisst Ihr?«

»Der Alte war auch auf der Waldeck, und da er Otto sah, meinte er: ›Eigentlich wollte ich singen, aber nun werde ich ein Märchen erzählen.‹«

»Seltsam«, murmelte Susanna, »genau das waren auch seine Worte hier, und dabei sah er Libussa an.«

»Ich glaube, Herrin vom Berg, dieser Alte ist ein Weiser, er sieht mehr als wir, und seine Worte und Gedanken besitzen Macht und Kraft, darum fielen sie auch in unsere Seelen und kehrten sie zum Guten – und darauf lass uns diesen Becher brüderlich leeren, Benediktus!«

Während die beiden sich zutranken, saß Libussa umflossen von den letzten Sonnenstrahlen, und die Tränen liefen ihr über die Wangen.

»Libussa, was ist dir?«, rief Otto erschrocken.

Da schüttelte sie den Kopf, dass die Tränen flogen und antwortete: »Es ist nichts Schlimmes, nur weine ich soeben zum ersten Mal vor Freude.«

Der Einzige, der die ganze Zeit schweigsam saß, aber mit einem Leuchten im Gesicht, war Vater Theophilius, denn in dieser Stunde erfüllte sich, um was er gebetet.

Am Christtag dieses Jahres knieten Libussa und Otto in der Burgkapelle auf dem Rosenhügel und empfingen von Vater Theophilius den Segen. »Warum willst du denn ausgerechnet am Christfest heiraten?«, hatten die Eltern gefragt.

»Wisst ihr noch den Christabend, als auf der Waldeck das Feuer brannte? An jenem Abend habe ich die Burg erstmals richtig wahrgenommen, und damals war mir, als sprächen unsre kleinen Öllampen mit dem Feuer auf der Waldeck – damals war der Anfang, dessen bin ich mir heute sicher, auch wenn ich dortmals noch nichts davon wusste«, antwortete Libussa ernst.

Noch zwei Menschen saßen festlich geschmückt hinter Libussa und Otto – Marie und Rupert. Es hatte einen harten Kampf mit dem Vogt gekostet.

»Herr, das könnt Ihr nicht von mir verlangen, dass ich meinem Sohn eine Gänsehirtin zum Weibe gebe!«, sagte er empört zu Benediktus.

Dieser blieb gelassen: »Wie meint Ihr das? Wenn ich eine Gänsehirtin zur Kammerfrau meiner Tochter mache, so denke ich, könnt Ihr sehr wohl diese Kammerfrau zur Gattin Eures Sohnes machen, oder dünkt Ihr Euch so viel mehr denn ich?«

Erschrocken wehrte der Mann: »Aber Herr, nein!«

»Ja, das muss ich wohl vermuten nach Eurer Rede, oder ist da noch etwas?«

Verlegen druckste der Angesprochene herum: »Um ehrlich zu sein, es ist mein Weib, sie will keine Schwiegertochter, die mit den Gänsen gegangen ist.«

Ruhig erwiderte Benediktus: »Das kann ich verstehen. Dann sagt der Vogtin, wenn sie so gut lesen und schreiben kann, des Lateinischen mächtig ist und die Heilkunst beherrscht wie die Marie, dann will ich von meinem Wunsche abstehen, die beiden zu verehelichen.«

Die zwei Männer standen sich gegenüber, da sah der Vogt den Schalk in den Augen des Burgherrn blitzen und sagte: »Herr, Ihr wisst es, sie ist eine gute und liebe Frau, die Vogtin, aber klug und belesen ist sie nicht, und darum mag es geschehen, wie Ihr wünscht.«

Von all dem ahnten die vier Glücklichen nichts, und so zogen sie nach den Festlichkeiten auf die Waldeck, einer tätigen Zukunft entgegen, denn Berthold hatte Rupert mit Freuden aufgenommen, war doch sein Burgvogt ein alter, gebrechlicher Mann ohne Nachkommen.

»Zum Frühjahr, Vater, schicke ich einen Knecht mit einem Packpferd, dann lässest du mir Heckenrosen ausgraben, so viel das Pferd tragen kann, die pflanze ich aus, damit auch auf der Waldeck Heckenrosen blühen und man schon von weitem sieht, dass wir zusammengehören!«

Mit diesem frohen Gruß ritt Libussa aus dem Tor ihrer Heimatburg.

Allmählich wandelte die düstere Waldeck ihr Aussehen. Nicht, dass Libussa alles von Grund auf verändert hätte, aber da lag oder hing auf einmal ein bunter Teppich zum Schmuck, es stand irgendwo ein Krug mit blühenden Zweigen, und kamen Otto und Berthold ausgefroren und durchnässt von draußen, so fanden sie trockene, gewärmte Kleider bereit und ein Feuer brannte im Kamin. Darüber hinaus hatte sich Libussa längst eine Kräuterkammer eingerichtet und versorgte die Burgbewohner mit ihren Arzneien, pflegte und beriet ohn Ansehen der Person oder des Standes, und das hatte ihr rasch die Zuneigung der Menschen eingetragen.

»Wo deine Frau den Fuß hinsetzt, scheint die Sonne und erwärmt sich die Erde, du hast eine sehr gute Wahl getroffen!«, sagte eines Tages Berthold zu seinem Sohn. »Ich denke, es hat sich gelohnt, auf sie zu warten.«

»Mit lohnen, Vater, hat das nichts zu tun. Weißt du noch, was Libussa sagte, als ich um sie warb? ›Ich hätte nie zu einem andern Ja gesagt!‹ und bei mir ist es ebenso.«

Und nach einer Weile setzte er leise hinzu: »Manchmal meine ich, dass die Mutter sie mir zugeführt.«

Er sah ins Feuer, und vor seinem inneren Auge stand das kleine Mädchen, barfuß, mit den wild verwehten Haaren, und er hörte sie sagen: ›Ich werde für sie beten!‹

Das erste Christfest auf der Waldeck war vorüber. Libussa erlebte dieses Mal das große Feuer von der Nähe, doch als sie nach dem Burgkaplan, Pater Antonius frug, gab Otto zur Antwort: »Der kniet sicher in der Kapelle und betet für unsre heidnischen Seelen, er hasst das Feuer.«

»Meister Theophilius hasste es früher auch, nur, er ist anderen Sinnes geworden.«

»Wodurch, Libussa?«

Libussa zögerte, Otto war ihr Gatte, vor ihm sollte es nichts Verborgenes geben, sie waren eins in Leib, Seele und Geist – durfte, oder musste sie sprechen?

»Wir hatten nach dem Christabend ein langes Gespräch zusammen, danach nahm er mich zur Schülerin, damals war ich sechsjährig.« Otto staunte: »So hast du ihn gelehrt?«

Sie schüttelte den Kopf. »Nein, ich habe ihm nur gesagt, was mir der Engel zeigte, Otto, gelernt hat er selbst. Überhaupt, wir lernen doch alle voneinander, ich von dir, du von mir. Wir müssen es nur zulassen, müssen offen sein und aufhören zu meinen, wir wären dumm und klein, wenn wir vom anderen lernen – ich denke, wir sind groß, größer denn die, welche sich einbilden, sie wüssten schon alles. Ich glaube, das hat Meister Theophilius damals begriffen, das hat ihn anderen Sinnes werden lassen.«

Da nahm Otto seine kleine Frau in die Arme und sagte innig: »Du bist das Beste, Libussa, was mir in meinem Leben begegnete. Mein Vater nennt dich unsere kleine Sonne.«

Zwei Monate später, die Leberblümchen blühten im Waldecker Forst, gebar Libussa ihr erstes Kind, es war ein Knabe und sie nannten ihn Gernot. Einige Zeit danach wurde im Vogthause ebenfalls ein Knabe geboren und Libussa rief strahlend: »Marie, jetzt können sie zusammen heranwachsen wie Brüder, ist das nicht herrlich!«

Noch zwei Kinder wurden Libussa und Otto geschenkt, ein Mädchen, zart und sanft, mit großen, verträumten Augen, sie hieß Elisabeth, nach Ottos Mutter, und ein Junge, schwarzlockig mit dunklen Augen, ein echter Waldecker, Berthold Benediktus getauft.

172

Die nächsten Jahre verliefen in friedlichem Gleichmaß, was nicht heißt, dass die Sonne immer von einem wolkenlosen Himmel schien. Bei solch eigenständigen Wesen wie Otto und Libussa war das auch nicht zu erwarten. Hin und wieder fauchte Libussa: »Du bist unverträglich, wie alle Waldecker!«, und er frug wütend: »Musst du immer das letzte Wort haben?«

»Wenn mein Wort das bessere ist, ja. Lasse dir etwas Klügeres einfallen, dann schweige ich!«

Erschrocken hörten die beiden Knaben diesen wilden Reden zu, lediglich Elisabeth blieb gelassen, sie hatte ein unerschütterliches Vertrauen zu der Liebe ihrer Eltern und sie behielt Recht.

Sobald die Nacht anbrach, schob sich eine kleine, kalte Hand zu Otto hinüber, und Libussa flüsterte: »Ich kann nicht einschlafen, wenn ich deine Hand nicht spüre!«, und damit war alles wieder gut. Es konnte aber genauso geschehen, dass Otto dastand, wortlos ein paar Blümchen hinreichte, denn Reden war nicht seine Sache, er tat lieber. So lernten sie im Laufe der Jahre, ihre Grenzen zu achten, vielleicht sogar zu lieben, und, wenn sie es recht bedachten, waren es die Kinder, die ihnen dabei halfen.

An einem Tag im hohen Sommer ritt Libussa vom unteren Tal her, sie kam von einer Kranken und war auf dem Heimweg. Die Sonne brannte, die Stechfliegen peinigten die Pferde, dass sie kaum zu zügeln waren, kein Windhauch brachte Kühlung.

»Es wird Zeit, Herrin, dass wir unter Dach kommen, es zieht ein Wetter auf« sagte der Knecht und zeigte nach Westen, wo sich dunkles Gewölk ballte.

Da verhielt Libussa jäh das Pferd und frug: »Hörst du das Gustl, was ist das?«

»Es fiept ein Rehkitz, weiter nichts«, meinte der Knecht gleichmütig.

»Ich sehe aber nirgends ein Kitz, obwohl der Ton sehr nahe ist«, entgegnete Libussa.

Da entdeckte sie, unweit des Wegrandes ein Stoffbündel. »Sieh, aus dem Bündel fiept es, ich will nachschauen.«

»Herrin, lasst es liegen, Ihr wisst doch gar nicht, was drinnen ist!«, rief der Knecht ängstlich.

Libussa herrschte ihn an: »Hilf mir lieber aus dem Sattel, als vor Angst zu schlottern, etwas Gefährliches wird wohl kaum drinnen sein.«

Murrend gehorchte Gustl, und Libussa eilte, kniete sich ins Gras, öffnete die Tücher – und blickte in ein Gesichtchen, krebsrot, verschmiert, mit übergroßen Augen, das Mündchen zum Weinen verzogen und umschwärmt von grünschillernden Fliegen.

»Was ist denn das?«, stotterte der Knecht.

»Was ist das wohl, Gustl? Ein Kind ist es, und wie es scheint, ein Neugeborenes.«

»Wer tut denn so was, wie kann man nur so herzlos sein und solch ein Würml in der heißen Sonne liegen lassen!«

»Herzlos? Frag lieber, wie verzweifelt muss ein Mensch sein, ehe er solches tut. Du weißt doch selbst, wie mit ledigen Müttern und Magdkindern umgegangen wird. Hier, halte es, bis ich im Sattel sitze, dann reiche es hoch.«

»Es riecht sehr schlecht«, brummte Gustl angewidert.

»Was glaubst du wohl, wie du röchest, wenn man dich hilflos im eigenen Kot in die Sonne legte. Auf, reiten wir, das Kind braucht Nahrung und Pflege.«

Nach einer Weile des Überlegens frug sie: »Kennst du den Alois, den Schäfer, und sein Weib?«

»Wohl kenne ich sie, die haben vor ein paar Monden das einzige Kind verloren, noch nicht jährig ist's verstorben.«

»Ich weiß, denen bringen wir's. Es sind einfache, rechte Leute. Ich bin sicher, sie werden es nehmen und wie ein Eigenes großziehen.«

»Kommt heraus, Schäferin, ich bringe ein Himmelsgeschenk!«

Mit diesem Ruf pochte Libussa an die Türe der Hütte und legte der fassungslosen Frau das Bündelchen in die Arme. »Ein Kindl, für uns, oh Herrin, was für ein Glück, was für ein Glück! Und Ihr wisst nicht, wem's gehört?«

174

»Nein, ich weiß es nicht, es lag am Wegrand – nehmt es, habt es lieb – und nährt es mit Ziegenmilch, sie ist bekömmlicher als die von der Kuh«, setzte sie fürsorglich hinzu.

Wie ein Lauffeuer ging es durch das Dorf bis hinauf in die Waldeck: »Habt ihr's schon gehört, die Schäfersleut haben einen Findel aufgenommen, ein Mädchen.«

Als Libussa am Abend über den Burghof ging, fand sie die Kapellentür angelehnt und trat ein. Vorne am Speisgitter kniete eine dunkle Gestalt. Libussa beugte sich hinab und berührte die Betende leicht. Erschrocken fuhr das Mädchen zusammen und starrte sie an, es war Margarete, die Jungmagd.

»Nun, Margret, hast du für etwas zu danken?«

Stumm nickte diese, da entnahm Libussa in der Sakristei einen Wachsstock, reichte ihn der Zitternden und sagte ruhig: »Nimm ihn, zünde ihn an, damit ein richtiger Dank daraus wird, und wenn du hier zu Ende bist, komme zu mir, ich brauche für ein paar Tage Hilfe.«

Als sich das Mädchen kurze Zeit später durch die Türe schob, zeigte Libussa auf einen Leinenbeutel mit Tee und sagte: »Davon brühe dir auf und trinke alle Stunde einen Becher, das wird dir gut tun. In vier, fünf Tagen magst du wieder deiner Arbeit nachgehen.«

»Warum tut Ihr das, Herrin?«, frug Margarete voller Staunen.

»Frägst du die Sonne, warum sie scheint, die Blumen, warum sie blühen, die Vögel warum sie singen? Sie tun es, weil irgendwann einmal einer es in sie hineingelegt hat, und dieser Eine allein, Margret, weiß um das Warum, dieser Eine allein kennt die Antwort.«

Dabei waren ihre Augen so grundgütig auf das Mädchen gerichtet, dass Margarete von Stund an für ihre Burgherrin die Sterne vom Himmel geholt, wenn diese danach verlangt hätte.

Eine Woche später hielt die Schäfermutter das kleine Mädchen übers Taufbecken, und Vater Antonius gab ihm auf Wunsch Libussas den Namen ›Gabriele‹, was ›Gottesgeschenk‹ bedeutet.

Die Waldeck war Libussa zur Heimat geworden. Längst blühten rund um die Mauern und auf den Lichtungen Heckenrosen, und wenn auch dem Hügel der Schimmer der Rosenburg fehlte, so war es doch jetzt im Waldecker Forst lichter und heller. Nur eines vermisste sie schmerzlich, die Gespräche mit Meister Theophilius. Vater Antonius war ein engstirniger, strenger Priester, der Libussas Gedanken, vor allem ihren Heilkünsten zutiefst misstraute.

Waren sie schon gelegentlich an einem Krankenlager zusammengetroffen, so konnte es geschehen, dass er tadelte: »Herrin, es ist nicht gut, dass Ihr Euch dem Willen Gottes widersetzt. Wenn der Herr eine Seele zu sich rufen will, lasst sie gehen und haltet ihren Weg nicht auf durch Eure geheimen Mixturen.«

»Und warum, ehrwürdiger Vater, hat Gott dann die Kräuter und Wurzeln wachsen lassen und ihnen Heilkraft verliehen? Und was das Geheime betrifft, kann jedermann zusehen, was und wie ich braue. Da ist kein Zauber dabei, noch Hexerei, sondern es sind Rezepturen aus den Schriften der Äbtissin Hildegard von Bingen, und sie, so denke ich, ist wohl über jeden Zweifel erhaben.«

Nach solch einer Antwort verließ der Priester die Stube meist mit finsterer Miene. Libussa aber wusste, sie hatte sich einen Feind geschaffen.

Wenn sie gar keinen Ausweg mehr sah, ließ sie zwei Pferde satteln und ritt in Begleitung von Gustl hinüber zur Rosenburg. Diese Stunden in der alten Studierstube waren ihr wie eine lang

entbehrte Stärkung. Auch heute, an einem klaren Spätsommer-
tag saßen sie sich gegenüber, der Lehrer und seine ehemalige
Schülerin. Libussa war verzweifelt. Am Tag zuvor hatte es einen
heftigen Auftritt gegeben zwischen ihr und Vater Antonius. Sie
besuchte eine Wöchnerin und fand den Priester, der die Sterbe-
sakramente vorbereitete.

Als er Libussas ansichtig wurde, frug er barsch: »Was wollt Ihr
hier, Herrin?«

Libussa entgegnete ruhig: »Der Huberin die Wochenspeise bringen, wie es üblich ist, sie hat ihr erstes Kind geboren.«

»Ich weiß das, doch die Huberin ist auf dem Wege zu Gott, sie
bedarf der Himmelsspeisung!«

Er deutete auf den Chrisam und setzte kalt hinzu: »Eure Erden-
speise dürft Ihr wieder mitnehmen. Diesmal, Herrin, werdet Ihr
die Seele nicht in ihrem vorgeschriebenen Weg behindern. Und
nun verlasst uns und gebt Gott den Vortritt, der ihm gebührt.«

Libussa wurde kalkweiß, da blickte sie in das Gesicht des jungen
Vaters, hörte das zarte Fiepen des Neugeborenen – und das gab
ihr Mut und Kraft zurück. »So lasst mich wenigstens noch einen
Blick auf sie werfen, ehe ich gehe!«, bat sie.

Stumm trat Antonius beiseite, Libussa betrat die Kammer, sah
die Frau liegen, hoch fiebernd, sprach einen kurzen Segen und
verließ wortlos das Haus.

Kaum außer Reichweite, befahl sie: »Gustl, reite so schnell du
kannst zur Burg, bitte meine Kammerfrau Marie um alles, was
man braucht gegen schweres Wochenfieber, und bringe es sofort
zu dem Wäldchen hinterm Dorf, ich erwarte dich dort. Sieh zu,
dass niemand deinen Weg kreuzt, gib dem Herrn Bescheid, damit er sich nicht ängstigt, sonst schweige gegen alle, oder du bist
die längste Zeit mein Begleiter gewesen.«

Es mochte eine Stunde vergangen sein, da sprang Gustl von dem
schäumenden Pferd und reichte Libussa einen Korb.

»Hab' Dank, und nun sieh zu, dass du die Tiere unbemerkt in
den Stall kriegst.«

»Und Ihr, Herrin?«

»Ich gehe meine Wege zu Fuß, das ist weniger auffällig, und sobald ich beim Huber nicht mehr nötig bin, komme ich durch das Gartentörchen nach Hause.«

»Mitten in der Dunkelheit? Nein das leid' ich nicht, ich werde hier auf Euch warten, ohne Pferde.«

»Brav Gustl, und jetzt bete um ein gutes Gelingen.«

Rasch wandte sie sich und eilte auf Umwegen zum Huberhof. Die halbe Nacht gönnte Libussa sich keine Ruhe, machte Umschläge, flößte der Fiebernden Elixiere ein, bettete sie frisch, und als das erste Frühlicht über den Hügeln stand, schlief die junge Bäuerin einem neuen Tag entgegen.

»Ihr müsst sie gut behüten und Ihr dürft sie keinen Augenblick allein lassen, Huber, sie ist noch sehr schwach, aber ich denke, sie ist gerettet.«

Beide Hände schüttelte ihr der Mann in seinem Glück.

»Wie kann ich Euch das vergelten, Herrin?«

Libussa antwortete sehr ernst: »Indem Ihr schweigt, Huberbauer. Ihr habt die Nacht durch bei Eurem Weibe gewacht und um ein Wunder gefleht – und das Wunder geschah, ist es nicht so? Ist das hier kein Wunder? Mich, Huber, habt Ihr nicht gesehen, verstanden?«

Der Bauer nickte beklommen. »Und das soll mein ganzes Vergelt's Gott sein?«

»Es muss Euer ganzes Vergelt's Gott sein, versprecht es, versprecht es um der beiden willen, die Euch so lieb sind. Denn schaut, das Kind wäre Euch wohl auch verstorben ohne die Mutter.«

»Dann soll's halt sein, aber dem Herrgott darf ich doch danken?«

»Das müsst Ihr sogar, Huber, denn ich, ich bin doch nur seine Gehilfin.«

Als Libussa müde und übernächtigt im Wäldchen anlangte, fand sie einen durchfrorenen Gustl vor.

Als er das frohe Gesicht seiner Herrin sah, meinte er: »Ich hab's geahnt, Ihr werdet's schaffen. Und jetzt führ' ich Euch auf Schleichwegen heim.«

Fünf Menschen wussten um die Geschehnisse dieser Nacht. Vater Antonius hat die Wahrheit nie erfahren ...

Dies alles erzählte Libussa ihrem alten Lehrer, und nachdem sie geendet, saß Theophilius versunken, das Gesicht in den Händen vergraben. Keiner sprach ein Wort, nur das Summen einer Fliege war zu hören.

Da frug Libussa leise: »Habe ich etwas Ungehöriges gesagt oder getan, weil Ihr so lange schweigt?«

Langsam hob Theophilius den Kopf, sah Libussa an und sein Blick war voll tiefer Demut: »Dasselbe hast du mich schon einmal gefragt, weißt du noch? Es war an jenem Christmorgen, als du mir die Nuss schenktest. Diese Nuss, Libussa, hat mein Leben verändert, darum liegt sie noch heute auf meinem Betpult zu Füßen des Gekreuzigten. Der Weg von Vater Antonius wäre auch mein Weg gewesen, hätte es diese Nuss nicht gegeben – daran dachte ich eben, darum schwieg ich, doch mein Herz ist voll Dankbarkeit. Versprich mir eines, meine Tochter, habe nie Angst vor Vater Antonius, sondern bete für ihn, wie du seit Kindertagen für den Satan betest. Denn merke dir: Wofür man betet, das kann nicht mehr ängstigen, es hat seinen Stachel verloren.«

Seit diesem Gespräch trug Libussa eine solche Ruhe und Sicherheit in sich, als umhülle sie ein unsichtbarer Schutzmantel.

An einem warmen Frühlingstag wollte Libussa die Burg verlassen, als sich eine kleine Hand auf ihren Arm legte. Überrascht wandte sie sich: »Du, Elisabeth? Was willst du?«

Darf ich mit dir kommen, Mutter?«

»Gerne, nur es wird keine Kurzweil werden, ich gehe zur Bachwiese, Himmelsschlüssel sammeln. Willst du mir dabei helfen?«

»Ich bin zehn Jahre alt, es wird Zeit, dass ich etwas Vernünftiges lerne!«, entgegnete Elisabeth wichtig.

»Großmutter Susanne sagt zwar, ich könne sehr gut sticken, aber ist das nicht ein bisschen wenig? Wer soll denn die Kranken heilen auf einer anderen Burg, wenn ich dort einmal Herrin bin? Lehrst du mich, Mutter? Vater Antonius mag ich nicht bitten, er ist so finster.«

»Weißt du was, lauf zu Marie und lasse dir einen Korb geben, reden können wir unterwegs.«

Während sie durch den Waldecker Forst zur Bachwiese wanderten, bekam Elisabeth ihren ersten Unterricht. Er war anders als der von Meister Theophilius, denn Libussa erkannte, dass ihr Kind weniger nach Wissen, vielmehr nach Tätigkeit verlangte, und so lehrte sie behutsam, wie sie einst Marie gelehrt.

Eines Morgens, der Tau lag noch auf den Gräsern, hielt Elisabeth im Sammeln inne: »Was ist, bist du schon müde?«

Das Kind schüttelte den Kopf und antwortete: »Nein, aber warum pflücken wir die Blüten so früh? Sie haben doch noch nicht richtig gelebt. Wie können sie heilen, wo sie doch noch gar nichts Schönes gesehen haben?«

»Weißt du, mein Kleines, genau das habe ich auch einmal gefragt.«

»Und hat dir jemand Antwort gegeben?«

»Ja, die Blumen, Elisabeth, die Blumen gaben mir Antwort; wenn man ihnen ins Gesicht sieht, kann man ihre Wünsche ablesen.«

»Und was haben sie für Wünsche, Mutter, was haben sie dir gesagt?«

»Sie sagten: ›Nimm einfach die Älteren, die ganz Aufgeblühten, sie genossen schon Sonnenwärme, einen Schmetterlingskuss und haben Tau getrunken.‹ Viele Blumen blühen ja mehrere Tage. Lediglich die Königskerze lese ich des Abends ab, denn ihr Blütenleben währt nur von Sonnenaufgang bis Sonnenuntergang.«

Von Stund an sammelten die beiden schweigsam, denn um die Blumensprache zu verstehen, muss man stille sein. Von Stund an aber sah Libussa ihre kleine Tochter mit anderen Augen. Hatte sie bisher nur das sanfte, stille Mädchen gesehen, so wusste sie seit jenem Morgen, dass dieses Kind eine Gabe besaß, die nur wenigen geschenkt wird, nämlich die geheimen Wünsche alles Lebendigen zu erfühlen.

Otto und Libussa saßen am offenen Fenster ihres Gemaches und blickten in den Abend. Dies war ihnen die liebste Stunde, und heute, nach diesem herrlichen Sommertag, war der Himmel von zartem Rosa, wie gesponnenes Glas, durchschossen mit den letzten Strahlen der Sonne. Vom Burghof herauf drangen die Geräusche des ausklingenden Tages, das Singen der Mägde, das Lachen und Rufen der Knechte, das Kreischen der spielenden Kinder.

Da brach das alles jäh ab, man hörte das Öffnen des großen Tores und den Hufschlag eines Pferdes.

»Es muss jemand gekommen sein.« Libussa klang beunruhigt.

»Vielleicht ein verspäteter Knecht, das gibt es, wenn ich es auch nicht schätze.«

»Das ist kein verspäteter Knecht, das ist etwas Schlimmes, das fühle ich!« Sie zitterte. »Ich habe Angst!«

Gerade wollte Otto sie in den Arm nehmen, da vernahmen sie hastige Schritte, ein kurzes Pochen. Otto öffnete und vor ihm stand ein Knecht der Rosenburg.

»Ist etwas geschehen?«, frug Otto erschrocken.

»Mit Verlaub, ich hätte etwas zu bestellen an die Herrin Libussa von ihrer Frau Mutter, es duldet keinen Aufschub.«

Libussa sprang auf. »Ein Unglück?«

Der Knecht stotterte. »Ich … ich weiß nichts Gewisses, aber die Herrin lässt sagen, Ihr möget kommen, so schnell es geht, der gnädige Herr ist nicht wohl, er fiebert hoch – und Ihr sollt alles mitbringen, was man für eine böse Wunde nötig hat.«

Libussa zwang sich zur Ruhe, aber ihre Hand krampfte sich um Ottos Arm. »Bitte lasse mein Pferd satteln und rufe mir den Gustl, ich richte derweil das Nötigste, in einer halben Stunde reiten wir.«

Otto selbst half seiner Frau in den Sattel, da beugte sie sich herab und flüsterte: »Geh mit den Kindern in die Kapelle und betet – und horcht auf die Glocken der Rosenburg.«

»Liebste, du glaubst doch nicht …«

»Doch, warum sonst hätte ich solche Angst gefühlt?«

Als Libussa nach hartem Ritt das Schlafgemach der Eltern betrat, erhob sich Susanna und gab den Weg frei. »Vater, ich bin hier, um nach deiner Wunde zu sehen.«

Benediktus öffnete die Augen, sein Atem ging stoßweise, doch da er Libussa erblickte, lief ein heller Schein über sein Gesicht und er sagte kaum hörbar: »Meine Kleine!«

Libussa setzte sich auf den Rand des Bettes und frug: »Ist es der Arm, Vater?« Benediktus nickte.

Vorsichtig zog sie die Decke zur Seite und sah mit einem Blick, dass hier keine Heilkunst mehr helfen konnte. Trotzdem befahl sie in ruhigem Ton: »Gebt mir meinen Korb, und lasst mich mit ihm allein, was ich zu tun habe, weiß ich.«

Kaum waren alle gegangen, presste Benediktus mühsam hervor: »Und was hast du zu tun?«

Libussa gab keine Antwort, trocknete ihm mit einem kühlenden Tuch den Schweiß von der Stirne und mischte Tropfen in einen Becher Tee.

»Du hast nie gelogen, Libussa, sage mir die Wahrheit, ist es zu spät?«

Sie nickte.»Ja, Vater.«

»Und was wirst du tun?« Sein Blick zeigte auf den Becher in ihrer Hand.

»Ich werde es dir erleichtern.«

»Das Hinübergehen?« Libussa nickte wieder.

»Wieviel Zeit bleibt mir noch?«

»Drei, vier Stunden, Vater, aber ich bleibe bei dir.«

Er schloss die Augen, griff mit seiner gesunden Hand nach ihr, zog sie zu sich und, kaum zu verstehen, kamen die Worte: »Ich danke dir mein Kind, dass du mich damals vor schwerer Schuld bewahrtest, ich erleide jetzt dasselbe wie einst mein Rappe – stell' dir vor – ich hätte … der arme Adam! Welch ein Glück, welch ein Glück – dass es dich gibt. Und jetzt, Susanne – deine Brüder – und Theophilius.«

Libussa stützte den Kopf des Vaters, flößte ihm die Tropfen ein, küsste ihn und verließ den Raum um Meister Theophilius, die Mutter und die Brüder zu rufen. Eine Stunde später saßen Susanna und Libussa beidseitig vom Bett und wachten.

Benediktus schlief, die Tropfen hatten ihre Wirkung getan. Kurz nach Mitternacht war es, da öffnete er die Augen und sein Blick war klar und ging in eine Ferne, die nur er sah, seine Stimme aber klang fest und sicher, wie in gesunden Tagen: »Wie schön, wie wunderschön, so viel Licht – goldenes Licht!«

Danach war Stille, man vernahm nur das Wehen des nächtlichen Windes und das leise Weinen Susannas. Libussa hatte keine Tränen. Dann erhob sie sich, stieg hinab in die Kapelle und zog mit eigener Hand die dunkle Glocke. Dumpf und schwer schwang ihr Klang hinaus in die Nacht und drüben auf der Waldeck weckte Otto die Seinen.

»Steht auf, lasst uns gehen, die Mutter braucht uns, denn der Ritter vom Berg ist heimgegangen.«

Es war ein stiller Weg durch den Waldecker Forst hinunter zur Bachwiese. Längst hatte Otto einen Steg bauen lassen, sodass man trockenen Fußes zur anderen Seite gelangte. Als sie am Tor der Rosenburg ankamen, dämmerte es bereits und der Morgenstern stand über dem Turm.

«Ihr seid zu Fuß gekommen Herr?«, frug der Vogt erstaunt.

»Der Tod, Burgvogt, ist ein gewaltiger Fürst, er verträgt keinen Hochmut, und es geschieht nicht alle Tage, dass er einen solch Edlen mit sich nimmt!«, entgegnete Otto.

Da neigte der Vogt sich und sprach: »Danke für diese Rede, jetzt bin ich besonders stolz, dass mein Sohn in Euren Diensten steht.«

Alles war vorüber, Berthold, Otto mit Frau und Kindern wieder auf der Waldeck, als Otto am ersten Abend Libussa fand, ins offene Fenster gelehnt.

»Hast du Heimweh, Liebes, weil du zur Rosenburg schaust?«

»Ich muss an die Mutter denken, wie einsam sie jetzt ist.«

»Aber Libussa, dein Bruder Franz wird heiraten, denn ein Burgherr, und mag er noch so jung sein, braucht eine Frau an seiner Seite, und dann gibt's Enkelkinder. Gut, Friedrich will zu den Benediktinern, aber du bist doch nicht weit und unsere Kinder, wie kann sie da einsam sein?«

»Otto, ich kenne sie, einmal hat sie gesagt: ›Weißt du, Benedikt, ohne dich bin ich nur die Hälfte!‹, und das redete sie nicht so daher, das meinte sie ernst.«

Sachte fasste Otto Libussa unters Kinn und zwang ihren Blick in den seinen. »Da bist du anders, du bist stark auch ohne mich.«

Libussa sah ihn lange an, dann erwiderte sie: »Du irrst dich, auch ich bin nur die Hälfte ohne dich, ich nehme meine Kraft aus dir.«

»Aber Liebes, vergiss nicht, wie du als Kind warst, und da gab es mich noch nicht.«

»Es gab dich immer, nur wusste ich es damals nicht. Später wehrte ich mich dagegen, deshalb war ich auch so hässlich zu dir, bis ich erkannte, dass das Andere stärker war als ich.«

»Welches Andere?«

»Das, Otto, was mich zu dir zog, was mich an dich band, was zu mir gehörte, die andere Hälfte, die ich gesucht und endlich gefunden hatte. Siehst du, und diese andere Hälfte fehlt nun meiner Mutter.«

Libussa lehnte sich gegen Otto, es war, als löse sich ein eisernes Band in ihrem Innern und sie konnte weinen. Sie weinte und weinte, bis Otto sie wie ein Kind auf den Schoß nahm, und dort schlief sie ein.

Libussa hatte richtig gesehen, ihre Mutter wurde stiller und stiller, und ein knappes Jahr nach Benediktus' Tod, erlosch sie wie eine Lampe, der das Öl fehlt.

Am Abend des Begräbnistages saß Libussa mit Otto vor dem Kamin und schaute in die Flammen.

Nach einer Weile sagte sie: »Wie gut ist es, jetzt hier zu sein, ich möchte nicht mehr auf der Rosenburg leben, sie ist leer.«

»Aber Libussa, deine Brüder!«

»Ich liebe meine Brüder, glaube mir, aber die, welche die Rosenburg zur Heimat machten, sind nicht mehr. Anna starb schon vor Jahren, nun die Eltern, und Meister Theophilius ist hochbetagt – nein, es ist gut, hier zu sein, bei dir, dich darf mir keiner nehmen, du musst mir bleiben!«

Und wie in plötzlicher Angst fasste sie seine Hände und presste sie fest in die ihren.

Einem strengen Winter folgte ein schüchternes Frühjahr, und als die Wochen in den Vorsommer glitten, kam Otto an einem lauen Abend von einem Treffen, zu dem der Fürst geladen hatte. Er war gegen seine Gewohnheit einsilbig, verschlossen, kurz, anders, als ihn Libussa kannte. Darum betrachtete sie ihn nachdenklich und mit zunehmender Sorge.

Als sie nach dem Essen zusammensaßen, auch Gernot hatte sich dazugesellt, frug sie: »Otto, bitte, ist da etwas, was dich quält, was ich wissen sollte?«

Eine ganze Weile schwieg der Mann, starrte vor sich hin, bis er leise antwortete: »Quälen? Nein das ist nicht das richtige Wort dafür, eher Unklarheit, wohin mein Weg führt, was ich tun, wie ich entscheiden soll.« Und nach einer Pause: »Der Fürst will einen Kreuzzug rüsten ins Heilige Land, und wir Ritter sind aufgerufen, daran teilzunehmen.«

Libussa fühlte, wie Eiseskälte nach ihr griff, Eiseskälte gepaart mit Angst.

Die Stimme Gernots riss sie aus ihrer Erstarrung. »Ich verstehe nicht, Vater, weshalb du im Unklaren bist, für einen Ritter ist Tapferkeit erstes Gebot. Das heißt: Ins Heilige Land ziehen, wie der Fürst es wünscht. Ich jedenfalls möchte nicht der Sohn eines ängstlichen Mannes sein.«

Otto zuckte unter dieser Rede zusammen, als hätte man ihn geschlagen.

Er suchte nach einer Entgegnung, doch Libussa kam ihm zuvor: »Manchmal, mein Sohn, gehört mehr Mut dazu, seinen eigenen, seinen Gewissensweg zu gehen, als die Straße zu wandern, die alle entlangziehen.«

»Das sind die Reden einer Frau. Seit wann hätten Frauen je begriffen, was Mut ist!«, entgegnete Gernot hochfahrend.

Libussa presste ihre Hände ineinander und antwortete ruhig: »Ich habe sehr früh gelernt, mutig zu sein, in einem Alter, in dem du noch deinen Kinderspielen nachgingst. Vielleicht kommt einmal die Zeit, dass ich dir davon erzähle. Heute ist jedenfalls nicht die rechte Stunde.« Und bestimmt setzte sie hinzu: »Ich denke, du verlässt uns jetzt, wir haben zu reden.«

Gernot schloss geräuschvoll die Türe hinter sich, danach breitete sich Stille im Raum. Libussa erhob sich, trat ans Fenster und blickte in den sinkenden Abend. Die Venus stand über den Wipfeln, hell leuchtend in einem glasklaren Himmel. Aus dem Tal her klang das verwehte Läuten der Dorfkirche und vom Burghof hörte man das Rumoren des Viehes. Es war so friedlich, dass es schwerfiel, an einen Kriegszug auch nur zu denken.

Als sie den Arm des Mannes um ihre Schulter fühlte, deutete sie auf den strahlenden Stern und sagte:

»Warum können die Menschen sich nicht genug sein lassen, solch ein Bild zu schauen? Warum müssen sie fortstreben, Unheil in die Welt tragen, töten, morden?«

»Aber Libussa, du kannst doch einen Kreuzzug nicht einen Mordzug heißen!«

»Oh doch, ich kann, und ich tue es auch. Du wirst, wenn du mitziehst, töten, und selbst wenn du um des Glaubens willen tötest, so hast du doch einem Menschen oder gar vielen das Leben genommen. Du hast etwas getan, was eigentlich nur Gott darf. Und Christus – glaubst du wirklich, er will, dass um sein Grab Blut fließt? Er, der den Frieden, die Liebe predigte, den wir heute noch den Friedensfürsten nennen? Und die ihr von dort vertreiben sollt, verehren ihn, wenn auch nicht als Gottes Sohn, so doch als Propheten.«

»Das ist nicht wahr.«

188

»Es ist wahr, Meister Theophilius hat es mich gelehrt. – Trotz allem, Otto, wenn du glaubst, gehen zu müssen, so gehe. Ich werde die Burg nach besten Kräften verwalten bis zu deiner Rückkehr.«

»Weißt du, dass das Jahre dauern kann, dass wir beide grauhaarig darüber werden? Sind wir nicht einmal vor dem Altar gestanden in der Kapelle auf dem Rosenhügel und haben gelobt, uns nie zu verlassen, nicht in guten, nicht in schlechten Zeiten, war das nicht so?«

Libussa lehnte sich an ihn: »Ja, so war es, du hast richtig gesagt: in guten und in schlechten Zeiten. Die guten Zeiten hatten wir, mag sein, dass jetzt die schlechten kommen. Müssen wir sie nicht genau so annehmen wie die guten? Eines noch: Wenn du nur gehst, damit dein Sohn dich keinen Feigling heißt, dann, Otto, bleibe, denn die Rede eines unreifen Knaben darf kein Grund sein, das Leben dreinzugeben.«

»Lass uns darüber schlafen, Liebste, ich muss einen klaren, ruhigen Sinn haben für diese Entscheidung.«

Libussa löste sich von ihm, reckte sich, und obzwar sie nahe einen Kopf kleiner war denn er, schien sie ihm gleich, wenn nicht gar größer, es sah aus, als wüchse sie von innen nach außen. Sie bedurfte dieser Nacht nicht, sie ahnte, ja, sie wusste es bereits, wie er entschiede. Und darum konnte sie ihm auch in Ruhe und Fassung entgegentreten, als er den nächsten Morgen sagte: »Sei mir nicht gram, aber ich kann mich nicht ausschließen, ich reite. Es ist mir eine Beruhigung, dass ich dich nicht ohne Schutz zurücklasse, denn Vater wird dir beistehen.«

»Otto, dein Vater ist ein alter Mann, wir wollen ihm keine zusätzliche Last aufbürden, der Abschied von dir wird ihm hart genug werden.«

Der Sommer neigte sich seinem Ende zu, die Ernte war eingebracht, da ritt Otto von Waldeck mit einem kleinen Tross aus dem Burgtor, und da er am Fuße des Hügels den Wald verließ und nach einer kurzen Wegstrecke zurückblickte, sah er Libussa stehen in ihrem hellen Kleid, und es war ihm, als sähe er ihren Blick, so wie sie ihn zuletzt angeschaut, und diesen Blick, diesen Ausdruck ihrer Augen, nahm er mit sich, er brannte sich ihm ein, wie ein stummer Vorwurf.

Am Ende dieses Tages, sie saßen um den Abendtisch, ohne den Mann und Vater, sagte Libussa: »So wie heute, meine Lieben, wird es nun lange Zeit sein, darum ist es nötig, dass wir eng zusammenbleiben, ihr und ich, denn ich brauche euch, wie ihr mich braucht. Unsere Gedanken aber werden den Vater begleiten, und darum gehen wir von jetzt an jeden Abend nach dem Nachtmahl in die Kapelle und bitten um seine glückliche Heimkehr – jeden Tag um dieselbe Stunde, so habe ich es ihm beim Abschied versprochen.«

Einige Wochen später, Mitte des Herbstmondes, saß Libussa vor dem Kamin. Sie hatte die Magd gebeten, Feuer anzumachen, obwohl draußen noch sommerliche Wärme herrschte. Sie aber fror vor Einsamkeit bis ins Innerste. Ein Luftzug streifte ihren Nacken, und sich umwendend, sah sie Gernot in der Türe stehen.

»Darf ich hereinkommen, Mutter?«

»Komm nur, du magst Vaters Sessel nehmen. – Er ist ja nun frei für eine lange Zeit«, setzte sie bitter hinzu.

Gernot setzte sich und vergrub das Gesicht in den Händen, so schwiegen sie lange. Dann richtete er sich auf, und leise, aber eindringlich frug er: »Bitte, Mutter, sage mir die Wahrheit: Ist der Vater gegangen, weil ich ihn ängstlich schalt?«

»Um ehrlich zu antworten: Gernot, ich weiß es nicht. Nur – ich kenne deinen Vater sehr gut, und ich glaube nicht, dass er deiner Rede wegen ging. Ich ahnte es von der ersten Stunde an, dass er mitziehen würde.«

»Aber du, du warst doch dagegen, dass er zieht, du liebst den Kampf nicht?«

»Zum einen: Welche Frau lässt ihren Mann gerne in den Kampf ziehen? Das muss schon ein merkwürdiges Geschöpf sein oder eine Heldin. Ich bin aber keine Heldin. Zum andern: Du hast recht, ich liebe den Kampf nicht, nicht diesen Kampf, der mit Grausamkeit und Tod einhergeht. Schon als Kind verabscheute ich ihn und habe mich gegen ihn gewehrt.«

Sie dachte plötzlich an die Geschichte mit dem anderen Gotteskind und musste lächeln.

»Du bist seltsam, Mutter, das ist doch nichts zum Lachen.«

»Nein, das ist es wirklich nicht, nur ich erinnerte mich soeben an etwas.«

Und sie erzählte ihrem Sohn jene Begebenheit. Nachdem sie geendet, schaute Gernot sie lange an und frug dann: »Wie alt warst du damals?«

»Ich muss so um die sechs Jahre gewesen sein.«

Gernot schüttelte den Kopf. »Du hast recht, Mutter, du bist mutiger als ich – und klüger bist du auch. Hast du als Kind mehr solch sonderbarer Gedanken gehabt?«

Libussa lachte. »Oh ja, deine Großeltern hatten es nicht leicht mit mir, und Meister Theophilius auch nicht. Am besten verstand mich die alte Anna, aber die hatte ja bei meiner Großmutter Olga gedient, und diese soll eine sehr streitbare Frau gewesen sein.«

»Also hast du es von meiner Urahne.«

»Ich weiß es nicht, Gernot, vielleicht gehe ich nach ihr, vielleicht gehe ich aber nach der Uhr, die in mir Zeit und Richtung angibt. Oder könnte es nicht sein, dass wir uns zu den Menschen hinwünschen, die uns helfen, das zu werden, das zu ergreifen, was Gott als Aufgabe uns eingepflanzt hat? Könnte es nicht so sein?«

Nachdenklich blickte Gernot in die Flammen.

»Dann hätte ich mich zu dir hingewünscht, damit du mir hilfst, ein mutiger Mensch zu werden, ein wirklich mutiger Mensch, denn langsam fange ich an zu begreifen, was es heißt, mutig zu sein. – Mutter, willst du mir eine Frage beantworten, selbst wenn es eine ungehörige Frage ist?«

»Ich will es versuchen.«

»Warst du sehr enttäuscht, dass Vater nicht so mutig entschied, wie du es erwartet?«

Libussa schwieg betroffen. Konnte es sein, dass in diesem jungen Menschen etwas aufkeimte, was sie bisher vergeblich gesucht? Konnte, ja wollte er hinter die Dinge sehen? War er einer, der sich nicht mit dem Sichtbaren, Greifbaren zufrieden gab? Wollte er, gleich ihr, das Unsichtbare, schwer Begreifliche ergründen?

Sie spürte, wie ihr warm wurde vor Freude, und leise antwortete sie: »Es ist, wie du sagst, ich war enttäuscht und bin es noch, obwohl ich ahnte, dass er nicht den Mut hätte, sich gegen den Fürsten zu stellen. Ich habe es mir längst abgewöhnt, zu glauben, Mut sei eine zutiefst männliche Tugend.«

»Liebst du Vater jetzt nicht mehr?«

»Aber Gernot, was wäre das für eine seltsame Liebe, die nur das Gute, das Edle im andern liebt? Ich liebe auch die Fehler deines Vaters – manchmal meine ich sogar, ich liebe die Fehler inbrünstiger als seine guten Seiten, denn haben es nicht unsere Fehler am nötigsten, geliebt zu werden? Wie sollte es ihnen gelingen, sich ins Gute zu verkehren, wenn wir uns ihrer nicht liebend annähmen? Nein, mein Junge, sei ohne Sorge, ich liebe deinen Vater wie eh und je, und ich sehne den Tag herbei, an dem er wieder bei uns ist. Doch nun lass uns schlafen gehen.«

»Bitte bleibe noch, da ist etwas, was du wissen musst.«

Libussa setzte sich erneut und frug: »Sprich, ist es etwas Schlimmes, du siehst düster aus, hast du Unrecht getan?«

»Nein, ich nicht, aber es geschieht Unrecht, unten im Dorf, böses Unrecht.«

Seine Augen waren dunkel vor Erregung und in seiner Not fasste er beide Hände der Mutter und stieß hervor: »Du musst helfen, Mutter, du musst helfen, ehe es zu spät ist.«

Libussa atmete tief durch und forderte, so ruhig es ihr gelang: »Berichte!«

»Du kennst die Regina, Mutter, die mit ihrem Vater am Dorfende wohnt?«

»Natürlich kenne ich sie, ein tüchtiges Mädchen und eine Schönheit obendrein. Was ist mit ihr?«

»Sie soll eine Hexe sein, und darum muss sie brennen, sagt Vater Antonius.«

»Unser Vater Antonius, unser Burgpriester?«

Gernot nickte.

»Was wirft man ihr vor?«

»Sie soll Ziegen verhext haben, dass sie erst blutige Milch gaben und jetzt gar keine mehr.«

»Wessen Ziegen?«

»Die vom Bachert. Aber ich glaube das einfach nicht. Ich weiß, warum der Bachert gegen die Regina redet – und Vater Antonius ist ein ungebildeter Dummkopf, der glaubt, was man ihm einbläst.«

Schon bei Gernots ersten Worten hatte sich eine Falte in Libussas Stirn gegraben, und darum frug sie ernst: »Erzähle genau, was du weißt, Gernot, auch was du dir zusammendachtest, will ich hören.«

»Der Älteste vom Bachert ist hinter der Regina her, aber sie mag ihn nicht.«

»Kann ich ihr nicht verdenken«, erwiderte Libussa trocken, »denn erstens stinkt er wie ein Bock, weil er sich nicht wäscht, und dazu ist er faul und säuft. Was meinst du, können wir die Nacht noch verstreichen lassen?«

»Ich glaube schon, aber morgen …«

Libussa unterbrach ihn: »Morgen in aller Frühe gehe ich selbst zu Regina und ihrem Vater.«

Erschrocken fuhr Gernot auf. »Was hast du vor, Mutter?«

Libussa lächelte. »Das bleibt mein Geheimnis, bis es geschehen ist. Je weniger du weißt, umso besser ist es für das Gelingen meines Vorhabens. Darum schweige gegen jedermann, vor allem gegen Vater Antonius. Nun gute Nacht, Gernot! – Und ich wünsche dir einen schönen Traum!«, setzte sie mit einem feinen Lächeln hinzu.

Gernot errötete. Wie gut, dass es schon so dunkel war … Was die Mutter sich nur dachte, ihm einen schönen Traum zu wünschen. Das tat sie doch sonst nie. Und rasch, um einer Antwort zu entgehen, murmelte er einen Gruß und schloss die Tür.

Am nächsten Morgen zu früher Stunde begab sich Libussa ins Dorf. Niemand fand etwas bei diesem Gang, die Leute waren es gewohnt, die Burgherrin unter sich zu sehen, ging sie doch ohne Scheu in die ärmlichste Hütte, wenn sie dort einen Kranken wusste.

Am Ende der Dorfstraße blieb sie vor einem Häuschen stehen. Es war klein und schlicht gehalten, aber man merkte, dass es mit Sorgfalt gepflegt wurde. Im Garten grub ein bärtiger Alter ein Beet um. Libussa lehnte sich über den Zaun und rief: »Gruber, könnt Ihr Eure Arbeit unterbrechen und mit mir ins Haus kommen? Ich habe mit Euch zu reden, mit Euch und Eurer Tochter.«

Erschrocken fuhr der Alte herum und stotterte: »Ihr Herrin, Ihr bei uns! Verzeiht, dass ich Euch nicht bemerkte, ich komme sofort!« Und sich die Hände an der Hose abwischend, lief er zur Türe und bat Libussa einzutreten.

Der Wohnraum war einfach und blitzsauber. Überall an den Wänden hingen Kräuterbündel zum Trocknen und verströmten einen würzigen Geruch. Regina, gerade dabei den Tisch abzuräumen, wurde schneebleich, als sie die Burgherrin erblickte.

»Ich denke, Ihr ahnt, warum ich komme«, begann Libussa. »Entschuldigt die frühe Stunde, doch die Zeit drängt.«

»Für dieses Unglück hättet Ihr Euch nicht zu eilen brauchen, edle Frau!«, entgegnete der Alte bitter.

»Aber zu Eurer Hilfe muss ich mich eilen, Vater Gruber!«

»Ihr wollt uns helfen, Herrin?«

Der Alte fragte es voller Staunen.

»Warum sonst denkt Ihr, dass ich hier bin? Darum setzt Euch zu mir, damit wir beraten und rasch zu einem guten Ende kommen. Seht – «, fuhr sie fort, da sie zu dritt um den Tisch saßen,

»die Arbeit auf der Waldeck ist vielfältig, und mir fehlt Zeit und Kraft, sie zu bewältigen, vor allem jetzt, wo der Ritter fort ist und keiner weiß, wann er heimkehrt. Ich sehe« – sie deutete auf die Kräuterbündel – »dass Ihr in der Heilkunst bewandert seid, Jungfer Regina, und ich könnte Eure Hilfe nötig gebrauchen. Hättet Ihr Lust, mit Eurem Vater auf die Waldeck zu ziehen? Für Eure Unterkunft sorge ich.«

»Herrin, wisst Ihr, was Ihr tut? Wisst Ihr das wirklich?«

»Ich weiß sehr genau, was ich tu, Vater Gruber!« Und leise setzte sie hinzu: »Und ich weiß, dass Eile geboten ist. In einer Stunde schicke ich Euch einige Knechte, die mein Vertrauen haben, sie werden einen Karren und Saumpferde mit sich führen, um Euer Umzugsgut aufzuladen – und nun Gott befohlen!«

Sie erhob sich und reichte den beiden völlig Überraschten die Hand.

»Aber«, flüsterte Gruber, »der Bachert und der Priester Antonius?«

»Die überlasst getrost mir. Kein Wort nach draußen, hört Ihr! Ihr kommt auf die Burg, weil ich Eure Hilfe benötige, habt Ihr verstanden?«

Und beschwörend legte sie den Schweigefinger auf die Lippen, ehe sie davonging.

Als die Kirchenuhr die Mittagsstunde schlug, schob sich der kleine Zug durch das Tor der Waldeck, voran der alte Gruber mit seiner Tochter – und dort empfing sie nicht nur das Geläute der Burgkapelle, sondern die Herrin selbst.

»Seid willkommen auf der Waldeck! Ich freue mich, dass Ihr meiner Bitte um Hilfe so schnell nachgekommen seid!«, begrüßte sie die beiden so laut, dass alle Umstehenden es hören konnten.

»Der Vogt wird Euch Eure Wohnstatt zeigen, und wenn Ihr Euch notdürftig eingerichtet, meldet Euch bei mir, dass ich Euch Eure Arbeit zuweise.«

Libussa nickte noch einmal freundlich und ging nach oben in ihr

Gemach. Sie wusste, sie würde nicht lange alleine sein, hatte sie doch im Burghof das fassungslose Gesicht von Vater Antonius gesehen.

Und richtig, da hörte sie schon seine Schritte auf der Treppe und im nächsten Augenblick wurde die Türe aufgerissen und mit fliegender Kutte stürzte der Priester in den Raum. Libussa wandte sich langsam um und sagte ruhig: »Ehrwürdiger Vater, was ist geschehen, das Euch allen Anstand vergessen lässt, ohne anzupochen in das Zimmer einer Dame zu stürzen?«

Antonius stieß hervor: »Herrin, wisst Ihr denn, was Ihr getan habt? Wisst Ihr das überhaupt?«

Libussa beugte sich vor und frug voller Staunen: »Ich verstehe nicht, was soll ich denn Schreckliches getan haben?«

Antonius schrie, dass sich seine Stimme überschlug: »Ihr habt die Hexe in die Burg geholt, wir leben mit einer Hexe unter einem Dach – mich schaudert!«

»Ihr meint doch nicht etwa die Regina Gruber?«

»Wen denn sonst! Sie hat dem Bachert die Ziegen verhext, dass sie zuerst blutige Milch gaben und jetzt keine mehr. Die Frau kann melken, so viel sie will, es kommt kein Tropfen – noch schlimmer, die Tiere gebärden sich wie wild, schlagen aus und stoßen, als stecke der Teufel in ihnen, und waren doch immer friedliche Geschöpfe.«

Libussa blieb gelassen: »Wie viele Ziegen sind es?«

»Das weiß ich nicht.«

»Ja habt Ihr die Tiere nicht gesehen? Nicht untersucht?«

Entsetzt wich Antonius zurück.

»Aber Herrin, ich gehe doch nicht zu verhexten Tieren und fasse sie auch noch an!« Er bekreuzigte sich.

Jetzt erhob sich Libussa und ihre Stimme klang streng und zornig: »Ihr wollt einen jungen Menschen verurteilen lassen eines Gerüchtes wegen, einer Verleumdung wegen, die irgendwelche Leute bösartig ausstreuten, ohne nachzuschauen, ob dies alles der Wahrheit entspricht? Ihr nennt mich Herrin – aber ich bin

nicht Eure Herrin. Er« – sie wies auf das Kreuz an seiner Brust.
»Er ist Euer Herr und er ging zu den Zöllnern, zu den Ausge-
stoßenen, und Ihr scheut Euch, einen Ziegenstall zu betreten,
weil Ihr um Euer Seelenheil fürchtet. Was seid Ihr bloß für ein
Priester!«
Antonius starrte sie an und in seinen Augen glomm Hass und
Furcht zu gleichen Teilen. Da war es Libussa, als hörte sie die
Stimme von Meister Theophilius: »… bete für ihn, wie du seit
Kindertagen für den Satan betest …«
Stille kam über sie und ruhiger fuhr sie fort: »Bitte, Ehrwürdiger,
schickt mir den Gustl – und wenn Ihr etwas für mich tun wollt,
geht in die Kapelle und betet.«
»Was habt Ihr vor, Herrin?«
»Ich tue, was ich längst hätte tun sollen, ich gehe zum Bachert!«
Kurze Zeit danach, der alte Bachert schlorchte gerade über den
Hof, ein Weihrauchgefäß schwenkend, rief Libussa: »Bachert,
öffnet das Tor, ich will Euren Ziegenstall sehen!«
Der Bauer blieb wie angewurzelt stehen und stotterte: »Um alles,
Herrin, nein, niemand darf ihn betreten, er ist verhext, seht her,
ich räuchere mit dem heiligen Kraut gegen böse Anfechtung!«
»Habt Ihr verstopfte Ohren, Bachert? Ich will Euren Ziegenstall
sehen!«
Widerwillig öffnete der Bauer das Tor.
»Nun, führt mich zu den Ziegen!«
»Nein Herrin, alles nur das nicht! Nicht für mein Leben bringt
Ihr mich dahin!«
»Gut, Gustl, dann zeige du diesem Helden, was ein richtiges
Mannsbild ist und öffne die Stalltüre!«
Gustl wusste: Schlug die Herrin diesen Ton an, gab es keine Wi-
derrede. Durch die geöffnete Türe drang nicht nur ein entsetzli-
cher Gestank sondern eine Wolke von Fliegengeschmeiß.
In Libussa kochte der Zorn hoch: »Wegen solchem Unrat wollt
Ihr ein unbescholtenes Mädchen vor das Hochgericht bringen?
Eh dass Ihr Scheiterhaufen entzündet, räumt Ihr besser Euren

verdammten Saustall aus! Dreckschweine seid Ihr – was sage ich – das Schwein ist ein reinliches, lieblich duftendes Tier gegen das hier!« Und sie deutete angewidert auf den Mist, in dem die Ziegen knöcheltief standen.

Bevor sie weiter donnerte, vernahm sie die jammernde Stimme der Frau: »Verzeiht, Herrin, aber ich kann nicht alles schaffen.« Libussa wandte sich zu ihr. »Ich weiß, Bachertin, Ihr seid ein braves Weib. Eure Männer aber sind nicht viel nutz! Wo ist Euer Sohn?«

Kaum dass sie gefragt, winkte sie ab: »Ich brauche keine Antwort. Ich weiß es auch so. In der Schenke hockt er und lässt sich den Schnaps durch die Gurgel laufen! Holt ihn her, und zwar sofort!«

»Die Trine kann springen.«

»Nichts da, Bachertin, Ihr könnt doch kein Kind zu den Saufbolden schicken!« Und sich an den Mann wendend, befahl sie: »Ihr werdet selbst gehen, Bachert, aber steckt Euren Kopf vorher in den Brunnen, strählt Euch die Haare und gürtet die Hose, dass Ihr wie ein Bauer auftreten könnt, nicht wie ein Landstörzer. Und wir werden uns um die armen Tiere kümmern. Habt Ihr einen Pferch?«

»Ja, hinter dem Haus.«

»Dann ruft Eure Kinder, wir werden sie nötig haben, denn die Ziegen sind stößig vor Schmerzen. Du, Gustl, eilst zur Burg, erzähle meiner Kammerfrau, was du hier gesehen, und bitte sie, dir mitzugeben, was ich hierfür«, sie wies auf die Tiere, »nötig habe. Marie ist klug, sie weiß Bescheid.«

Darauf beugte sie sich zu dem jüngsten Bachertlein, reichte ihm das Rauchfass, das vergessen vor sich hinqualmte, und sagte freundlich: »Und du, mein Kleiner, trage das zum Küster in die Kirche, dort gehört es hin. Aber trage es behutsam, es ist heilig! – Jetzt führt die Ziegen heraus, einzeln, dass ich sie beschauen kann.«

Tier um Tier untersuchte sie gewissenhaft, eines sonderte sie aus und meinte bedauernd: »Dieses ist nicht zu retten, Ihr müsst es töten, in einer tiefen Grube verbrennen, denn niemand darf davon essen, es ist verseucht bis ins Fleisch.«

»Sie ist eine gute Milchziege!«, jammerte die Frau.

»Sie war eine gute Milchziege«, entgegnete Libussa, »aber sie wird Euch keinen Tropfen mehr bringen. Also tut, wie ich sage, und sorgt dafür, dass solches nie wieder geschieht. – Da bist du ja, Gustl, danke dir, bist ein Guter! Ihr, Bachertin, brüht das hier in dem größten Trog, den Ihr findet!« – damit reichte sie ein Leinensäckchen mit Kräutern hin – »beschafft Stroh, einen halben Ballen, und tragt alles in den Pferch. Wo bleiben nur die beiden Männer?«

»Ich sehe sie kommen, Herrin, und«, ein schadenfrohes Grinsen zog über das Gesicht der Frau, »der Sohn hat wohl keinen guten Weg gehabt, denn der Bauer hält einen Prügel in der Faust und hat zornrote Ohren.«

Libussa nahm eine Mistgabel vom Gatter und hielt sie dem jungen Bauern unter die Nase. »Wisst Ihr, was das ist, Lukas?«

»Jo, eine Mistgabel.«

»Gut, wisst Ihr auch, wozu man sie gebraucht?«

»Jo, zum Misten.«

»Richtig, dann tut danach. In einer Stunde ist der Stall sauber, verstanden?«

»In einer Stunde?«

»Das ist gut gemessen, Ihr seid gesund und kräftig, gebraucht Eure Glieder endlich zu Nützlichem. Sobald die Glocke fünf Uhr schlägt, komme ich schauen! Wir, Bachertin, reinigen die Ziegen!«

Im Pferch lehrte Libussa die Frau, die Felle mit einem Strohwisch zu bearbeiten. »Reibt tüchtig, spart nicht am Sud, werfet das gebrauchte Stroh auf einen Haufen und verbrennt es, denn es ist voll Geziefer. Dieses macht Ihr täglich, bis das Fell rein ist. Und nun«, sie goss Sud in einen Eimer und kippte eine wasserhelle Flüssigkeit dazu, »nun zeige ich Euch, wie man die Euter pflegt. Nehmt weiche Leinenlappen und wascht die Euter sorgfältig mit der Brühe. Aber Vorsicht, die Tiere werden schlagen oder treten, weil es sie schmerzt. Dies macht Ihr zweimal am Tag. Die Leinenlappen kocht Ihr aus, sie sind zu wertvoll zum Verbrennen.«

So werkten sie eifrig zusammen, und als eine knappe Stunde vergangen war, stand der junge Bachert am Pferch und meldete: »Ich bin zu Ende, Herrin, wollet bitte schauen, ob's recht ist.«

Plötzlich lüftete er lüstern die Nase: »Da riecht's nach Schnaps.«

Libussa lachte. »Dort im Sud ist Schnaps, damit waschen wir die Euter, denn Schnaps, Lukas Bachert, kann auch heilen, man muss sich nicht die Gurgel absaufen damit. Und nun lasst mich den Stall sehen.«

Libussa war zufrieden. »Das habt Ihr gut gemacht, Lukas, aus Euch kann noch was werden!«, lobte sie. »Und jetzt, Vater Bachert, seid Ihr dran, habt Ihr Brandkalk?«

»Wohl hab ich den.«

»Damit streicht Ihr den Stall aus, keine Ritze, keinen Winkel dürft Ihr vergessen! Aber seht Euch vor, Ihr wisst, das Zeug brennt wie das höllische Feuer und sengt einem Löcher in den Pelz. Morgen macht dieselbe Prozedur noch einmal, dann lasst es trocknen. Übermorgen bin ich wieder hier.«

»Und die Ziegen, Herrin?«

»Bleiben im Pferch, bis sie gesundet sind. Eure Wiesen stehen gut, schneidet ihnen Futter, doch nicht zu viel, die Tiere sind schwach und dürfen sich nicht überfressen. Und jetzt, gehabt Euch wohl, bis übermorgen!«

Als Libussa am Abend frisch gewaschen und gekleidet am Kamin ruhte, setzte sich Gernot zu ihr.

»Mutter, ist alles im Lot? Wie war es beim Bachert?«

Libussa kicherte vor sich hin. »Ich glaube, den Tag, Gernot, werden die Bacherts nicht so schnell vergessen. Denen habe ich vielleicht Beine gemacht, aber das tat auch not. Eine Lotterwirtschaft ist das, du glaubst es nicht. Wenn uns jetzt die Ziegen gesunden und gute, reine Milch geben, dann, Gernot, haben wir einen Sieg errungen über Dummheit und Aberglauben, der für alle zum Segen werden kann.«

»Auch für Vater Antonius?«

»Das weiß ich nicht, aber ich denke soeben daran, was mir Meister Theophilius vor nicht langem sagte: ›Versprich mir eines, meine Tochter, habe nie Angst vor Vater Antonius, sondern bete für ihn, denn merke dir, wofür man betet, das kann nicht mehr ängstigen, es hat seinen Stachel verloren.‹«

»Mir fällt schwer, Mutter, für Vater Antonius zu beten, hätte er doch Regina gerichtet, Regina, die niemandem ein Leids tut und hilft, wo sie kann.«

»Jedem Menschen, Gernot, wurde von Anbeginn etwas eingepflanzt von Gott, ein Funke, ein Samenkorn, nenne es wie du willst, auch Vater Antonius birgt das in sich. Bete einfach für diesen Funken, für dieses Samenkorn, vielleicht fällt es dir dann leichter – und wenn auch das nicht hilft, dann bete um dieser Regina willen, die ein solch wertvolles, liebenswertes Mädchen ist.«

Da flog ein froher Schein über Gernots Gesicht und Libussa nickte befriedigt.

Jeden zweiten Tag wanderte Libussa hinunter zum Bacherthof und jedes Mal kam sie zufriedener zurück. »Beim Bachert geht es aufwärts. Die Tiere gesunden, die Euter heilen ab, seitdem sie die Bäuerin mit lindernder Salbe bestreicht, ihr werdet sehen, in einer Woche geben sie wieder Milch.«

»Aber Vater Antonius geht umher mit finsterem Blick, du hast ihm die Suppe versalzen, Mutter, das verträgt er nicht«, entgegnete Berthold, der Jüngste.

»Bedenkt, meine Lieben, es ist nicht leicht für einen Mann wie ihn, sich geirrt zu haben. Lasst ihm Zeit, zurückzufinden.«

»Meinst du wirklich, dass er zurückfinden kann?«, frug Elisabeth zögernd.

»Wenn wir es ihm nicht zutrauen, mein Kind, wird es auch nicht geschehen, denn Zutrauen gibt Kraft, und die braucht man, um einen neuen Weg zu beschreiten.«

Später am Abend, die Kinder waren bereits gegangen, Berthold von Waldeck und Libussa saßen noch zusammen, meinte der Ältere nachdenklich: »Glaubst du im Ernst, dass Vater Antonius sich noch ändern kann? Ich kenne ihn seit langem, er ist unerbittlich, hart und engstirnig.«

»Jedem schlägt einmal die Stunde, Vater, dem einen früher, dem andern später.«

»Wann schlug sie dir?«

Libussa blickte ihn strahlend an. »Ich bin ein Glückskind, mir schlug sie früh, so ums zwölfte Jahr herum – Otto war es, der mir meine Grenzen aufzeigte, es war eine bittere Zeit, und das Schlimmste, dass ich nicht begreifen konnte, warum sie bitter war, weil ich nicht ahnte, was in ihm und in mir vorging, nämlich, dass ich zu ihm gehörte, damals schon, wie das Blatt zum Baum. Ich weinte, wenn es niemand sah, aber ich wusste nicht, warum ich weinte. Nichts befand sich mehr am richtigen Ort, nicht die Dinge, nicht die Menschen, ich selbst am wenigsten. Ich wünschte Otto nie wieder zu sehen, und sehnte mich trotzdem danach, seine Stimme zu hören, seine Nähe zu spüren, es war grässlich.«

»Auch für ihn, Libussa, auch für ihn.«

»Woher weißt du das?«

»Wir sprachen viel von dir damals, beinahe täglich, und als ich dich beim Fest des Fürsten unter den Tanzenden entdeckte, wusste ich: Diese Kleine mit dem eigenwilligen Gesicht und den widerspenstigen Haaren, das muss sie sein, das ist Libussa vom Berg, so genau hatte er dich beschrieben. Die Leute sagen ›Liebe macht blind‹, doch das stimmt nicht, Liebe macht sehend! Sie sieht, was andere nicht sehen, Geheimes, Verborgenes, denn sie sieht mit dem Herzen, und das Herz hat seine eigenen Gesetze.«

202

»Welch gutes Wort, Vater.« Und nach einer kleinen Weile sagte sie still: »Meinst du nicht, dass wir beginnen sollten, Vater Antonius mit dem Herzen zu sehen?«

Berthold schmunzelte. »Du gibst wohl nie auf, Libussa, aber du hast recht, wir wollen es versuchen.«

Solche Stunden waren wertvoll für die beiden, denn ganz gleich, worüber sie sprachen, selbst wenn sie schwiegen, weilte Otto mitten unter ihnen.

Es war einige Wochen nach diesem Abend, da klopfte es am späten Nachmittag an Libussas Türe, und als sie öffnete, stand Vater Antonius vor ihr.

»Darf ich eintreten, Herrin, ich habe mit Euch zu reden.«

»Selbstverständlich!«

Sie bot ihm Platz an, sie selbst setzte sich in Ottos Sessel. Hier fühlte sie sich sicher, als umschließe sie der Arm des geliebten Mannes. »Nun, was führt Euch zu mir?«

»Es wird mir schwer, zu sprechen, Frau Libussa, sehr schwer sogar.«

»Versucht es immerhin, Ehrwürdiger, wir haben Zeit.«

Lange saß Antonius, dann murmelte er, kaum vernehmbar: »Ich bin in die Irre gegangen, Herrin, ich zweifle an mir selbst, und das ist wohl das Schlimmste, was einem Priester geschehen kann.«

»Seid Ihr da sicher? Ist es nicht vielmehr so, dass nur der ein guter Priester sein kann, der den Zweifel kennt? Ohne den Zweifel fühlen wir uns allmächtig, aber allmächtig ist nur Einer. Der Zweifel dient, uns Grenzen aufzuzeigen und dahin zu führen, wo wir anhalten müssen, weil wir alleine nicht mehr weiter wissen. Der Zweifel macht uns bescheiden – und schenkt Vertrauen, so merkwürdig das klingt. Da seht, die Natur schickt uns die Antwort!«

Sie deutete auf einen Zweig, der vor ihnen in einem Krug stand. »Sehet zu und Ihr werdet begreifen.« Auf dem Zweig kroch eine fadendünne Raupe. Sie buckelte sich, machte sich lang und schob sich vorwärts bis ans Ende.

»Jetzt, sie wird stürzen!«

»Oh nein, sie wird nicht, Vater Antonius, wartet ab.« Das Tier bog seinen Leib über den Abgrund, und als es keinen Halt fand, fasste es einen anderen Zweig und kroch weiter.

»Sie hat ihre Grenze erkannt, und ehe dass sie ins Ungewisse fiel, änderte sie ihren Weg – genau wie Ihr, Vater Antonius, genau wie ich, vor langer Zeit, noch nicht dreizehnjährig. Jeder muss an das Ende des Zweiges, wenn er ein Mensch werden will, ein echter Mensch.«

»Und was hilft uns weiter?«

»Die Liebe, Vater Antonius, die Liebe. Erschreckt nicht, ich will Eurer Keuschheit nicht zu nahe treten. Mir half die Liebe Ottos, obwohl er damals noch ein Jüngling war, Euch wird die Liebe zu den Menschen helfen.«

Und nach einer Weile: »Kennt Ihr Meister Theophilius, meinen Lehrer?«

»Oh ja, er ist ein hochgelehrter Mann und ein vorbildlicher Priester.«

»Und er ist gütig, gütig und großherzig. Gehet zu ihm, weilet über Nacht, dass Euch genügend Zeit bleibt, grüßt ihn von mir und bittet ihn, so er das will, Euch die Geschichte von der Nuss zu erzählen.«

»Die Geschichte von der Nuss? Kennt Ihr sie, Herrin?«

Libussa nickte.

»Warum erzählt Ihr sie dann nicht?«

»Das darf ich nicht, das darf nur er, denn: ›Libussa vom Berg, wenn einen jemand in sein Inneres blicken lässt, muss man darüber schweigen zu jedermann‹ – das lehrte mich der Meister vor Jahren, ich merkte es mir bis heute.«

Antonius erhob sich.

»Morgen in aller Frühe werde ich zur Rosenburg aufbrechen – und ich danke Euch für diese Stunde!«

Er blickte Libussa an und seine Augen waren voll Wärme, wie Libussa sie noch nie gesehen.

An diesem Abend sagte sie zu den Ihren: »Bitte bleibet nach dem Nachtmahl, ich habe mit euch zu reden, und holet auch den Vogt und Marie dazu.«

Als alle beisammen saßen, begann sie zu sprechen.

»Heute war Vater Antonius bei mir, erschreckt nicht, er sinnt nichts Böses – er wird morgen in aller Frühe zur Rosenburg wandern, zu Meister Theophilius.«

»Und, was will er da?«, frug Gernot misstrauisch.

»Mit ihm sprechen, sich Rat holen, für einen neuen Weg.«

Alle schauten Libussa ungläubig an.

Da neigte sich Vater Berthold vor und meinte still: »Wie hast du das nur gemacht, Libussa?«

»Ich habe gar nichts gemacht, Vater, ich habe nur Vertrauen gehabt.«

»Heißt das, wir sollten auch Vertrauen haben und Vater Antonius anders begegnen als bisher?«, frug Elisabeth.

»Ja, das wird ihm den Weg ebnen zu den Menschen, denn ich glaube, er war sein Leben lang sehr einsam. Und nun, bewahrt es in euch, plaudert es nicht aus, denn nichts ist übler, als die schwachen Stunden eines andern auszuplaudern.«

Zwei Tage später schritt Antonius rüstig durch das Tor der Waldeck. In seinem Arm trug er einen großen Feldblumenstrauß, den reichte er Libussa, die gerade über den Hof lief.

»Er ist für Euch, Herrin. Seit meiner Kindheit habe ich das erste Mal wieder gesehen, dass es Blumen gibt – und darf ich heute um die Nachmittagsstunde kommen, ich habe eine Bitte an Euch?«

Libussa nickte ihm zu, sprechen konnte sie nicht. Als sie ein paar Stunden danach zusammensaßen, bat Antonius: »Frau Libussa bitte, schenket auch mir eine Nuss.«

»Das kann ich nicht, Vater Antonius, denn die Nuss von Meister Theophilius ist eine besondere Nuss, sie ist ein Engelsvermächtnis, der Engel zeigte sie mir an jenem Wintermorgen. Die Nuss, welche ich Euch gäbe, wäre eine ganz gewöhnliche, eben eine

Nuss, mehr nicht. Ich will Euch etwas Besonderes geben, wie ich Meister Theophilius etwas Besonderes gab, etwas, das aus dem Geiste kommt. Lasst mir einige Tage Zeit, dann werde ich es Euch selbst bringen.«

Nach drei Tagen klopfte Libussa bei Vater Antonius und reichte ihm eine Rolle eng beschriebener Pergamente.

»Ich schrieb es aus dem Gedächtnis, es ist Eure Nuss.«

Und da er die Blätter entfaltete, sah er, dass es das Märchen von Inger Namenlos war.

Im November, der Herbststurm pfiff um die Burg und der Regen prasselte gegen die Scheiben, erschien die Dienerin des alten Ritters und bat:

»Herrin, der Herr wünscht Euch zu sprechen.«

»Ist er nicht wohl?«

»Ich weiß es nicht, er liegt bereits, er legt sich seit Tagen schon sehr früh.«

Beunruhigt folgte ihr Libussa, und als sie Bertholds Gemach betrat, rief er freudig:

»Das ist gut, dass du kommst, wir haben schon eine ganze Weile nicht mehr zusammen geredet, setze dich zu mir.«

Libussa setzte sich, nahm seine Hand in ihre beiden Hände, doch als sie ihm in die Augen sah, erschrak sie – sein Blick war von einer Weite und Tiefe, wie ihn Menschen haben, die in eine andere Welt blicken.

Berthold lächelte: »Ich merke schon, dir kann ich nichts verheimlichen, du hast Falkenaugen, wenn es um die Seele des anderen geht, du weißt, warum ich nach dir schickte.«

»Vater, wolltest du mir nicht beistehen, willst du nicht Otto wiedersehen? Was soll ich ihm denn sagen, wie ihn trösten, wenn er heimkehrt, und du bist nicht mehr? So viele habe ich gesund gepflegt, warum nicht dich?«

»Schau Libussa, ich weiß das alles, aber es geht nicht mehr, ich fühle es seit Wochen, die Kräfte verlassen mich, es ist, als flössen sie von mir, wie ein stetig rinnender Brunnen – und dann ist da Elisabeth, sie wartet schon so lange. Grüße mir Otto, und er soll dich nie mehr alleine lassen – sage ihm das von mir. Du aber, Libussa, bist das Beste, was der Waldeck nach Elisabeth geschehen konnte. Und nun, schicke mir die Kinder, zuletzt Elisabeth, sie soll bei mir bleiben, sie tut mir wohl. Und noch etwas: Wenn Gernot die Regina Gruber lieb hat, so soll Otto sie zusammengeben, trotzdem sie kein Ritterfräulein ist, sage ihm, es sei mein Wunsch – ist es nicht auch deiner?«

»Ja, das ist es, Vater, du hast es also auch gemerkt?«

Berthold lachte leise.

»Das war nicht schwer, Gernot ist wie du, er kann nichts verbergen. Und nun gib mir einen Kuss, kleine Sonne, wenigstens am Ende meiner Tage, möchte ich noch einmal den Kuss einer Frau spüren – zu lange habe ich ihn entbehrt.«

Die ganze Nacht wachte Libussa in ihrem Gemach, ihre Gedanken liefen fort, über Gebirge, durch Täler, überquerten reißende Ströme, wanderten durch glühenden Wüstensand, durch kalte Nächte unter dem glitzernden Sternenhimmel des Südens, bis sie den Mann erreichten, den Einsamen. Und mit ihm, obgleich Tausende von Meilen getrennt, verbanden sie sich und umkreisten das Lager des Sterbenden.

Es hatte aufgehört zu regnen, der Sturm sich gelegt, und im Osten hob sich eine rötliche Dämmerung hinter den Hügeln, da klang ein dunkler Glockenton von der Kapelle her. Libussa erhob sich, ging den gewohnten Weg zu dem Gemach Bertholds.

»Zum letzten Mal«, dachte sie, »Nie wieder werde ich bei ihm sitzen und seine tiefe, warme Stimme hören.« Und sie fühlte sich schwach und grenzenlos allein.

Weit hatte das Geläut geschwungen, viele es gehört, und sie kamen alle, um Berthold von Waldeck zu ehren, denn er war über das Tal hinaus geachtet und geliebt.

Das Christfest ging vorüber, das Zweite ohne Otto, das Erste ohne Berthold, als an einem Abend, kurz vor Lichtmess, Libussa und Gernot beisammen saßen. Gernot stocherte im Feuer, Libussa drehte die Spindel, auf und ab, auf und ab, auf und ab. Vor ihren Augen woben sich Bilder – sie erblickte ein Gemach, in das die Abendsonne fiel, und eine junge, schöne Frau in fremdartigem Gewand. Sie beugte sich über einen Verwundeten, und ihre Hände umfassten sein Gesicht. Libussa sah, wie die Arme des Mannes verlangend nach der schlanken Gestalt griffen, sie spürte die schwüle Luft, die Wärme der südlichen Sonne, und eine unerklärliche Angst benahm ihr den Atem. Da bohrte sie ihre Augen in die Augen des Mannes – und sah, dass es Ottos Augen waren. Es war Otto!

Libussa taumelte, die Spindel rollte über den Boden, sie riss das Fenster auf und sog tief die Kälte ein, die in das Zimmer drang.

»Um alles, Mutter, was ist dir?«, rief Gernot.

Libussa wandte sich um, sie war blass, aber sie konnte schon wieder lächeln. »Es ist gut, Gernot, ich habe es überwunden – und ich glaube, er auch.« Nach einer Weile: »Du weißt doch, beim Spinnen werde ich immer müde. Das gleichmäßige Auf und Ab der Spindel schläfert mich ein, dann geschieht es hin und wieder, dass ich Bilder sehe.«

»Und was hast du gesehen?«, forschte Gernot. »Du sprachst vom Vater, ich habe ein Recht zu wissen, was ihm widerfahren«, forderte er.

Ruhig antwortete Libussa: »Nein, das hast du nicht, gleichwohl will ich es dir erzählen, denn ich denke, du bist alt genug, zu verstehen.«

Zögernd, als schmerze sie jedes Wort, begann sie zu berichten. Nachdem sie geendet, schwiegen beide lang, dann frug Gernot leise: »Hat es weh getan, Mutter?«

Libussa nickte stumm, dann legte sie die Hände vor das Gesicht und weinte, lautlos und unaufhörlich, bis sie Gernots Arm um ihre Schulter fühlte.

»Höre doch auf zu weinen, Mutter. Du bist stark, du bist stärker, als alle Frauen des Südens zusammen, nie, gar nie wird der Vater dich verlassen, dessen bin ich sicher. Und nun werden wir von ihm reden, werden ihn in Gedanken zu uns holen. Wie war das, als ihr euch das erste Mal sahet, erzähle!«

Libussa hob den Kopf, wischte sich die Tränen ab, tastete sich Schritt für Schritt in die Vergangenheit, sah sich bloßfüßig durchs Bachwasser hüpfen, hörte Ottos wütende Stimme, ihre eigenen frechen Reden – nichts vergaß sie, alles war gegenwärtig, als wäre es gestern geschehen. Dann fing sie an zu erzählen. Dabei wurden sie beide so fröhlich wie seit langem nicht, und als der Sichelmond über der Rosenburg stand, hatte sich Libussa alle düsteren Schatten von der Seele gelacht.

Es wurde ein gutes Jahr, das Heu kam reichlich und trocken in die Scheuern, die Ähren neigten sich schwer von Körnern, das Obst hing voll im Gezweig, das Vieh gedieh, der Regen kam zur rechten Zeit, ohne Schaden anzurichten, kurz, alle waren in Erwartung einer reichen Ernte.

Libussa weilte viel im Dorf, die Leute sollten merken, dass die Burg für sie da war, auch wenn der Herr fehlte. Auf einem dieser Gänge lief ihr Lukas über den Weg.

»Na, wie steht's, Lukas?«

»Es könnt' nicht besser sein!«, antwortete der junge Bauer. »Wir haben mehr Futter geschnitten als all die Jahre und beim Korn sieht's ähnlich aus. Wir haben jetzt die schönsten Ziegen im Dorf und die beste Milch. Dafür wollt' ich Euch nochmals meinen Dank sagen, denn ohne Euer Donnerwetter, das wisst Ihr, Herrin, wären wir längst am Ende.«

»Du hast dich tapfer gehalten, Lukas, bist ein tüchtiger Bauer geworden, und das freut mich mehr als alles andere. Aber, da du von den Ziegen redest: Willst du einmal die Woche einen Korb frischen Ziegenkäse auf die Burg bringen? Gegen Bezahlung natürlich.«

Lukas strahlte über das ganze Gesicht. »Und ob ich will, das ist eine Ehr' für den Bacherthof.«

»Also dann, abgemacht, oder ist noch etwas?«, frug Libussa.

»Ja, da wär noch was, obwohl, die Frag' gehört eigentlich nicht auf die Straß'. Es geht um die Margaret.«

»Um die Jungmagd auf der Waldeck?«

Lukas nickte. »Ich mag sie und nähm' sie gern zum Weib.«

»So, die Margaret«, meinte Libussa zögernd.

»Hättet Ihr was dagegen, Herrin?«

»Nein, eigentlich nicht, nur …«

»Wenn Ihr wegen der Kleinen meint, die Margret hat mir alles erzählt.«

»Bist du der Vater, Lukas?«

»Bei Gott, nein, Herrin! Ich hab zwar gesoffen, aber ein Lump bin ich nicht, der ein Mädel mit einem Kind sitzen lässt.«

»Weißt du, wer es ist?«

»Wohl weiß ich das, er ist mit dem Herrn verritten ins Heilige Land, und hoffentlich kommt er nicht zurück. Ich weiß, dass das eine sündhafte Rede ist, aber für die Margret wär es das Beste und für die Kleine erst recht, denn die wird ihrem Vater immer ähnlicher im Aussehen, sagt die Margret, und das gibt irgendwann ein Gerede unter den Leuten, und das tät kein Gut, für die Gabriele nicht und für die Schäfers nicht, was jetzt ihre Eltern sind.«

»Brav gedacht, Lukas, so nimm deine Margaret, und viel Glück wünsche ich euch beiden. Ihr seid jung, ihr könnt noch viele Kinder haben. Noch eines, Lukas, niemand außer uns dreien weiß, wer die Eltern der Kleinen sind, auch die Schäfers nicht, und so soll es auch bleiben.«

»Da habt Ihr mein Wort drauf, Herrin, und ich dank' auch schön für alles.«

»Wenn es so weit ist, lasst es mich wissen, damit ich der Margarete etwas beisteuere, dass sie nicht als Armeleutekind auf dem Bacherthof einsteht und deine Mutter ein schiefes Maul zieht.«

Die Ernte war in vollem Gange, bei strahlendem Sonnenschein konnte man das Korn einfahren, als an einem späten Augusttag Rupert über den Hof rannte, hinauf zu Libussas Gemach.

»Herrin!«, rief er schon vor der Türe, »Herrin, eine Staubwolke steht über dem vorderen Tal, ein Reitertrupp kommt auf die Waldeck zu – ich glaube – es ist der Herr!«

»Seid Ihr sicher?«

»Nein, aber der Wächter hat scharfe Augen, und er meint, er habe den Herrn erkannt.«

»Ruft mir den Junker, Elisabeth und Berthold, und wenn der Wächter seiner Sache sicher ist, öffnet das Tor. Und bitte schickt mir Marie.«

Kurz darauf erschien Marie, sie strahlte vor Freude.

»Libussa, Libussa, er ist's, Rupert lässt dir sagen, der Wächter hat ihn ganz deutlich erkannt. – Was ist, warum schweigst du? Freust du dich nicht?«

Libussa atmete tief. »Oh doch Marie, nur, ich kann es noch gar nicht glauben, drei Jahre sind lang, wenn man wartet – und jetzt rasch, Marie, das helle Kleid! Ich will ihn empfangen, wie er mich verlassen.«

Später, als Otto aus dem Wald ritt, sah er sie stehen in jenem hellen Kleid, wie damals vor drei Jahren, die Augen groß und ernst auf ihn gerichtet. Langsam glitt er aus dem Sattel.

»Vor drei Jahren sprang er vom Pferd, seine Haare, jetzt silbergrau, waren blond, was ist ihm nur geschehen?«, dachte Libussa, und plötzlich war alles weggewischt, alle Bitternis, alle Einsamkeit, alle Angst, und nichts mehr war in ihr, als ein großes Erbarmen mit diesem Mann, der ihr auf eine seltsame Weise fremd und doch tief vertraut war.

Da hob sie die Hände, umfasste sein Gesicht, zog es zu sich, und nahe ihrem Ohr hörte sie ihn flüstern:

»Oh Libussa, liebe kleine Libussa!«

Und seine Stimme zitterte von verhaltenem Schluchzen.

Still antwortete sie: »Es ist gut, es ist alles gut!« Und leise, nur für ihn hörbar: »Nun musst du aber die Kinder begrüßen, sie warten.«

Als er vor Berthold stand, ging sein Blick unruhig über den Knaben hinweg in die Runde der Umstehenden und schon kam die Frage, vor der sich alle gefürchtet: »Wo ist Vater?«

Berthold hob den Kopf, schaute ihn an und sagte fest und klar: »Großvater ist zur Großmutter gegangen, sie wartet doch schon so lange und darum hat er sehr gewünscht, bei ihr zu sein. Aber ich soll dich von ihm grüßen und dich umarmen.«

Es war sehr still, und in diese Stille hinein sprach Otto: »Du heißt wie er, du siehst aus wie er und du bist so ruhig und mutig wie er. Ich danke dir für diese guten Worte, Berthold. Und nun lasst uns ins Haus gehen, ich habe einen harten Ritt hinter mir.«

Spät am Abend saßen Libussa und Otto vor dem Kamin, da streckte er sich und sagte: »Wie wunderbar ist es, wieder hier zu sein, wie sehr vermisste ich diesen Sessel.«

Libussa entgegnete: »Ist es möglich, Otto von Waldeck, dass du im Heiligen Land verlernt hast, charmant zu sein?«

Otto fuhr erschrocken auf. »Aber Libussa, so meinte ich das nicht, natürlich habe ich mich nach dir mehr gesehnt, denn nach dem alten Sessel, trotzdem freut es mich, in ihm zu sitzen. Außerdem, ich bin der Frauen etwas entwöhnt in den drei Jahren, du musst Geduld mit mir haben.«

»Ach, du bist wirklich der Frauen entwöhnt? Armer Otto!«

Um ihren Mund lag ein spöttisches Lächeln, ihre Augen jedoch waren tief und dunkel.

»Es sind dieselben Augen, derselbe Blick«, stieß er hervor, »du warst dort, du warst im Heiligen Land in jenem Gemach, du hast alles gesehen, sag mir die Wahrheit!«

Libussa nickte. »Oh Gott!«, stöhnte Otto und schlug die Hände vor das Gesicht. Libussa saß vorgebeugt und starrte in die Flammen, dann begann sie zu sprechen, langsam und ruhig, als erzähle sie irgendeine Geschichte.

»Ich war da und war doch nicht da – meine Seele war auf dem Weg zu dir, wie schon so oft. Sonst kamst du mir entgegen, nur diesmal musste ich dich suchen, und ich fand dich – da senkte ich in Todesangst meine Augen in die deinen, gerade noch zur rechten Zeit, ehe großes Leid geschah, für mich, für die Kinder, für die Waldeck und damit auch für dich.«

Lange war es still im Raum, raunend ging der Nachtwind um die Mauern, die Sterne wanderten von Ost nach West nach dem Gesetz, unter dem sie angetreten.

»Ob es sie kümmert, was wir tun, ob Otto und Libussa leiden oder froh sind? Ob sie an unserem Geschick teilhaben? Ich will einfach glauben, dass sie mit uns fühlen, dass sie uns begleiten, dass sie uns nahe sind, dann ist alles leichter«, dachte Libussa.

Da vernahm sie Ottos Stimme: »Sie hat mir das Leben gerettet, obwohl ich ihr Feind war. Sie und ihr Vater haben mich gesundgepflegt, sie handelten wie du vor vielen Jahren. – Wir hätten diesen Kampf nie führen dürfen. Du hattest recht! – Hat es weh getan, Libussa?«

»Das hat mich Gernot auch gefragt.«

»Er weiß es?«

»Ja, Otto, ich konnte, ich durfte es ihm nicht verschweigen. Er war zugegen, als ich das Bild sah – es geschah während des Spinnens, ich konnte es nicht hindern. Und nun zu deiner Frage. Ja, es hat weh getan, sehr weh.«

Nach langer Pause: »Libussa, kannst du mir verzeihen?«

»Nein, aber ich kann dich lieben, und das ist mehr. Was hülfe dir mein Verzeihen, die Schuld bleibt, die müssen wir tragen, umarbeiten, tilgen.«

»Heißt es nicht, Er sei für unsere Sünden gestorben und habe damit all unsre Schuld von uns genommen, wenn wir daran glauben?«

Libussa schwieg, den Kopf in die Hand gestützt, das Gesicht beschienen von der roten Glut des zusammenfallenden Feuers. Nach einer Weile antwortete sie:

»Du sagst es richtig: wenn wir daran glauben – und genau das kann ich nicht. Ich kann nicht mit einem Tanderadei auf den Lippen ihm den ganzen Packen auf die Schultern legen und fröhlich weiterleben. Ich muss etwas tun, wenigstens versuchen, es gut zu machen. Ganz kann ich das ohnehin nicht, denn sage selbst, Otto: Kann ich es aus der Welt schaffen, wenn ich einem Menschen aufs Herz trat? Kann ich das je? Es bleibt immer ein Rest, und für diesen Rest brauche ich Ihn, sein Opfer, seine Gnade, seine Liebe – für diesen Rest und für meine Unsicherheit, meine Zweifel.«

»Welche Zweifel?«, frug er verwundert.

»Sieh, wenn ich den alten Bachert und seinen Lukas ausschimpfe, dass sie rote Ohren kriegen vor Scham: Tu ich es ihret- und des Bacherthofes wegen, oder tu ich es lustvoll, weil ich Macht über sie habe? Las ich das kleine Menschenbündel, das heute Gabriele heißt, aus dem Staub, damit sie ein menschenwürdiges Leben vor sich hat, oder tat ich es, damit alle sehen, was für eine edle Frau ich bin? Wenn ich die Leute heile, tue ich es ihretwegen, oder um zu beweisen, wie klug ich bin, dass ich solches vermag? Ich frage nach dem Grund der Tat und darum zweifle ich an so vielem und am meisten an mir.«

Es war nahezu dunkel im Gemach, sie konnten sich nurmehr als Schemen wahrnehmen, da frug Otto: »Hast du auch schon an deiner Liebe zu mir gezweifelt?«

»Nein, Otto, niemals, denn diese Liebe ist unantastbar, sie ist über jeden Zweifel erhaben.«

»Wenn das so ist, kleine Libussa«, Ottos Stimme klang weich und werbend, »willst du dann zu mir kommen wie früher?«

Statt einer Antwort stand sie auf, setzte sich auf seinen Schoß, schmiegte sich in seinen Arm und frug: »Hat sie auch so bei dir gelegen?«

»Nein, Libussa, nie!«

Da vergrub sie ihr Gesicht in seiner Halsgrube und murmelte: »Jetzt erst ist mir so richtig glücklich zumute.«

Längst war Mitternacht vorüber, als Otto nach Libussa tastete, die eng neben ihm lag: »Ich finde keinen Schlaf, ehe ich nicht weiß, ob Vater mir außer Bertholds Gruß etwas sagte.«

»Es war an seinem letzten Abend, ich saß bei ihm, da trug er mir zwei Dinge auf: ›Grüße mir Otto, und er soll dich nie mehr allein lassen – sage ihm das von mir. Und noch etwas: Wenn Gernot die Regina Gruber lieb hat, so soll Otto sie zusammengeben, trotzdem sie kein Ritterfräulein ist, sag ihm, es sei mein Wunsch.‹«

»Es soll geschehen, wie er wünschte. Mein Gott, mein kleiner Gernot auf Freiersfüßen.«

Libussa lachte. »Dein kleiner Gernot geht ins neunzehnte Jahr, erinnere dich, hattest du nicht schon mit siebzehn einen Winzling im Kopf? Er ist dein Sohn, vergiss das nicht.«

»Du hast recht, Libussa, wir werden alt«, seufzte Otto.

»Ach, wenn das Alter sich so anlässt wie in der letzten Stunde«, kicherte Libussa, »will ich es gerne ertragen, alt zu werden. Und jetzt Liebster, wird geschlafen, die Waldeck braucht einen ausgeruhten, tatkräftigen Herrn, sie hat ihn lange genug entbehrt.«

Der September ging zu Ende, Libussas Geburtstag war vorbei, da lud der Fürst zum Fest.

Libussa verzog das Gesicht. »Müssen wir wirklich gehen, du weißt, ich liebe diese Feste gar nicht.«

»Wir müssen, zum einen wäre unser Fernbleiben kränkend, zum andern brennt Gernot auf sein erstes Turnier, Elisabeth auf ihren ersten Tanzabend und Berthold steht im Knappenalter. Du siehst, Gründe genug, um teilzunehmen.«

Von Stund an ging Libussa gedankenschwer umher, nicht nur, weil eine Menge vorzubereiten war, dass sie und Marie alle Hände voll zu tun hatten, denn es reifte in ihr ein Entschluss, der sich hartnäckig festsetzte. Dieser Entschluss war so ungewöhnlich und verwegen, dass sie einerseits davor zurückschreckte, andererseits alles in ihr drängte, ihn auszuführen.

Der Tag der Abreise stand bevor, Libussa und Marie überdachten noch einmal Kleidung und Proviant. »Hast du auch meinen dunklen Kapuzenumhang eingepackt?«, frug Libussa.

»Natürlich, obwohl ich nicht begreife, warum du auf ihm bestehst, denn er ist weder kleidsam noch schön, warum also schleppst du ihn mit?«

»Ganz einfach, Marie, weil ich ihn brauche.«

»Dieses hässliche Ding? Wozu brauchst du es auf dem Fest?«

»Wenn es an der Zeit ist, werde ich es dir sagen.«

»Libussa, was hast du vor?«, fragte Marie misstrauisch. »Ich kenne dich lange genug, immer, wenn du solche Reden führtest, kam danach etwas, das mir grässliche Angst einjagte.«

»Du bist und bleibst ein Hasenfuß, Mariechen, aber sage doch selbst, ist nicht meist Gutes entstanden aus meinem Wagemut?«

»Ja«, erwiderte Marie vorwurfsvoll, »deine schwere Krankheit ist daraus entstanden.«

»Und ein unbescholtener Adam, zwei glückliche Menschen und ein halbes Dutzend gesunder Kinder; noch heute steht seine große Wasserschnecke dort vor dem Kamin, dieses wunderschöne, wertvolle Geschenk. – Außerdem eine gelehrte, glückliche Marie und ein ebenso glücklicher Rupert! War meine Liebe zu Otto nicht ebenfalls wagemutig, und was entstand daraus? Friede zwischen zwei Burgen, die über ein Jahrhundert zerstritten waren. Soll ich weiter aufzählen? Da gäbe es noch einiges. Weißt du, Angst hilft keinem, am wenigsten dir selbst. Hätten wir beide damals keinen Mut gehabt, würdest du heute noch Gänse oder Kühe hüten. Die Mutigen bewegen die Welt, Marie, nicht die mit der Menge ziehen. Und nun lass uns Schluss machen, denn wir wollen morgen früh aufbrechen.«

Als sie allein war, trat Libussa ans Fenster und blickte hinunter in den Burghof. Vielleicht hatte Marie recht. Warum musste sie nur immerfort wider den Stachel löcken, warum lebte sie nicht einfach wie andere Burgfrauen, schlicht, anspruchslos zwischen Küche und Kemenate? Die alte Kindheitsfrage erschien wieder: »Warum kann ich nicht sein wie alle? Warum bin ich so anders?« Und damit die immer wiederkehrende Sehnsucht, in der Menge unterzutauchen, ein Jedermann zu sein.

Über dem Burghof lag der Friede des ausklingenden Tages. Die Mägde kamen mit vollen Eimern schäumender Milch aus dem Stall und die Gänse schnatterten mit viel Stimmaufwand durchs Tor, getrieben von einem kleinen, drallen Mädchen, dem ein strohblonder Zopf den Rücken hinabbaumelte. Die Gabriele! Libussa musste lachen, als sie sah, mit welcher Courage dieses handfeste Wesen dem fauchenden Ganter eins über den Schnabel zog. An den Tag musste sie denken, da sie das winzige Würmchen in Lumpen gehüllt am Wegrand gefunden. Niemandem gehörte es, niemand hatte etwas gesehen – es lag einfach im Staub und keiner wusste, wie es dahin geraten war. Und was für eine tüchtige Gänsehirtin war in den Jahren aus dem armseligen Geschöpf geworden!

Eben lief Lukas Bachert über den Hof mit einem Korb frischen Ziegenkäse am Arm. Nichts erinnerte mehr an den ewig betrunkenen, ungepflegten Jüngling, der in seiner Wut die Regina beinahe auf den Scheiterhaufen gebracht. Ein rechtschaffener, braver Bauer war er geworden, der in Margarete eine gute Frau gefunden, und in einigen Monaten lag ihnen das erste Kind in der Wiege. Hätte das alles je geschehen können, wenn sie, Libussa, ein Jedermann wäre, eine Burgfrau, wie es Dutzende im Land gab?

Sie war viel zu ehrlich, um die Antwort nicht zu kennen. Was sollten dann all die selbstsüchtigen Träume, Wünsche, die immer wieder aufstiegen, ihr die Tatkraft und den Mut raubten? Entschlossen wandte sie sich vom Fenster ab. »Morgen oder übermorgen Nacht werde ich vor dem Fürsten stehen, ich ganz allein, nur er und ich!« Und obwohl sie bei der Kühnheit ihres Vorhabens fröstelte, fühlte sie sich freier und konnte ruhig schlafen gehen.

Der mühsame Ritt zum Fürsten lag hinter ihnen, Libussa und Marie hatten ihre Gemächer eingeräumt, nun saßen sie zusammen, ließen die Spindeln schnurren und schwatzten dabei. Die Männer hatte der Fürst zum Umtrunk gebeten, das konnte bis nach Mitternacht dauern.

Es mochte in die zehnte Stunde gehen, als Libussa die Spindel sinken ließ und sich erhob. »Willst du zu Bett gehen, bist du müde?«, frug Marie.

Libussa lachte. »Alles andere denn das. Auf, Marie, laufe hinunter, mische dich unters Gesinde und sieh nach, ob der Fürst noch bei den Rittern sitzt oder sich bereits zurückzog, dann komme rasch hierher und gebe mir Bescheid.«

Marie schaute sie erschrocken an. »Was hast du vor?«

»Nichts Ehrenrühriges, nichts Schlechtes. Aber etwas, das ich vor Jahren schon hätte tun sollen, dann lebte mancher wertvolle Ritter noch und manche liebende Frau wäre keine Witwe.«

»Ich verstehe nichts.«

»Das brauchst du auch nicht, je weniger du weißt, umso besser ist es. Nun beeile dich, die Zeit drängt.«

Marie verließ kopfschüttelnd den Raum und Libussa setzte sich ans Feuer, faltete die Hände und betete. Nach einer kleinen Weile hörte sie den leichten Schritt Maries, griff nach dem dunklen Umhang und fragte die Eintretende: »Nun?«

»Der Fürst hat vor kurzem seine Gemächer aufgesucht. Doch was für dich vielleicht wichtig ist: Er hat dem Wächter vor seiner Tür freigegeben.«

»Danke, meine Gute, das ist sogar sehr wichtig, denn Geheimhaltung tut hier not.«

Und noch ehe Marie fragen konnte, entschlüpfte sie. Am Nachmittag hatte sie die Hintertreppen und schmalen Gänge erkundet, jetzt in der Dunkelheit fiel es ihr daher leicht, sich zurecht zu finden, und so stand sie bald vor dem Gemach des Fürsten.

Tief Luft holend, klopfte sie. Drinnen hörte man das Rücken eines Stuhles – dann wurde die Türe geöffnet, und im vollen Lichtschein stand sie dem Fürsten gegenüber. Und noch ehe dieser etwas sagen konnte, flüsterte sie: »Lasset mich bitte eintreten und schließet die Türe.«

»Da ich kaum annehme, dass Ihr gekommen seid, Herrin von Waldeck, um mit mir eine angenehme Stunde zu verbringen, so bitte ich, Euch zu erklären. Doch zuvor lasset uns sitzen.«

»Morgen, Gnädiger Herr, wird wieder einmal ein Turnier stattfinden.«

»Ich erinnere mich«, unterbrach sie der Fürst, »Libussa von Waldeck liebt keine Turniere, ist es nicht so?«

Libussa nickte. »So ist es, Ihr habt ein gutes Gedächtnis, Herr.«

»Ihr werdet doch hoffentlich nicht von mir verlangen, das Turnier abzusagen.«

»Absagen nicht, aber ungefährlicher machen, darum bitte ich Euch – verbietet scharfe Schwerter, scharfe Lanzen!«

Der Fürst lachte. »Aber, edle Frau, soll ich meine Ritter mit Holzschwertern aufs Feld schicken, wie unmündige Knäblein? Das könnt Ihr nicht fordern!«

»Es gibt stumpfe Schwerter, die Beulen schlagen, aber keine schweren Wunden. Und es gibt stumpfe Lanzen, mit denen man sich wohl aus dem Sattel stoßen, aber kaum töten kann.«

Der Fürst straffte sich und erwiderte schroff: »Genug! Ihr habt Euch umsonst bemüht, bleibt Ihr bei Euren Heilkräutern, davon scheint Ihr wirklich etwas zu verstehen, bleibt in dem Stand, den Gott Euch anbefohlen, das ist meine Antwort!«

In Libussa kochte der Zorn hoch, sie trat einen Schritt näher und entgegnete so beherrscht sie vermochte: »Sprecht mir nicht von Gott, den Ihr lästert mit jedem Turnier – denn, sich gegenseitig an Leib und Leben zu schädigen zur Lustbarkeit der Menschen, ist Gotteslästerung!«

Der Fürst wurde blass. »Meint Ihr nicht, dass Ihr jetzt zu weit gegangen seid? Vergesst nicht, ich bin Euer Fürst!«

»O ja, Ihr seid mein Fürst, aber Ihr seid nicht mein Gewissen, zudem, Ihr seid ein rechter Fürst ...«

Er unterbrach sie höhnisch.

»Ja, wenn ich Euren Willen tue!«

Libussa antwortete ernst: »Nicht meinen Willen, edler Herr. Gottes Willen.«

Staunend frug er: »Kennt Ihr Gottes Willen so gut?«

»Ich kenne den Willen des Lebens, denn ich bin eine Frau, und Gott ist das Leben.«

Eine Weile war Stille, dann erwiderte er: »Erfülle ich Euren Wunsch, so werden sie sagen, ich sei alt und mutlos geworden.«

»Wieso? Wenn Ihr den Mut habt, das Töten zu erlauben, dann solltet Ihr auch den Mut aufbringen, es zu verbieten, Herr.«

Er schüttelte den Kopf. »Sie werden nicht nur sagen, ich sei alt und mutlos, sie werden mich verspotten, weil ich einer Frau gehorchte.«

Libussa fuhr auf. »Glaubt Ihr wirklich, dass ich zu Euch schleiche wie ein Dieb in der Nacht, dass ich meinen Ruf, meine Ehre aufs Spiel setze, um es morgen in alle Winde zu schreien? Haltet Ihr mich für so töricht? Nein, Herr, ich stehe hier für die vielen Frauen, welche heute Nacht keine Ruhe finden, weil die Angst ihnen den Schlaf raubt, die Angst um den Gatten, den Sohn, den Liebsten. Für sie stehe ich hier und damit auch für mich selbst!«

Verwundert schaute er auf, sah, wie sie aufgerichtet zu einer Größe wuchs, die ihn befremdete – und er sah, dass sie schön war in ihrem Zorn, und ein gefährliches Glimmen trat in seine Augen. Da zog Libussa den Umhang fester um ihre Schultern.

Er lächelte spöttisch: »Könnt Ihr Gedanken lesen, Herrin von Waldeck, dass Ihr Euch durch den Umhang schützt?«

»Wenn sie offen zutage treten wie die Euren, ja!«

»Ihr seid sehr kühn, dass Ihr so zu mir sprecht.«

»Wieso kühn? Ihr seid ein Fürst, Ihr seid der Gatte einer wunderbaren Frau, dies verbietet, dass Ihr Euch benehmt wie ein Stallknecht.«

»Ihr vergesst, edle Frau, dass ich auch ein Mann bin, wir sind hier allein, ich habe Macht über Euch!«

»Ihr habt Macht über meinen Körper, doch niemals über meine Seele. Was aber kann Euch mein Körper sein, wenn ich Euch meine Seele verweigere? Zudem, ich bin eine Frau, eine blutvolle Frau, und solche Frau teilt ihr Lager weder mit einem anderen Mann, noch ihren Mann mit einer anderen Frau.«

Nachdenklich schaute er Libussa an, dann meinte er: »Ich habe den Ritter von Waldeck wohl falsch gesehen, er ist nicht nur ein mutiger, er muss ein sehr, sehr mutiger Mann sein.«

Erstaunt erwiderte Libussa: »Wusstet Ihr das nicht? Bedurfte es dazu seines Weibes?«

Ein feines Lächeln lag um den Mund des Fürsten. »So ist es, denn es gehört viel Mut dazu, Euch zu ehelichen.«

Libussa lachte, hielt sich aber sogleich die Hand vor.

»Warum verbergt Ihr Euer Lachen, edle Frau, ich habe gerne lachende Menschen um mich.«

»Man könnte es hören, edler Herr, und das Lachen einer fremden Frau in Euren Gemächern – und das zur Nachtzeit – ich weiß nicht …« Und gelassen fuhr sie fort: »Ich bin um Euren Ruf so besorgt, wie Ihr um den meinen, denn das seid Ihr doch, nicht wahr? Außerdem sollte man alles bedenken, wenn man etwas erreichen will. Man muss die Dinge und Menschen in ihrer Gesamtheit wahrnehmen, muss vorausschauen, muss dahintersehen, muss hören, was sie einem sagen, und genau beobachten, was sie einem verschweigen, um sie richtig zu verstehen.«

»Warum seid Ihr kein Mann, Herrin von Waldeck, ich machte Euch sofort zu meinem Ratgeber.«

»Wartet auf unseren Sohn Berthold, edler Herr, ich denke, er hat das Zeug dazu.«

»Ich werde es beherzigen, und nun müsst Ihr gehen, ich höre die Ritter aufbrechen. Ich danke Euch für diese gesegnete Stunde, Frau Libussa, und Ihr habt mein Wort: Kein Turnier mehr mit scharfen Waffen! Habe ich auch das Eure?«

»Das habt Ihr: Schweigen gegen jedermann, auch gegen Otto!«

Dabei neigte sie sich tief, bis ihre Stirn die Hand des Fürsten berührte, darauf huschte sie aus der Türe, eilte leichtfüßig durch finstere Gänge, über dunkle Treppen und klopfte dreimal leise an ihr Gemach.

Marie öffnete sofort. »Bist du von Sinnen, Libussa, ich habe Todesängste ausgestanden, als du so lange wegbliebst.«

»Wann stehst du einmal keine Todesängste aus, meine Liebe? Und jetzt, lass dies verschwinden« – sie reichte ihr den Umhang – »und setze dich mit der Spindel zu mir, denn so, Marie, saßen wir den ganzen Abend, verstanden?«

Marie nickte ergeben. »Weißt du Libussa, manchmal denke ich, es wäre leichter gewesen, ein Leben lang Gänse zu hüten, als dich.«

224

Ehe Libussa antworten konnte, trat Otto ein. »Habt ihr auf mich gewartet?«, frug er erstaunt.

»Ja, das haben wir, aber nun gehen wir schlafen, denn du brauchst morgen beim Turnier einen klaren Kopf.«

Es war strahlendes Sonnenwetter, als alle zum Turnierfeld strebten, auch Libussa nahm Platz, Elisabeth auf der einen, Marie auf der anderen Seite. Die Herolde erschienen, doch ehe sie zum Beginnen bliesen, erhob sich der Fürst und gebot Schweigen. Plötzlich herrschte tiefe Stille, man hörte nur das Schnauben und Scharren der wartenden Pferde. Da sprach er, und seine Stimme klang weit über das Feld:

»Ehe wir beginnen, verkündige ich: Dies wird das erste Turnier sein, das wir mit stumpfen Schwertern und stumpfen Lanzen austragen, und so wie heute wird es von nun an immer geschehen. Nie wieder darf auf einem meiner Feste mit scharfen Waffen gekämpft werden! Dies habe ich beschlossen, aus Ehrfurcht vor dem Leben und der Gesundheit meiner Ritter und Junker.«

Kaum hatte er geendet, brach unter den Frauen lauter Jubel aus und übertönte das unwillige Murren der Männer. Marie wandte sich zu Libussa und flüsterte:

»Das ist dein Werk, fürchtest du nicht, Otto damit zu erzürnen?«

»Ich weiß nicht, wovon du sprichst, warum sollte es ihn erzürnen, wenn ich einen Abend lang die Spindel gedreht habe?«, entgegnete Libussa.

»Bitte, sage mir die Wahrheit: Wo warst du letzte Nacht?«

Libussa sah sie an und antwortete sehr ernst: »Marie, noch nie, noch gar nie, hat Libussa von Waldeck ein gegebenes Wort gebrochen, auch ihrer besten Freundin Marie zuliebe wird sie solches nicht tun, merke dir das. Und wenn du Rupert gegenüber nur den kleinsten Verdacht äußerst, sind wir geschiedene Leute, so schwer es mir fällt.«

»Keine Angst, Libussa«, seufzte Marie, »ich werde schweigen. – Aber da, sieh, was bedeutet das?«

Erschrocken zeigte sie auf das Turnierfeld. Einige Ritter und Junker hatten sich zusammengerottet und rasten mit verhängten Zügeln auf den Fürstensitz zu.

»Das bedeutet, wie mir scheint, einen Aufstand«, entgegnete Libussa ruhig.

Jetzt verhielten die Reiter ihre Pferde, der Älteste reckte sich im Sattel und schneidend tönte es:

»Ist das Euer letztes Wort, Herr?«

Der Fürst trat einen Schritt vor und antwortete gelassen: »Es ist mein letztes Wort, ich habe es im Ernste gesagt – und ich habe es begründet! Und nun, meine Herren, räumet den Platz und hindert nicht den Verlauf der Spiele.«

»So wisset, Herr, wir sind nicht gewillt, Eurem Befehl Folge zu leisten! Darum verlassen wir nicht nur das Turnier, wir verlassen Euch!«

Darauf wandten sie die Pferde und ritten davon, grußlos und ohne noch einmal zurückzublicken.

Es war still über dem Feld, der Fürst war um einen Schein blasser geworden, aber er hob in gefasster Ruhe die Hand und rief: »Lasset uns beginnen, ihr Herolde, gebt das Signal!«

Das Turnier war vorüber, und obzwar es diesmal weder einen Toten noch einen Schwerverletzten gegeben, wollte sich der Unmut über die Entscheidung des Fürsten bei den Rittern und Mannen nicht legen.

Auch Otto schob die Gedanken in seinem Kopf hin und her und darum bat er Libussa: »Wollen wir ein wenig in die Felder laufen, ich habe mit dir zu reden.«

Libussa nickte beklommen. Eine Unruhe stieg in ihr auf. Wusste er etwas, und wenn – was und wie viel? Hatte Marie geplaudert, oder gar der Fürst? Sie konnte nicht behaupten, dass ihr besonders wohl war, als sie durchs Tor ins Freie traten. Sie waren nicht alleine, allenthalben sah man Menschen paarweise oder in Gruppen schwatzend und lachend umherwandern, denn es war ein herrlicher Herbsttag, sonnig und lau; die Luft von durchsichtiger Bläue, wie sie dieser Jahreszeit eigen ist. Der Wald stand in allen Farben, von Dunkelgrün über Goldgelb bis zum flammenden Rot.

»Sieh nur Otto, ist das nicht wundervoll!«, rief Libussa und deutete auf den nahen Wald. »Kein noch so berühmter Künstler vermöchte einen Teppich von gleicher Pracht zu weben.«

»Ja, das stimmt«, entgegnete Otto zerstreut, »aber lass uns etwas abseits gehen, dort sind wir ungestört.«

Die Unruhe in Libussa wuchs. Verstohlen betrachtete sie ihren Liebsten von der Seite, sein Gesicht war nachdenklich, da frug sie: »Was ist, was bedrückt dich?«

»Bedrücken eigentlich nichts, ich mache mir Sorgen, Sorgen um den Fürsten.«

»Wieso denn das?«

»Nun, die einen sagen, er wird alt, weil er die scharfen Waffen beim Turnier verbietet, die andern meinen, er sei mutig, weil er solches wage. Aber wie kann es mutig sein, mit stumpfen Waffen zu kämpfen? Ich verstehe das nicht.«

Libussa schwieg eine ganze Weile, dann blieb sie stehen, sah zu Otto auf und fragte: »Was eigentlich ist Mut, kannst du mir darauf antworten?«

»Natürlich kann ich das, Mut ist – nun Mut ist … wenn ich mich nicht feige zurückziehe, wenn ich den Kampf annehme!«

»Meinst du nicht, dass das eine sehr einfache Antwort ist, Lieber?«, kicherte sie, und danach ernst: »Mut, Otto, ist etwas Hehres, ist ein Kind, gezeugt aus einer großartigen Verbindung, denn der Vater des Mutes ist der Geist, die Mutter des Mutes aber ist die Liebe. Zeugen ihn andere Eltern, wird er zur Tollkühnheit, und Tollkühnheit, Otto, ist Verrat am Leben, ist mangelnde Ehrfurcht vor der Schöpfung und damit vor Gott.«

Otto betrachtete sein Weib staunend. »Woher nimmst du nur solche Worte?«

»Das weiß ich nicht, doch eines weiß ich, dass ich schon oft dachte: Wäre ich ein Fürst, ich verbäte scharfe Turniere.«

»So sind es deine Gedanken, die der Herr äußerte! Wie aber kommen deine Gedanken zum Fürsten?«

»Gedanken haben Flügel, wie er«, und sie zeigte auf einen Vogel, der mit ausgebreiteten Schwingen in weiten Kreisen über den Wipfeln flog. »Sie haben nicht nur Flügel, sie haben auch Kraft. Nichts kann sie hemmen, sie dringen durch Schloss und Riegel. Und sie erreichen ihr Ziel, so wir sie mit unserem Herzen begleiten. Wir haben keinen alternden Fürsten, wir haben einen weisen Fürsten, und dafür sollten wir danken.«

»Warum nur bist du kein Mann, Kleines, du wärest geschaffen, eines Fürsten Ratgeber zu sein.«

Libussa zuckte zusammen, dies waren des Fürsten Worte gewesen, bei ihrem nächtlichen Gespräch. Woher wusste sie Otto? Es galt also, was sie soeben behauptet: Gedanken hatten Flügel. Nicht nur *ihre* Gedanken fanden ihr Ziel, auch des Fürsten Gedanken hatten ihr Ziel gefunden. Der Kreis schloss sich, und Otto, ihr Liebster, stand neben ihr in diesem Kreis.

Ein tiefes Glücksgefühl durchströmte sie, dass sie fest seinen Arm umfasste und strahlend sagte: »Ja, wahrhaftig, Gedanken haben Flügel!«

Verdutzt schaute er sie an und meinte kopfschüttelnd: »Eine merkwürdige Antwort auf meine Rede – du bist schon ein seltsames Mädchen, kleine Libussa.«

Die Zeit ging dahin, ein Kind nach dem andern verließ die Waldeck, zuerst Elisabeth. Sie heiratete auf eine Burg, weit draußen in der Ebene, drei Tagereisen entfernt von zu Hause. Danach zog Berthold davon. Der Fürst erinnerte sich jenes Gespräches mit Libussa und beschied den jüngsten Waldecker zu sich. Nur Gernot blieb, der zukünftige Herr.

An einem hohen Sommertag kniete er neben Regina in der Waldecker Burgkapelle und der greise Priester Antonius gab sie zusammen, wie sein Großvater Berthold es gewünscht.

An einem Tag im September, die ersten Nebel lagen über dem kleinen Bachtal, schwang vom Rosenhügel herüber die Sterbeglocke, und kurz darauf stand ein Knecht vor Libussa und meldete: »Der ehrwürdige Vater Theophilius ist verstorben, Herrin.«

»Warum hat man mich nicht früher gerufen?«

»Wir wussten es nicht, heute als die Magd ihm sein Frühmahl brachte, wunderte sie sich, ihn noch schlafend zu finden – aber er schlief nicht, er war tot. Wir werden ihn übermorgen zur Ruhe geleiten in der Gruft, denn er sei ein Besonderer gewesen, sagt der Burgherr.«

»Ja, das war er, darum richtet meinem Bruder, dem Burgherrn, meinen Dank aus, und ich werde kommen.«

Am Begräbnistag ritt Libussa, begleitet von Otto und Gernot, zur Rosenburg. Im Burghof begrüßte sie der Ritter: »Wie schön, euch hier zu wissen, wir haben ihn in der Kapelle aufgebahrt.«

»Danke Franz, bitte geht voraus, ich komme gleich!«

Und noch ehe jemand fragen konnte, verschwand sie durch die

nächste Türe. Erst vor dem Gemach des Priesters verhielt sie. Noch nie hatte sie diesen Raum betreten, und jetzt sollte sie es tun, jetzt, wo er es nicht mehr hindern konnte? Aber sie musste, sie musste die Nuss holen, bevor sie jemand berührte, nicht ahnend, was sie dem Verstorbenen bedeutet.

Vorsichtig drückte sie die Klinke nieder. Ein breiter Sonnenstrahl fiel von dem geöffneten Fenster auf das Betpult – und da lag sie. Libussa nahm sie, barg sie in ihrem Kleid und eilte ungesehen in die Kapelle. Ehrerbietig wichen alle zur Seite, als sie zur Bahre trat. Sie neigte sich über den Toten und schob ihm die Nuss in die Wölbung seiner gefalteten Hände. Eine tiefe Ruhe strömte von dem Gesicht des Meisters zu ihr – sie wusste, sie hatte in seinem Sinne gehandelt. Die Nuss, dieses Vermächtnis des Engels, dieser himmlische Wegweiser eines Priesterlebens, war an ihrem Ziele angelangt, genau wie ihr Besitzer.

Später, als die anderen sich zu einer kleinen Stärkung zusammenfanden, ging Libussa still ins Burggärtlein. Wie Blutstropfen hingen die Früchte der Eberesche in den Büschen. Libussa brach einige Zweige, ebenso Hagebutten und band einen Strauß. Den trug sie ins Studierzimmer, legte ihn auf den Platz von Meister Theophilius und setzte sich gegenüber. Die roten Beeren leuchteten auf dem dunklen Holz des Tisches – Libussa schloss ihre Hände um den Buschen und senkte den Kopf.

Bilder stiegen auf, Lebensbilder: Hier saß sie, gerade sechsjährig, ihre Beine baumelten noch in der Luft und sie musste sich ein Kissen unterschieben, um überhaupt richtig schreiben zu können. Der Meister lehrte sie, das krause Reich der Buchstaben verstehen und später die zarte, wehende Pflanzenwelt. Er tauchte mit ihr in die Tiefen der Erde zu den geheimnisvollen Kristallen und Edelsteinen und schwang sich mit ihr in die unendlichen Weiten des Alls, zu den Sternen und Planeten, von denen die Steine ihre Kraft und ihr Leuchten nehmen. An jenen Tag musste sie denken, als er die kleine Truhe öffnete und ihr die Abschriften der Äbtissin entnahm, die nun ihr gehören sollten, denn, so sagte er bei einem ihrer letzten Besuche: »Wenn ich einmal nicht mehr bin, Libussa, nimm diese Truhe mit auf die Waldeck. Die Frau deines Bruders Franz ist ein liebenswertes, heiteres Geschöpf, aber sie hat keinen Sinn für derlei. Diese Truhe aber enthält ein Kleinod, du weißt das, und ist daher zu schade, um irgendwo ungenutzt zu verstauben.«

Sie erhob sich, öffnete das Fenster, und vor ihr lag das Bild, welches Theophilius wohl damals sah. Es war ein Septembertag wie dieser gewesen und sie mochte so um das vierzehnte Jahr sein, da stand der Meister am Fenster der Studierstube und blickte hinaus.

»Sieh da, Libussa, ist das nicht herrlich«, und er wies ihr die roten Beeren, die im Gezweig glühten. »Vergiss nie, meine Tochter, über allem Wissen und aller Heilkunst die Schönheit der Natur, vergiss nie über aller Tätigkeit die Vielfalt der Künste, die Musik, die Malerei und die Dichtung. Es gibt ein Gedicht, ich liebe es sehr, doch wer es schrieb, weiß ich nicht, aber dass er besondere Augen hatte zu sehen und besondere Ohren zu hören, das weiß ich sicher.«

Und nun sprach Libussa den kleinen Vers, wie sie ihn von Theophilius gelernt, sprach ihn mit leiser, schwingender Stimme, und der Meister war um sie und vernahm ihre Worte:

Verlorner Ebereschenzweig,
die roten Beeren tief verschneit,
ein fahles Licht liegt auf dem Hang,
die kleinen Vögel huschen bang,
hauchfeiner Reif stäubt durch den Hag,
weit hinterm Wald erlischt der Tag.

Danach schloss sie das Fenster, nahm die kleine Truhe an sich und verließ den Raum, ohne sich noch einmal umzuwenden.

»Wo bist du nur gewesen, Mutter, wir haben dich überall gesucht?«, frug Gernot.

»Ich war in der Studierstube und habe Abschied genommen.

Und nun, meine Lieben, könnt ihr mein Pferd mit zur Waldeck leiten? Ich ginge gerne zu Fuß über das Bachtal nach Hause.«

»Darf ich mit dir gehen?«

Ottos Augen waren warm und bittend auf sie gerichtet.

»Gerne, aber dann muss Gernot drei Rösser führen.«

»Keine Sorge, das schaffe ich schon, geht ihr nur eure alten, gemeinsamen Wege.«

Otto strebte dem Tor zu, aber Libussa hielt ihn zurück: »Komm mit mir, ich zeige dir etwas«, und seine Hand fassend, zog sie ihn über die Wiesen, teilte das Gebüsch und öffnete das alte, verrostete Eisentörchen.

»Siehst du, Liebster, das war mein geheimer Weg in die Freiheit, zum Bachufer, zu dir – niemand wusste darum, außer Mariechen. Wie oft bin ich hier entlanggeschlichen, lass uns nun zusammen gehen, vielleicht zum letzten Mal, denn so sehr ich meinen Bruder Franz liebe, die Rosenburg ist leer für mich seit dem heutigen Tag.«

Hand in Hand wanderten sie den schmalen Pfad hinab, saßen nebeneinander auf dem Stein, auf dem Otto einst gesessen, während Libussa ihm die Wunde behandelt, sie grüßten das Flöhkraut oben am Bachesrand und schlenderten langsam über den kleinen Steg dem Waldecker Forst zu. Es ging auf den Abend, das Wild trat aus, der Wald war voll geheimer Geräusche und dem Raunen des Windes in den Wipfeln.

Als sie oben ins Freie traten, sank die Sonne wie ein goldroter Ball hinter die Hügel. Libussa blieb stehen, und, das Gesicht umflossen vom Abendrot, frug sie: »Ob Meister Theophilius dies jetzt ebenso schaut wie wir, oder ganz anders?«

»Wenn wir das wüssten, kleine Libussa, wüssten wir mehr denn alle Menschen. Doch grüßen können wir ihn auf den Strahlen der scheidenden Sonne, ihn, der dir so viel bedeutet hat.«

Da lehnte Libussa ihren Kopf an seine Schulter. So standen sie lange, bis die Schatten wuchsen und weiße Nebel aus dem Tal aufstiegen.

Seit Meister Theophilius räumlich von hier geschieden, empfand ihn Libussa näher denn zuvor. Konnte es früher sein, dass sie oft tagelang nur flüchtig an ihn dachte, schien er ihr jetzt nahezu allgegenwärtig. Er blickte ihr über die Schulter, wenn sie ihre Heiltränke braute oder ihre Salben rührte, er begleitete sie auf ihrem Gang durch Wiesen und Wald beim Sammeln der Wurzeln und Pflanzen. Immer häufiger geschah es, dass sie seine Stimme vernahm, dicht neben sich, als wäre er leiblich anwesend: »Vergiss nie, meine Tochter, über allem Wissen und aller Heilkunst die Schönheit der Natur, vergiss nie über aller Tätigkeit die Vielfalt der Künste.« Und daher hielt sie des Öfteren im Sammeln inne, kniete vor einer Blume im stillen Betrachten der Blütenblätter, durch deren feines Geäder das Sonnenlicht floss. Diese lichtdurchfluteten Adern waren Leben, Pflanzenleben, Pflanzenblut, eine Schöpfung im Kleinen. Oder das Flöhkraut, dieses unscheinbare Gewächs mit seinen langen, geschmeidigen Wedeln, wie geschaffen, sich über Wunden zu legen. Es wuchs und gedieh, um sich zu verschenken – und was hatte sie, Libussa, diesem Kraut zu danken – viele glückliche Jahre mit Otto. Hatte sie je daran gedacht? Sinnend stand sie vor den sattgrünen Wedeln.
»Eigentlich hätte ich mir aus dir den Brautkranz winden müssen, verzeih, dass ich es vergaß!«, murmelte sie, indem sie zärtlich über die Blätterarme strich. Wie oft hatte sie als Kind den Hummeln und Schmetterlingen zugesehen, mehr im märchenhaften Träumen. Heute beobachtete sie aufmerksam das Brummen und Schweben, das Eintauchen eines fadendünnen Rüssels,

das vorsichtige Hineinkriechen eines pelzigen Hummelleibes in den Blütenkelch. Da war keine Begierde dabei, keine Gewalt, sonnenfroh trugen sie Leben durch die Lüfte, diese geflügelten Boten der Liebe.

Hin und wieder begegnete sie auf ihren einsamen Waldgängen einem Reh oder gar einem Hirsch, dann blieb sie abwartend stehen, und es konnte sein, dass ein Tier Zutrauen fasste und Schritt für Schritt näher kam – sie sahen sich an und jeder fühlte den Atem des andern.

Einmal belauschte Otto eine solche Begegnung, und am Abend vor dem Kamin sprach er mit Libussa darüber. Er meinte staunend: »Du bist ein weiblicher Franziskus, es sah aus, als sprächet ihr miteinander.«

Libussa nickte. »Sie sprechen mit den Augen, und ich versuche dasselbe, aber sie können es besser als ich, denn wir Menschen sind durch die Sprache solcher Fähigkeiten entwöhnt.«

Nicht immer fand sie Verständnis. Als sie einmal im Kreise anderer Burgfrauen äußerte: »Die schönsten Augen, die ich kenne, gehören der Kröte!«, starrten sie fassungslose Gesichter an. Und als sie gar frug: »Ja, hat denn noch keine von euch eine Kröte auf die Hand genommen und ihr in die Augen geblickt?«, wandten sich die meisten angeekelt ab und die anderen flüsterten und kicherten hinter ihrem Rücken.

Seit dem Tag hieß es: »Die Waldeckerin mag ja klug und belesen sein, aber sie ist schon sehr seltsam.«

Libussa kümmerte das nicht. Sie hielt ihre Sinne geöffnet für alles, was sie umgab. Als sie in der Dämmerung mit Otto durch die Felder lief, verhielt sie den Schritt und flüsterte: »Horch, ist das nicht wunderschön?«

»Was ist das?« Vom nahen Weiher her kam ein lang gezogenes, dunkles ›Unk, unk!‹

»Das, Otto, sind die Unken, sie läuten den Abend ein, und vor so etwas fürchten sich diese törichten Weiber und finden es eklig.«

»Lass sie doch, Liebes, sie sind glücklich dabei.«

»Ich werde nie im Leben begreifen, wie man bei so viel Dummheit glücklich sein kann.«

Solche Reden hatten Libussa den Ruf eingetragen, sie sei hochfahrend. Aber das war sie nicht, je älter sie wurde, umso bescheidener wurde sie. »Denn«, so sagte sie einmal zu Gernot, »wie viele Menschen haben dazu geholfen, dass ich werden konnte, was ich heute bin! Dankbar habe ich dafür zu sein, jeden Tag aufs Neue.«

Ihren Kampfgeist jedoch hatte sie sich erhalten, und er konnte zuschlagen wie der Blitz aus heiterem Himmel. Es war an einem Tag im Brachet, Libussa kam von einem Krankenbesuch, als sie vom Dorfrand her ein wildes Johlen vernahm, und genau hinsehend, gewahrte sie zwei Buben, die, Steine in den Fäusten, hinter einem Vogel herjagten. Sein Gefieder blitzte wie ein vielfarbiger Edelstein in der Sonne und in Todesangst schoss er der Uferböschung des Baches zu. Libussa schürzte ihre Röcke, rannte über die Wiese, und als der Knabe zum Wurf ansetzte, griff sie mit solcher Kraft nach seinem Handgelenk, dass er vor Schmerz aufschrie und den Stein fallen ließ.

»Was tust du hier?«, donnerte sie ihn an.

»Den Fischdieb will ich töten, der Vater hat's befohlen.«

»So, der Vater hat es befohlen!«

»Ja, er sagt, der Dieb frisst uns die Fische weg, und sonst ist er zu nichts nutz.«

»Führe mich zum Vater, aber schnell!«

»Der ist nicht daheim, der ist auf dem Acker.«

»So führe mich zum Acker!«

Schief schielte der Bub nach oben, sein kleiner Bruder trabte greinend hinterher – langsam wurde die Sache ungemütlich, die Herrin blickte sehr finster. Als der Bauer die Gesellschaft herankommen sah, wurde auch ihm schwül. Er lüpfte die Kappe und fuhr die Buben an: »Was habt ihr angestellt?«

Libussa trat näher. »Halt, Waldner, die beiden nichts, wohl aber Ihr! Wer heißt Euch die Kinder anzuhalten, einen Vogel zu erschlagen?«

»Er ist ein Dieb, der Vogel, er frisst Fische, die ihm nicht gehören!«

»Sieh da, wem gehören sie denn, die Fische, Euch vielleicht?«

»Nein«, stotterte der Mann, »dann schon eher der Herrschaft.«

»Da irrt Ihr, Waldner, die Fische gehören auch nicht mir, sie gehören dem Bach, und dem Bach, Waldnerbauer, ist es gleichgültig, wer sie holt, Ihr oder der Eisvogel.«

»Welcher Eisvogel?«

»Ach, schau an, Ihr nennt ihn Fischdieb, Ihr wollt ihn töten, aber Ihr wisst nicht einmal seinen Namen. Wahrscheinlich wisst Ihr auch sonst nichts von ihm. Oder ist Euch bekannt, dass er nützlich ist?«

Der Bauer schüttelte den Kopf.

»Dann hört gut zu, Waldner: Er frisst die Larven der Stechmücken im Wasser und die Stechmücken selbst holt er im Flug. Wäre er nicht, plagten diese Biester Euch und Euer Vieh noch mehr, als sie es ohnehin schon tun. Da missgönnt Ihr ihm die paar Fischlein, anstatt ihm zu danken. Schämt Euch was!«

Als sie am Abend mit Otto und den Ihren zusammensaß, meinte sie:»Wisst ihr, meine Lieben, hundert Jahre müsste man werden und noch mehr, um gegen all die Dummheit und Unwissenheit angehen zu können. Man sollte die Menschen lehren, alle Menschen, schon die Kinder. Eine Studierstube müsste man schaffen für das Dorf.«

»Du wärest imstande und schüfest eine Studierstube für die Dörfler und ihre Kinder«, sagte Otto voller Staunen.

»Oh ja, wenn ich jünger wäre, ganz sicher!«, entgegnete Libussa. »Aber das ist eine große Aufgabe, und wer sie beginnt, sollte sie auch zu Ende bringen.«

Plötzlich war es still in der Stube. Ein jeder schwieg beklommen. Es war, als hätte Libussa mit ihren Worten die Ewigkeit vor ihnen aufgetan, die Ewigkeit und gleichzeitig das Endgültige, die Schwelle jeden Lebens. Trotz des wärmenden Feuers lag Kühle über dem Raum und sie froren alle.

»Wenn das deine Sorge ist, Mutter, dann beginne, du hast doch noch viele Jahre vor dir.«
Gernot versuchte, heiter zu sein, die Trübnis zu verscheuchen, die sich ausgebreitet.
»Jede Zeit ist zugemessen«, antwortete Libussa ruhig, »ich weiß das, und ihr wisst es auch. Und nun lasst uns schweigen von Dingen, über die wir keine Macht haben, die wir weder verlängern noch aufhalten können.«

Gegen Advent zu wurde auf der Waldeck der Erbe geboren. Gernot und Regina nannten ihn Benediktus Berthold nach seinen beiden Ahnen. Lange stand Libussa mit Otto an der Wiege, dann sagte sie leise:
»Es wäre wunderbar, ihn heranwachsen zu sehen. Aber wir haben so viel Glück genießen dürfen, wir wollen nicht unbescheiden sein.«
Otto schwieg, doch der Atem wurde ihm schwer und er legte schützend und warm seinen Arm um die kleine Gestalt neben sich.

An einem Septembertag, es war kurz vor Libussas Geburtstag, um die Stunde der scheidenden Sonne, betrat Otto das Gemach. Libussa saß in ihrem Sessel, und als sie ihn kommen hörte, deutete sie auf das geöffnete Fenster und sagte:
»Sieh doch nur, wie wunderschön!«
Der Himmel war von jener durchsichtigen Klarheit, die diesem Monat eigen ist – und da sah es Otto mit Staunen, mitten in dem opalenen Schimmer schwammen zwei Wölkchen, goldgesäumt, eines ins andere verschlungen. Langsam segelten sie gen Westen und ehe sie hinter den Wipfeln verschwanden, flüsterte Libussa:
»Es ist Abend, sie ziehen in die Ewigkeit, weißt du das?«
Darauf sank ihr Kopf zur Seite, und als Otto sich über sie beugte, sah er, dass sie mit den Wolken gezogen war.

Die Waldeck ist längst zerfallen, die Rosenburg ebenfalls, aber der Bach springt noch durch das Tal, das Flöhkraut biegt seine Wedel im Wind wie ehedem und träumt von einem kleinen Mädchen, das ihm sachte über die Blätterarme strich. Denn der Geist Libussas lebt und webt um Pflanzen und Gesteine durch die Jahrhunderte.

**Edda Singrün-Zorn** wurde 1924 in Nürnberg geboren. Nach einer kurzen Karriere als Schauspielerin verlagerte sie ihre Tätigkeit später auf die Arbeit mit Laiengruppen. Sie lebt in Karlsruhe und hat zahlreiche Bücher zu Themenbereichen wie Legenden, Märchen, Gedichte und Geschichten veröffentlicht. Im Verlag Urachhaus sind von ihr erschienen: *Aus der Krone des Engels – Gedanken und Gedichte über die Freundschaft* (Rosen-Bibliothek Bd. 7), *Der rätselhafte Urquell – Gedanken und Gedichte über die Liebe* (Rosen-Bibliothek Bd. 17) und *Das Lied der Arve – Das Leben eines begnadeten Geigenbauers* (3. Auflage 2008).

Edda Singrün-Zorn

# Das Lied der Arve

## Das Leben eines begnadeten Geigenbauers

213 Seiten, geb.

Mit sechs Jahren schnitzt Ambrosius Bartholomäus Schneehauser seine erste Flöte – und entdeckt seine Liebe zur Musik. Bald steht für ihn fest: Er möchte Geigenbauer werden! Und tatsächlich entwickelt er als junger Mann eine solche Meisterschaft, dass sein Name schon bald in aller Munde ist. Seine Wanderjahre führen ihn durch das halbe Europa, ehe er in zwei Weltkriegen unerträgliches Leid kennenlernt – aber auch den Menschen um ihn herum vorlebt, wie eine reine Seele dem Unrecht begegnen kann.

*Das Lied der Arve* ist weit mehr als die literarische Verarbeitung eines besonderen Lebens. Edda Singrün-Zorn gelingt es, in der Tradition von Eichendorff bis Hesse wurzelnd, den Leser in seelischen Tiefenschichten intensiv und nachhaltig zu berühren.

URACHHAUS